RENÉ LARGILLIÈRE

Docteur ès-Lettres

LES SAINTS

ET

L'ORGANISATION CHRÉTIENNE PRIMITIVE

DANS L'ARMORIQUE BRETONNE

RENNES

LIBRAIRIE GÉNÉRALE J. PLIHON ET L. HOMMAY

5, rue Motte-Fablet, 5

1925

Prix : **12** Francs.

LES SAINTS

ET

L'ORGANISATION CHRÉTIENNE PRIMITIVE
DANS L'ARMORIQUE BRETONNE

RENÉ LARGILLIÈRE

Docteur ès-Lettres

LES SAINTS

L'ORGANISATION CHRÉTIENNE PRIMITIVE

DANS L'ARMORIQUE BRETONNE

RENNES

LIBRAIRIE GÉNÉRALE J. PLIHON ET L. HOMMAY

5, rue Motte-Fablet, 5

1925

A M. Joseph LOTH

Professeur au Collège de France
Membre de l'Institut

L'hagio-onomastique constitue en Bretagne, ainsi
qu'en Cornwall et en Galles, une branche importante.
Je serais tenté de dire la plus importante, de l'hagiographie. Dans ces trois pays...... ce ne sont pas les
vies des saints qui nous renseignent le mieux sur
l'existence des saints, l'organisation nationale du culte,
ce sont les *noms de lieux.*

J. LOTH, *Les noms des ss. bret.*, p. 1
(*Rev. celt.*, XXIX, 1908, p. 222).

En matière hagiographique, la géographie historique
est un élément capital pour la critique.

ID., *Rev. celt.*, XXXV, 1915, p. 290.

Nos saints ont été appelés en Armorique pour la
plupart, par les besoins religieux des Bretons émigrés
et de leurs descendants. Ils ont été les organisateurs
du culte.

ID., *Rev. celt.*, XL, 1923, p. 10.

PREFACE

Eludier les saints d'une petite région de Basse-Bretagne, étudier ensuite la géographie ecclésiastique de cette même région, exposer les conclusions qui découlent de ces études quant aux origines de l'organisation chrétienne dans l'Armorique bretonne, tel est le but de cet ouvrage.

J'avais jadis, en septembre 1922, simple débutant, publié un essai intitulé *Six saints de la région de Plestin, saint Haran, saint Karé, saint Tuder, saint Nérin, saint Kémo et saint Kirio* [*]. Avec les nombreux autres personnages qui seront étudiés ici, j'aurai passé en revue presque tous les saints bretons anciens qui ont laissé des traces dans cette région. L'on trouvera ainsi quelque chose comme la synthèse hagiographique d'un petit canton de Basse-Bretagne ; cette synthèse, pour une région très restreinte, permet d'envisager plus à fond un certain nombre de questions ; elle permet de grouper à part les personnages qui paraissent n'avoir jamais mis le pied dans le pays, et dont le culte a été importé assez tard. Il était important de distinguer cette catégorie ; les autres saints, au contraire, remontent au début de l'organisation religieuse dans la contrée ; qu'il s'agisse d'un transport de culte, ou que ce soit le saint lui-même qui, de son vivant, ait vécu dans les lieux, il y a là des éléments capitaux pour l'histoire ecclésiastique de ces époques lointaines.

Ce sont surtout les noms des saints eux-mêmes, les noms de lieu qui les renferment et la situation des lieux du culte, qui sont la base de cette première partie de mon travail ; j'utilise la topographie et ce qu'on a appelé la topo-hagio-onomastique. C'est la méthode que M. Joseph Loth a si savamment instaurée dans son étude sur *Les Noms des saints bretons* et dans son ouvrage sur *La Vie la plus ancienne de saint Samson* ; je tente de faire ici en détail, pour une petite région, ce que M. J. Loth a fait pour l'ensemble de la

---

[*] Rennes (Plihon-Hommay), in-8°.

Bretagne dans le premier de ces travaux ; il nous y invitait d'ailleurs dans sa préface ; j'ai suivi son conseil et sa méthode.

Je laisse de côté le saint le plus connu de cette contrée, saint Efflam, ainsi que saint Gestin et sainte Enora qui figurent dans sa vie latine. La date de cette vie, ses sources, sa valeur sont des questions très longues à exposer ; saint Efflam n'a pas joué un rôle plus grand que les autres saints de la région ; il doit sa renommée à un heureux hasard, l'invention de ses reliques, qui a déterminé la rédaction de sa vie latine ; et cette vie fournit peu pour les recherches qui sont entreprises ici. Je laisse aussi de côté saint Mélar, qui possède de même une vie latine. L'étude de ce saint soulève des problèmes très complexes, par ailleurs c'est un saint spécial, qui n'offre aucun intérêt pour nos études. Je remets à plus tard la publication de mes recherches sur ces deux personnages, voulant seulement indiquer les raisons qui m'ont décidé à les laisser de côté pour le moment.

L'étude de la configuration des paroisses primitives, leur étendue, leurs limites, la situation du chef-lieu, l'histoire de ces cellules-mères de la vie chrétienne et du culte de leurs patrons constitue la seconde partie de ce travail. L'ensemble de ces recherches apporte des éléments d'une importance considérable en ce qui concerne les origines de l'organisation chrétienne dans l'Armorique bretonne. La question est très différente de ce qu'elle est dans les pays gallo-romains et dans les autres pays celtiques ; dans ces pays l'organisation religieuse s'est faite lentement, en suivant les progrès du christianisme ; en Armorique, au contraire, l'arrivée, aux v° et vi° siècles, des Bretons qui étaient chrétiens et qui ont submergé les éléments antérieurs, a fait que l'organisation religieuse a été constituée à la même époque partout sur les données du moment et sans s'appuyer aucunement sur l'état antérieur du pays ; la question est moins complexe.

J'ai continué à me renfermer dans les limites d'une petite région pour tenter de pousser plus avant mes recherches. La région dont il s'agit correspond sensiblement à l'ancien archidiaconé de Pougastel, autrement dit le Bas-Tréguier ; ce n'est pas une unité ni au point de vue de la géographie physique, ni au point de vue de la géographie humaine, la seule unité en Bretagne c'est la Bretagne tout entière, peut-être plus encore pour l'hagiographie que pour toute autre étude ; j'ai donc dessiné moi-même cette région sans autre but que de limiter mes recherches.

J'ai dit combien j'étais redevable aux travaux de M. Joseph Loth et à son enseignement ; j'ai eu constamment sous les yeux son étude sur *Les noms des saints bretons ;* il avait établi la méthode qui a été utilisée ici, et ce sont ses conclusions qui m'ont guidé dans ce travail ; il m'a en outre continuellement aidé de ses conseils. Ma reconnaissance émue va aussi à l'abbé Duine, dont je peux dire que j'étais l'élève préféré. Il acceptait, malgré sa vue chancelante de revoir mes manuscrits ; jusqu'à son dernier jour, il répondit à mes demandes de renseignements. Je serais trop heureux si j'avais pu utiliser d'une façon digne d'eux la bienveillance que ces deux savants ont bien voulu me témoigner.

ABRÉVIATIONS — BIBLIOGRAPHIE

Je renvoie au travail capital de M. J. Loth, *Les noms des saints bretons*, Paris, 1910, in-8°, par l'abréviation *Ns.* ; ce travail avait paru en quatre articles dans la *Revue celtique*, XXIX, XXX (1908, 1909) ; le tirage à part est sur la table de tous ceux qui s'occupent d'hagiographie bretonne, il n'est plus question de renvoyer directement à la *Revue celtique*. Du même auteur, je désigne sous l'abréviation *Chresto.*, la *Chrestomathie bretonne*, Paris, 1890, in-8°.

En ce qui concerne les travaux de M. l'abbé Duine, *Memento des sources hagiographiques de l'histoire de Bretagne*, Rennes, 1918, in-8°. *Inventaire de l'hagiographie bretonne*, Paris, 1922, in-8°, et *Catalogue des sources hagiographiques pour l'histoire de Bretagne jusqu'à la fin du XII° siècle*, Paris, 1922, in-8°, je renvoie aussi aux tirages à part, en désignant les ouvrages sous les abréviations *Memento, Inventaire, Catalogue*. L'ensemble de ces travaux constitue une bibliographie très complète de toute l'hagiographie bretonne.

L'ouvrage de Dom Gougaud, *Les chrétientés celtiques*, Paris, 1911, in-12°, fournira en outre une bibliographie excellente de tous les travaux concernant l'histoire des Eglises celtiques.

Pour les noms de lieu cités, j'indique toujours la source qui me les a fournis : cadastre, carte d'Etat-Major (*C.E.-M.*), dictionnaire des postes, édit. 1910 (*P.T.T.*), et enfin les deux dictionnaires topographiques publiés pour les départements bretons, celui de Rosenzweig, pour le Morbihan, Paris, 1870, in-4°, (Ros.) et celui de Quilgars, pour la Loire-Inférieure, Nantes, 1906, in-4° (Quilgars).

Les départements auxquels appartiennent les lieux cités sont indiqués par : F. = Finistère ; C.-du-N. = Côtes-du-Nord ; M. = Morbihan ; I.-et-V. = Ille-et-Vilaine ; L.-I. = Loire-Inférieure.

Les *Mémoires de la Société archéologique du Finistère*, surtout à cause du vaste répertoire du chanoine Peyron, *Eglises et chapelles de l'évêché de Quimper*, m'ont été d'un grand secours. J'y renvoie sous la simple abréviation *Soc. arch. Fin.*, suivie de l'année et de la page.

Le *Bulletin de la commission diocésaine d'histoire et d'archéologie, du diocèse de Quimper et de Léon*, commencé en 1901, continué en 1911 sous le titre de *Bulletin diocésain d'histoire et d'archéologie*, m'a fourni aussi un grand nombre de renseignements. J'y renvoie sous l'abréviation *B.C.D.* suivie de l'année et de la page.

Le département des Côtes-du-Nord ne possédant pas de publications comparables, j'ai utilisé les ouvrages de Gaultier du Mottay, *Iconographie et hagiographie bretonne*, Saint-Brieuc, 1869, in-8°, son *Répertoire archéologique des Côtes-du-Nord*, Saint-Brieuc, 1883, in-8°. et sa petite *Géographie départementale des Côtes-du-Nord*, Saint-Brieuc, 1862, in-18 ; j'ai préféré me servir de ce dernier travail pour relever des noms de lieu à toute autre publication sur les Côtes-du-Nord, à cause des études toutes spéciales que du Mollay avait faites concernant l'haglographie. Je cite ces ouvrages sous la forme abrégée : *Icon. et hag. bret.*, *Répert. archéol. des C.-du-N.*, *Géogr. dép. des C.-du-N.*

J'al mis à profit, assez souvent, le *Dictionnaire de Bretagne*, d'Ogée, Rennes, 1778-1780, 4 vol. in-4° et 2° édit., Rennes, 1843, 2 vol. in-4° ; j'y renvoie par la simple mention Ogée, ou lorsqu'il s'agit des notes, apportées à la seconde édition, par ceux qu'on a appelés les continuateurs d'Ogée, j'indique Cont. d'Ogée.

INTRODUCTION

LES NOMS DE LIEU

CHAPITRE PREMIER

LES NOMS DE LIEU : NOS SOURCES

En Bretagne, les noms de lieu offrent pour l'histoire de la vie religieuse une série continuelle d'éléments d'une utilité de premier ordre. Aucun pays ne possède une toponymie qui puisse être comparée à celle de la Bretagne pour éclairer l'histoire des saints locaux et l'histoire des établissements chrétiens du pays. D'une part, la toponymie bretonne fournit un nombre considérable de noms de saints. Comme les saints dont le nom est conservé dans les noms de lieu anciens, sont tous des saints nationaux, bretons [1], que, par ailleurs, presqu'aucun document écrit n'a gardé le souvenir de ces personnages, on voit par là les services que peut rendre la toponymie concernant les saints du pays. D'autre part, ces noms de lieu sont des noms composés de deux termes, un nom de saint breton et un nom commun qui indique quel était l'établissement qui existait en ce lieu au moment où le nom de lieu fut constitué. La toponymie religieuse bretonne est précise : tel établissement est une paroisse *Plou-*, un monastère ou une chapelle *Lan-*, *Lok-*. un hameau *Tré-* [2].

---

1. J. LOTH, Ns., pp. 4-5 : « L'hagio-onomastique est entièrement nationale, bretonne. En dehors de quelques apôtres, de saint Michel, saint Mathieu, saint Pierre qui a donné son nom à Ploubezre (C.-du-N.), il est inutile de chercher du côté de la Gaule et de l'Eglise romaine : tout est d'origine insulaire ou breton indigène. »

2. Il n'y a rien de semblable en France, où les noms de lieux religieux ne renferment pas un terme indiquant s'ils désignent une paroisse ou un monastère ; on y a fait peu usage de noms composés ; si c'est un nom commun qui est devenu nom de lieu (*Moustier* = lat. *monasterium*, par ex.), il est généralement donné seul, ou précisé par la situation

L'histoire des institutions religieuses et l'histoire des saints, en Bretagne, se trouvent donc inscrites dans les noms de lieu. Comme ces noms de lieu sont d'une époque pour laquelle presqu'aucun document écrit n'a subsisté, — pas plus d'ailleurs en Bretagne que dans une grande partie de la France, — il s'en suit qu'ils sont les documents, documents d'une sincérité indiscutable, qui, seuls, permettent de retracer la vie religieuse d'une époque, qui, sans eux, serait complètement inconnue. L'on voit par là l'importance considérable qu'a la toponymie pour les études entreprises ici ; cette importance oblige à donner des indications préliminaires sur les sources employées pour les relevés de toponymie [2].

Pour chaque nom de lieu et formes du même nom, nous donnons toujours les documents qui ont fourni le nom ou les variantes [4]. Cette précaution est nécessaire si l'on pense aux déductions que l'on peut tirer d'un simple nom de lieu, et si l'on songe à quelles erreurs de transcription ces noms sont exposés. Enfin, en donnant la source, on est fixé sur la forme qui est citée, l'on sait que c'est là une graphie et non pas la représentation de la prononciation réelle [5].

La source la plus sûre est le cadastre, examiné à la mairie de la commune avec l'aide du secrétaire de mairie, et, si ce

---

géographique (rivière, bois, région) : si le nom est constitué par un nom de saint, le saint est rarement indigène, et au nom de saint n'est pas accolé un nom commun désignant l'établissement dont s'agit. En outre beaucoup de paroisses ou de monastères n'ont pas de nom à eux et ont emprunté un nom au lieu où ils ont été installés. La toponymie française ne pourrait servir de base à une étude d'histoire religieuse.

3. Il faut bien savoir que « les saints de la topographie ne sont pas nécessairement les saints de l'hagiographie » (DUINE. *Saints de Domnonée*, p. 84) ; mais ceci importe peu, l'hagiographie est toujours de beaucoup postérieure aux faits qu'elle raconte ; nous n'en avons fait, pour ainsi dire, aucun usage dans ce travail ; au surplus, l'hagiographie ne s'est intéressée qu'à un très petit nombre de personnages que d'heureuses circonstances ont rendus célèbres, *post mortem*, sans que rien n'établisse qu'ils furent, de leur vivant, plus célèbres que les autres.

4. J'ai instauré ce système avec mes *Six saints*.

5. Pour les chapelles citées, ce système a l'avantage de marquer la réserve faite par nous, à savoir que la chapelle indiquée par la carte d'Etat-Major ou le cadastre peut très bien ne plus exister.

dernier est jeune, avec l'aide de quelque ancien habitant de la paroisse. On a ainsi la graphie officielle et on est en même temps renseigné sur la prononciation du nom, sur la forme bretonne du nom lorsque le nom est traduit en français dans les actes. On sait la géographie du lieu, les monuments, les chapelles, les légendes, les traditions qui survivent ; l'on sait aussi les dictons populaires sur le pays, dictons dans lequel rentre le nom de lieu, et dont les rimes éclairent souvent la forme primitive.

Dans les Côtes-du-Nord, le cadastre a été levé entre les années 1815-1850. Dans certaines communes où il avait été levé vers 1815-1825, il a été refait vers 1845-1850 ; dans ce cas, on trouve à la mairie les deux cadastres. Le premier a souvent été sacrifié comme inutile : il est pourtant, au point de vue historique, bien préférable au second. En effet, vers 1815-1825, il subsistait encore dans nos campagnes, des hommes qui, ayant vécu avant la Révolution, savaient les noms des seigneuries et avaient connu nombre de chapelles ou châteaux disparus sous la tourmente révolutionnaire. Le premier cadastre est riche en noms anciens, en noms originaux.

Le nouveau cadastre est très pauvre. Les terres ont souvent perdu leur nom original pour prendre un nom d'occasion, que leur a donné le dernier fermier, et qui a parfois disparu avec lui : les anciens manoirs en ruines s'appellent tous invariablement *ar Hastel* ou *ar Sallou* ; les champs s'appellent « la garenne du bout, le champ d'en haut, le bout du chemin », etc.[6]

Dans le Finistère, il n'y a qu'un seul cadastre levé entre les années 1835-1845.

L'orthographe varie entre le *plan cadastral, l'état des sections* et la *matrice cadastrale. Le plan* rédigé soigneuse-

---

6. Ainsi en Plufur, le *Quenquis Ron*, seigneurie très importante et manoir considérable, et la chapelle Sainte-Madeleine étaient encore connus au moment où fut dressé l'ancien cadastre. Le nouveau cadastre ne les connaît plus. La chapelle a été détruite ainsi que le manoir ; le *Quenquis Ron* est devenu *ar Hastel* ; or en Plufur il y a deux *ar Hastel*. Sans l'ancien cadastre on ne saurait décider lequel de ces deux *ar Hastel* a été le *Quenquis Ron*. En outre, il faut noter que des hameaux ont disparu, et que tel *Lan-* qui actuellement n'est plus qu'un champ, était jadis un hameau.

ment, avec les noms calligraphiés, offre une orthographe
plus sûre que l'état des sections ou la matrice. Malheureusement, il faut avoir recours à l'état des sections qui fournit
le nom de toutes les parcelles, tandis que le plan ne donne
que les noms des points importants. C'est ainsi que le plan
peut fournir dix à vingt noms par section, alors que l'état
des sections en fournit trois cents à mille et plus parfois.
L'état indique en outre ce qu'est-le lieu, maison, hangar,
moulin, chapelle, lande, terre froide, terre chaude, etc.,
renseignements intéressants en ce qui concerne les *lan* en
particulier.

Consulter le cadastre, oblige à se déplacer. Il est plus
facile d'utiliser la carte d'Etat-Major, l'on verra qu'elle a été
beaucoup utilisée dans ce travail. Elle reproduit en général
tous les noms qui figurent au plan du premier cadastre. Les
erreurs de transcription y sont rares. Elle indique les chapelles. En un mot, c'est un document facile à consulter, et
c'est une source relativement sûre'. En dehors de l'intérêt
onomastique, la carte d'Etat-Major est un document indis-
pensable pour la géographie historique, puisqu'elle fournit
les limites des communes actuelles, qui représentent en
général les limites des anciennes paroisses ou de leurs
trêves devenues communes à la Révolution.

Il n'existe pas pour la région qui nous occupe de *Dictionnaire toponraphique* semblable à celui du Morbihan par
Rozenzweig, et à celui de la Loire-Inférieure par Quilgars.
Ces dictionnaires sont très utiles pour l'onomastique. Dans
ces ouvrages. le nom de lieu est présenté comme une entité
absolument indépendante de sa situation géographique,

---

7. Je ne parle pas de l'ancienne carte d'Etat-Major (1856-1858) qui
était émaillée de fautes grossières, empruntées en partie à la carte de
Cassini. Les tirages sur cuivre sont plus coûteux, mais on a avantage à
les consulter, les traits y sont d'une finesse remarquable ce qui évite
les erreurs ou incertitudes fréquentes avec les tirages sur pierre. Les
tirages au 1/50.000 sont sans intérêt, ce ne sont que des agrandisse-
ments photographiques de la carte au 1/80.000, les bavures, les mots
embrouillés subsistent, simplement grossis. La carte du ministère de
l'Intérieur au 1/100.000 donne les mêmes noms que la carte d'Etat-
Major, les noms y sont parfois plus lisibles. Les cartes marines sont
détestables au point de vue des noms de lieu, elles copient Cassini qui
ne vaut pas grand'chose ; quant aux cartes départementales, elles ne
valent jamais la carte d'Etat-Major.

mais leurs listes disposées en ordre alphabétique permettent de trouver facilement des noms de lieu avec lesquels des rapprochements s'imposent. Ces deux dictionnaires font regretter que les autres départements bretons n'aient pas le leur ; cependant il faut remarquer qu'ils sont encore très pauvres. Le dictionnaire de Rosenzweig donne les noms de lieu inscrits au plan cadastral ou sur les différentes cartes qui ont copié ce plan [8]. Il contient 18.000 noms environ. Pour 237 communes que comportait alors le Morbihan, cela fait moins de 100 noms par commune ; or le cadastre fournit en moyenne 300 à 500 noms par section, et il y a trois ou quatre sections en moyenne par commune ; on aurait, en laissant de côté les noms sans intérêt [9], 1.000 noms par commune. L'on voit par là le nombre considérable de noms laissés de côté. Les formes anciennes sont rarement données, les chapelles fréquemment oubliées [10] ; toutefois on aurait tort de ne juger ces travaux que d'après ce qu'ils ont été obligés de laisser de côté, il faut les juger d'après les services importants qu'ils ont déjà rendus [11].

Il est juste aussi de dire que le dictionnaire de la Loire-Inférieure par Quilgars est bien supérieur à celui du Morbihan par Rosenzweig. M. Quilgars a fouillé le cadastre et les états de section des communes et il a pu y relever de nombreux noms de lieu que les cartes n'indiquent pas, et qui cependant offrent un grand intérêt historique ou philologique. M. Quilgars a en même temps signalé fréquemment les fréries et cueillettes, subdivisions territoriales de nos paroisses, que Rosenzweig ignore toujours ; il men-

---

8. En particulier la carte du service des ponts et chaussées.

9. Ou répétés : différentes parcelles portent souvent le même nom avec l'adjonction d'un adjectif : *bras, bihan, uhel, izel, tosta, pel*, etc. ; beaucoup de noms sont des appellations communes : *Goarem bras.*

10. Inutile de dire que certains noms de lieu négligés sont très intéressants pour l'histoire. En outre, Rosenzweig n'a pas recherché la forme bretonne de certains noms traduits en français ; il donne dans la même commune *Kernevez* et *Villeneuve* sans indiquer qu'il s'agit du même lieu qui a deux noms, un nom breton et un nom français.

11. Il est facile de voir les services rendus par le dictionnaire du Rosenzweig ; la *Chrestomathie* et *Les noms des saints*, de M. J. Loth, sont remplis de renvois à son travail, à telle enseigne que les saints du Morbihan sont beaucoup mieux connus que ceux du Finistère ou des Côtes-du-Nord.

tionne les chapelles ou anciennes chapelles, alors que Rosenzweig se contente d'indiquer le nom du hameau ou de l'écart, sans dire qu'il y a là une chapelle ; enfin, M. Quilgars donne souvent les références exactes des variantes du même nom [12].

Nous avons utilisé aussi le *Dictionnaire des postes et télégraphes* ; c'est un répertoire utile ; il offre relativement peu d'erreurs ; les noms semblent avoir été relevés par le receveur de chaque bureau, peut-être d'après la correspondance ; le choix n'est pas toujours très méthodique, de petits hameaux sont mentionnés, d'autres plus importants ne le sont pas ; l'orthographe ignore souvent celle du cadastre [13].

Les anciens cartulaires de Bretagne, *Redon, Landévennec, Quimperlé* et *Quimper*, avec les sages réserves formulées à leur sujet par M. J. Loth [14], fournissent un grand nombre de formes anciennes qui nous ont été d'un grand secours ; malheureusement, aucun ne concerne la région qui nous intéresse ; les *pouillés* ont été aussi utilisés par nous [15].

Ce qu'il faut dire en terminant c'est que les éléments mis

---

12. Le dictionnaire de Quilgars contient environ 20.000 noms. — Le département de la Loire-Inférieure est très avantagé, il possède en outre un *Dictionnaire des lieux habités*, par Léon Maitre, Nantes, 1909, in-8°, qui donne plus de 18.000 noms.

13. Et parfois l'orthographe des P.T.T. se rapproche plus de la prononciation. — Les éditeurs n'ont pas compris le K barré = Ker ; ils impriment : *Klouet, Knostin, Kourien, Kverziou* ; il faut lire : *Kerlouet, Kernostin*, etc.

14. Pour les noms fournis par le Cartulaire de Redon, voir les nombreuses corrections apportées par M. J. Loth, dans sa *Chrestomathie* ; pour le Cartulaire de Landévennec, la topographie laisse beaucoup à désirer ; j'ai identifié beaucoup de noms de lieu qui avaient échappé à Le Men et à Fawtier (cf. *Ns.*, p. 81, s. v. Loesuo) ; sur le Cartulaire de Quimper, v. *Ns.*, Introd., p. 3 ; pour le *Cartulaire de Quimperlé*, je renvoie toujours à la 2ᵉ édit., Rennes et Paris, 1904, in-8°.

15. *Pouillés de Bretagne* publiés par A. de Courson à la suite du *Cart. de Redon* (1863) ,et Longnon, *Pouillés de la province de Tours*, Paris, 1903, in-4°. — Longnon aurait dû se faire aider par un historien de la Bretagne : sa publication contient des erreurs que A. de Courson n'avait pas faites. — Luco, *Pouillé de Vannes*, Vannes, 1908, in-8°. — Pour le Finistère, la liste des *Chapelles et églises de l'évêché de Quimper*, publiée par l'abbé Peyron, dans la *Société archéologique du Finistère*, années 1903 et seq., m'a été aussi d'un grand secours, ainsi que le *Bulletin de la commission diocésaine d'archéologie de Quimper et Léon*.

en œuvre dans ce travail sont encore trop peu nombreux.
Il est fait ici grand état de la toponomastique et précisément nous ne la connaissons que d'une façon très impar-
faite, tant en ce qui concerne le nombre des noms de lieu
qu'en ce qui concerne les formes anciennes. Il faudrait
avoir dépouillé complètement le cadastre, les minutes nota-
riales, les registres de baptêmes, mariages et sépultures du
XVIIIe siècle, qui mentionnent le hameau et la frérie des
sacramentés, les archives publiques et privées, on connaîtrait
alors tous les noms de lieu qui comportent le nom de tel
ou tel saint ; comme beaucoup de nos saints ont leur culte
étendu à travers toute la Bretagne, il serait nécessaire de
posséder un relevé des noms de lieu de toute la Bretagne.
Ce relevé n'existe pas, et en attendant qu'il existe, toute
étude comme la nôtre, qui repose sur des données trop
restreintes de toponomastique, doit être considérée comme
soumise à des révisions nombreuses [16].

16. Il faut ajouter que la partie ouest des Côtes-du-Nord n'a pour
ainsi dire jamais été étudiée au point de vue historique ; ceci n'a pas
été pour faciliter mes travaux ; la partie est du Finistère a, au contraire,
fait l'objet d'études historiques remarquables, études de M. Louis
Le Guennec en particulier, publiées dans les *Mémoires de la Société
archéologique du Finistère*. Pour les anciens diocèses des Côtes-du-
Nord, on n'a aucun travail semblable à ceux énoncés pour le Finistère,
ni pouillés, ni cartulaires, tout est à faire ; et cela a rendu ma tâche
plus pénible ; puisse-t-on y voir une excuse pour les erreurs que
j'aurais pu commettre.

CHAPITRE II

LA CHRONOLOGIE DES NOMS DE LIEU

L'on sait l'intérêt considérable qu'il y a à constater qu'un saint est l'éponyme d'un ou plusieurs noms de lieu en *Plou-*, *Lan-*, *Tré-*, *Lok-* ; on en déduit immédiatement, et avec raison, que le culte de ce saint est ancien. L'on voudrait plus de précision ; une question se pose : ces quatre termes indiquent-ils la même antiquité, ou indiquent-ils des époques différentes et lesquelles ? Autrement dit, quels sont les éléments de chronologie que fournit, pour l'étude des saints et de leur culte, la présence de ces termes accolés au nom du saint. Le terme *lok* apparaît comme très spécial et c'est par lui que la question peut être abordée.

I

LES NOMS EN LOK-

Le mot *lok*, *loq* devant une voyelle, est un emprunt au latin *locus* ; il est masculin en breton comme en latin ; il désigne un monastère[1], un prieuré, plus souvent une simple chapelle, mais toujours un lieu du culte ; il est, dans tous les exemples connus, suivi d'un nom de saint[2].

---

1. J. Loth, *Chresto.* pp. 99, 115 et 217 ; Vs., pp. 4 et 135.

2. Il n'y a qu'une seule exception : *Locminé* (M.) = *locus monachorum*. — Dans quelques chartes latines, *locus* est parfois la traduction du breton *caer* (Bourgogne in. La Borderie, *Soc. arch. Fin.*, 1905, p. 81, n. 2), mais dans la toponymie, *lok* n'a jamais ce sens. — Les Gallois ont employé le mot *loq* dans le sens de monastère (J. Loth, *Rev. cell.*, XXXIX, 1922, p. 310, n. 5), mais ne l'ont pas utilisé dans la toponymie.

Première remarque. — L'emploi de ce mot pour constituer des noms de lieu est spécial au breton armoricain ; on ne le rencontre ni en Galles, ni en Cornwall ; en Bretagne, ces noms de lieu sont tous renfermés dans la zone actuelle du breton, il n'en existe pas dans la Bretagne de langue française qui fut bretonnante aux ix° et x° siècles. Cette constatation est formelle ; les rares exceptions que l'on peut relever sont sur la limite de la zone bretonne, dans des communes où le breton a disparu depuis peu °. M. Joseph Loth, qui a examiné le cadastre de toute la région qui fut bretonnante au ix° siècle, n'a relevé aucun nom de lieu en *Lok-* °. Or, cette région, actuellement française de langue, fournit un nombre considérable de noms de lieu en *Plou-*, *Lan-*, *Tré-* ; le fait est curieux ; l'on serait prêt à décider que les termes *Plou-*, *Lan-*, *Tré-*, étaient des termes courants en breton à l'époque où une partie de la Loire-Inférieure, l'Ile-et-Vilaine et toutes les Côtes-du-Nord étaient bretonnantes, et qu'à cette époque le mot *Lok-* était inconnu, que son emploi en breton n'a commencé qu'après le recul définitif du breton dans les limites qui sont encore sensiblement ses limites actuelles. La plus grande Bretagne bretonnante est du ix° siècle, le recul s'est produit très rapidement et était accompli avant le xiii° siècle °. Si en certains points le breton s'est maintenu jusqu'au xii° siècle, il ne pouvait plus servir à constituer des noms de lieu nouveaux ; le français le remplaçait dans cette tâche. Le fait qu'il n'y a pas de noms en *Lok-* dans la zone actuellement française permet donc de dire que ces noms sont postérieurs au recul du breton.

---

3. *Locmalo* en Réguiny, *Locmener* en Penestin, *Locmaria* en Mesquer (L.-I.) (QUILGARS) ; le breton y a disparu depuis peu, v. J. LOTH, *Les langues romane et bretonne en Armorique, Rev. celt.*, XXVII, 1907, pp. 383, 390, 397. Le prieuré du *Grand Locquidy* en Nantes (L.-I.) n'est pas un *Lok*, la forme ancienne est *Losquidic* (*Cartul. de Quimperlé*, pp. 225, 230, 231). — La seule exception véritable est le nom de la commune de *Laurenan* (C.-du-N.), canton de Merdrignac, à 20 kilomètres de la limite actuelle du breton ; ce nom est très certainement : *Lok-Renan* ; l'on remarquera qu'on l'écrit selon la prononciation, parce dans cette région où ce *lok* est unique, on ignorait l'étymologie ; en Basse-Bretagne, l'on prononce *Lomaria*, *Lomikel*, mais comme on connaît le mot *lok* dans d'autres noms où il est suivi d'une voyelle, on écrit *Locmaria*, *Locmiquel*.

4. *Les langues romane et bretonne*, art. cité.

5. J. LOTH, *Les langues romanes et bret.*, art. cité, pp. 378, 383.

Seconde remarque. — Les chartes et vies de saints anciennes citent de nombreux noms de lieu en *Plou-, Lan-, Tré-*, parfois transcrits sous la forme latine *plebs, tribus,* mais ne citent jamais de *Lok-*. Les *Lok-* n'apparaissent qu'au xi° siècle, et comme il a été dit plus haut, qu'en Basse-Bretagne ; les deux exemples les plus anciens relevés par M. J. Loth, dans sa *Chrestomathie* sont du xi° siècle : *Locmenech*, actuellement *Locminé* (M.) : *Locus monachorum* au chapitre 33 de la vie latine de saint Gildas, vie qui est du xi° siècle[6] ; et *Loc Iunguorell* de la pièce xix du cartulaire de Landévennec, acte qui a été fabriqué vers le milieu du xi° siècle[7].

---

6. Cet exemple est très spécial puisque c'est le seul cas où *Lok-* ne soit pas suivi d'un nom de saint. — Le chap. 33 n'est pas dans le texte de Johannes a Bosco, il a été extrait pour la copie de Mabillon, du légendaire de Saint-Gildas-des-Bois. Cf. F. Lot, *Mélanges d'histoire bretonne*, Paris, 1907, in-8°, pp. 211, 224 et sq. : « le chapitre 33 actuel se dénonce comme un remaniement » ; cette vie a dû être rédigée vers 1060. *Ibid.*, pp. 233, 238. Ces deux remarques font douter et de la date de ce nom et de la valeur de l'exemple, car *locus* ne paraît pas y avoir le sens habituel.

7. C'est un acte où intervient le roi Grallon. Cf. Latouche, *Mélanges d'histoire de Cornouaille*, Paris 1911, in-8°, p. 56. — Il y a un certain nombre de chartes où l'on trouve le mot latin *locus* dans le sens breton ; mais le texte n'indique pas que le nom populaire soit en *Lok-* ; la ch. 373 du Cart. de Redon, en 1037, désigne le monastère de Redon sous le nom de *Locum Sancti Salvatoris*, mais désigne Locoal Mendon par *æcclesia sancti Gutuali* ; de même, la ch. 82, vers 865, mentionne la donation de terrains *ubi nunc locum Sancti Salvatoris et monachorum rotonensium*, et la ch. 241, en 869, dit *construere jussimus quemque etiam locum monasterium Salomonis vocare voluimus.* (A noter que le roi Salomon ne réussit pas, lui lolo, à devenir l'éponyme de ce monastère qui, en 876, ch. 237, est appelé *Monasterium Sancti Maxentii*, à cause des reliques du saint Maxent ; c'est aujourd'hui la commune de Maxent, I.-et-V.). Le Cart. de Landévennec, xix, cite *Locum Sancti Uinguialoæl in Buduc*, qui demeura le prieuré du Saint-Gueonolé en Concarneau (F.), la pièce xxxvii cite *locus sancti Uuingualoet* qui est Landévennec, alors que Loquénolé sur le Quefileut, dont cette pièce reproduit la donation, porte un autre nom ; cette pièce dit Latouche, *op. cit.*, pp. 60-61, est du xi° siècle. Dans le cart. de Quimperlé, des pièces, depuis 1069 jusqu'à 1161, désignent notre *Loguman* actuel en la Forêt-Fouesnant (F.), sous les formes *Sancti Amandi locum, ecclesia sancti Amandi*, et enfin *claustrum sancti Amandi* (pp. 191-195) ; mais la pièce lii (p. 188) donne un *Loc Deugui* = Lotivy en Quibéron (M.), pour ce dernier il n'y a aucun doute, c'est le nom breton : or, cette charte est de 1069. — Le nom de *Locmariaquer* (M.), n'apparaît qu'en 1082. (Rob.)

Troisième remarque. — Les éponymes des noms de lieu en *Lok-* ne sont pas des saints dont le culte est ancien. Parmi ces éponymes, quatre frappent immédiatement l'attention : *Maria, Mikel, Christ, Jean.*

Locmaria. — Les Locmaria sont nombreux en Basse-Bretagne. Rosengweig en cite vingt-cinq pour le département du Morbihan, un relevé pour l'ensemble de la Basse-Bretagne en fournirait cent cinquante environ. L'on sait que le culte de la Vierge n'apparaît pas dans la plus ancienne hagiographie bretonne, que le nom de la Vierge n'intervient dans aucun nom de lieu en *Plou-, Lan-, Tré-* ; au surplus, la forme *Maria* est une forme récente[8].

Locmikel. — Les Locmikel sont nombreux aussi en Bretagne bien qu'il n'en existe pas autant que des *Locmaria*. Rosenzwoig cite six *Locmiquel* et un *Locmiquelic* dans le Morbihan. Le culte de saint Michel en Bretagne ne paraît pas antérieur au xie siècle ; c'est en 1037 que fut fondé le prieuré de Saint-Michel dans l'îlot de Tanguethen, devenu l'île Saint-Michel, en rade de Lorient (M.)[9]. Saint-Michel-en-Grève, en breton *Lomikel*, dans les Côtes-du-Nord, est très certainement postérieur à la donation de terres en Plestin faite en 1080, par Hugues, évêque de Tréguier, à l'abbaye du Mont-Saint-Michel, en Normandie[10].

La fondation du prieuré de *Lomikel* en Elliant (F.), lequel

---

8. DUINE, *Bréviaires et missels des églises et abbayes bretonnes,* Rennes, 1905, in-8°, appendice I, p. 208; *Saint-Armel,* in *Ann. de Bret.,* XX, p. 46 du tirage à part; *Loth, Ns.,* p. 5. — Je signale toutefois deux *Trémaria,* l'un en Landerneau, l'autre en Pontcroix (F.) (C.E.-M.) ; ce dernier était la seigneurie de Nicolas Saluden de Trémaria, auxiliaire du Père Maunoir. Ces deux *Trémaria* sont très certainement des noms fabriqués à une très basse époque. Il existe un *Tréanna,* seigneurie au xviie siècle (*Soc. Arch. Fin.,* 1903, p. 178), et chapelle en Elliant (F.) (C.E.-M.) et un *parc Tréanna* près Locronan (*B.C.D.,* 1923, p. 217) : cf. *Tréanna,* nom de famille (*Cart. de Quimper,* Index, p. 586), mais il ne s'agit pas de sainte Anne, mère de la Vierge, dont le culte s'est répandu vers la fin du moyen âge, et qui n'a pas de *Lok-,* il s'agit très certainement d'un personnage celtique : cf. *Ns.,* p. 10.

9. DOM MORICE, *Preuves,* I, 373. *Cart. de Quimperlé,* p. 159.

10. DOM MORICE, *Pr.,* I, 160. Voyez mon article le *Prieuré de Roc'h Hirglas en Plestin,* in *Mémoires de la Société d'émulation des C.-du-N.,* LV, 1923, pp. 25-34.

prieuré releva dès le principe de l'abbaye du **Mont-Saint-Michel**, doit être de la même époque, nous n'avons pas la charte de fondation, mais nous avons une confirmation de 1171, et il semble que la donation primitive remontait au maximum à cent ans environ auparavant".

Lok-Christ. — C'est un nom de lieu assez répandu ; Rosenzweig en cite quatre pour le Morbihan, le dictionnaire des postes en cite sept pour les deux départements réunis du Finistère et des Côtes-du-Nord. Il doit en exister à peu près une vingtaine pour toute la Bretagne. Il y a en outre de nombreuses *Chapelle-Christ*, des lieux dits *Christ*, *Kergrist* et *Pont-Christ*. L'on répète couramment que les *Chapelle-Christ* sont des fondations des Templiers ; telle semble bien être la vérité, bien que le fait n'en soit pas vérifié. On aurait là une date pour les noms de lieu en *Lochrist*. Les Templiers et les Hospitaliers se faisaient un devoir de prêcher la Passion", et nul doute qu'ils aient développé le culte rendu au Sauveur flagellé : car telle est la signification du vocable *Christ* en breton : les statues de *Christ* représentent le Christ à la colonne, l'*Ecce Homo*". Les Templiers possé-

---

11. Dom Morice, *Pr.*, I, 662. — Sur ce prieuré, voyez chanoine Peyron, *Le culte de saint Michel au diocèse de Quimper et Léon*, Rennes, 1896, in-8°, pp. 8 et sq. — Je ne vois nulle part en Bretagne de culte ancien rendu au saint archange : il n'est l'éponyme d'aucun *Plou-*, *Lan-*, *Tré-*, *Ros-*, *Tré-*, *Bran-* : je fais cette remarque parce que Mme O. Rojdest-vensky, dans son livre très remarquable sur *Le culte de saint Michel et le moyen âge latin* (Paris, 1922, in-8°, pp. 20-26), attribue à nos sanctuaires bretons de saint Michel, une antiquité plus grande que celle que nous attribuons aux *Lok-*. Les *Lomikel* ne sont pas antérieurs au XIe siècle, et l'influence des moines du Mont-Saint-Michel semble bien à la base du développement du culte de cet archange en Bretagne.

12. Guillotin de Corson, *Les Templiers et les Hospitaliers de Saint-Jean de Jérusalem en Bretagne*, Nantes, 1902, in-8°, p. 14 et seq. ; sur le culte de *Christ* et les Templiers, l'on remarquera que l'ordre des Porte-Glaives, fondé en 1202, et modelé sur celui des Templiers, s'appelait primitivement la *Milice du Christ*.

13. L'on traduit le mot breton *Christ* par *Saint-Sauveur* : église de *Christ* ou de *Saint-Sauveur*, au Faou, trève de Rosnoen (F.), *B.C.D.*, 1909, p. 125-131. — Sur le culte de Christ en Bretagne, v. Le Braz, *Les ss. bret. d'après la trad. pop.*, in *Ann. de Bret.*, X, p. 45 ; Id., *La légende de la mort*, 3e édit., 1912, II, p. 239. — Le prieuré de Lochrist an Izelvet en Plounévez-Lochrist (F.), n'a pas appartenu aux Templiers

daient la *Chapelle-Christ* en Scaer (F.) [13]; la *Chapelle-Christ* en Louargat (C.-du-N.) leur appartenait [14] ; ils possédaient une autre *Chapelle-Christ* [15] en Pont-Melvez (C.-du-N.), chef-lieu d'une commanderie. *Lochrist* en Beuzec-Cap-Sizun (F.), était à eux, puisque la chapelle se trouvait auprès d'un prieuré relevant des Templiers [16]. Les autres exemples sont moins certains : rien n'indique que la chapelle de la Trinité au village de *Lochrist* en Ploerdut (M.) (C.E.-M.) leur ait appartenu, mais elle est tout près du membre du Croisty, dans une région remplie de noms de lieu qui rappellent les Templiers, et remplie encore de traditions les concernant [18]. La chapelle de *Lochrist* en Beuzec-Conq (F.) est dans une paroisse où se trouvent une chapelle Saint-Jean et une chapelle Saint-Jacques, deux cultes chers aux ordres militaires. *Kergrist* (Ros.) en Gourin (M.) est tout près du membre de Roudouallec [19]. *Kergrist-Moëlou* (C.-du-N.) détenait dans son territoire le membre de la Madeleine, et très certainement ce sont les Templiers qui ont importé ce nom

---

comme l'écrivait DE FRÉMINVILLE, *Antiquités de la Bret., Finistère*, Brest, 1832, in-8°, p. 99, mais aux Bénédictins, KERDANET, *Les vies des saints d'Albert Le Grand*, Brest, 1837, in-8°, p. 51. Dans quelques chapelles Christ, on honore Notre Seigneur crucifié ; le Christ en croix est alors représenté en robe rouge, Chapelle-Christ en Guimaëc, ancienne chapelle-Christ en Plouégat-Moysan, chapelle de Pont-Christ à la limite de La Roche-Derrien et de Plounéventer, Chapelle-Christ en Botsorhel (F.), etc. (*B.C.D.*, 1903, pp. 28 et 314) ; l'on dit communément que ce modèle de statue aurait été rapporté d'Orient par les Templiers (cf. *Soc. Arch. Fin.*, 1912, p. 48). — En Langoëlan (M.), dans l'ancienne *Chapelle-Christ* du village de *Lochrist* on invoquait saint Christ, pour les maux d'oreilles, l'on prenait un peu d'eau à la fontaine et on s'en versait quelques gouttes dans les oreilles. — En vannetais l'on prononce *Crouist* : J. LOTH, *Les mots latins dans les langues brittoniques*, Paris, 1892, in-8°, p. 154.

14. GUILLOTIN DE C., *op. cit.*, p. 15, appelée aussi Saint-Sauveur.

15. ID, p. 36, *C.E.-M.* : Il a subsisté en cette paroisse les noms de lieux suivants très significatifs : *Laluzon, Chapelle Saint-Jean, Le Manaty* (*C.E.-M.*).

16. *C.E.-M.*

17. *B.C.D.*, 1903, p. 116. — *Eleemosina de Bodoc Kapsithun* de la charte de 1160. GUILL. DE C., p. 13.

18. Sur le membre du Croisty, v. ID, p. 18 ; cf. *Moulin du Temple, Cornospital* en le Croisty (*C.E.-M.*). — Sur les traditions de cette région, v. ID., p. 266.

19. Sur le membre de Roudouallec, v. ID., p. 16.

de *Kergrist* qui a remplacé le nom primitif de la paroisse [20] ;
l'on trouve une chapelle de *Lochrist* (*C.E.-M.*) en Coatréven
(C.-du-N.), paroisse dans laquelle les Templiers possédaient
des tenues [21], une chapelle de *Pont-Christ* (*C.E.-M.*) à la
limite de la Roche-Derrien et de Plounéventer (F.), non loin
du nom significatif du *Vally Cloist* (*C.E.-M.*), l'on pourrait
encore citer la *Chapelle-Christ* en Ploumilliau (C.-du-N.)
(*C.E.-M.*), paroisse dans laquelle se trouvaient à la fois des
possessions de la commanderie de Pont-Melvez, et des possessions de la commanderie de Plouaret [22], l'ancienne
Chapelle-Christ en Plufur (C.-du-N.) (*C.E.-M.*), près du
village du *Manachty* (*C.E.-M.*), qui passe encore dans les
traditions populaires pour avoir appartenu aux Templiers [23]

Ces diverses indications permettent de constater qu'il
existe des relations entre le culte de saint Christ et les Templiers et Hospitaliers ; tout au moins l'on voit que l'extension
de ce culte est contemporain de ces ordres militaires, ce qui,
par conséquent, fournit une date aux *Lochrist* : ils ne
remontent pas au-delà du milieu du XIIe siècle [23].

---

20. Sur le membre de la Madeleine, v. ID. p. 24. — La paroisse
devait primitivement s'appeler *Moëlou*. Il y a encore dans cette paroisse
une chapelle dite *Illis Moëlou* = église de Moëlou, et des lieux-dits
Crec'h Moëlou, *Coat Moelou* (*C.E.-M.* et *Géogr. dép. C.-du-N.*, p. 556) :
l'église est sous le vocable de saint Sauveur = Christ ; très certainement, c'est une chapelle des Templiers, qui par la suite a remplacé
l'église paroissiale primitive qui était *Illis Moëlou*. — Noter un village
du *Croisty* en cette commune, qui est encore un nom templier.

21. GUILL. DE C., p. 46.

22. Ir., pp. 27 et 42.

23. En Inguiniel (M.), il existait une frérie de *Trevchrist*, ou *Trevchrist* (LUCO, *Pouillé de Vannes*, p. 283) : *Tref* a ici le sens de frérie,
ce n'est pas le terme ancien *Tré-*, et cette frérie doit son nom à la
Chapelle-Christ du village de *Lochrist* ; il ne faut donc pas faire état
de ce nom pour décider que le culte de *Christ* est de l'époque des noms
de lieu en *Tré-*. — L'on notera qu'il n'existe aucun *Plou-*, *Lan-*, *Tré-*,
suivi du nom de *Christ*, pas plus, d'ailleurs, que du nom de la Trinité
(tandis qu'en Galles il y a un *Llandryndod*, cf. *Six saints*, p. 50, n. 1).
mais il y a un *Plougras* et plusieurs *Langroas* sans aucun *Lokroas*,
alors que les Templiers ont répandu beaucoup le culte et les reliques
de la Vraie-Croix ; je fais cette remarque pour bien montrer combien
ces questions sont délicates. — J'ajoute que le travail de Guillotin de
Corson, dont chacun reconnaît l'utilité, n'a pas fait état des cultes que
les Templiers et Hospitaliers ont pu développer, non plus que de la
toponymie ; la toponymie apporte énormément de renseignements sur
les possessions de ces deux ordres, renseignements que les documents
écrits nous laissent ignorer.

Un culte que les Templiers et Hospitaliers ont très certainement étendu en Bretagne, c'est le culte de saint Jean-Baptiste ; il n'y a aucun doute à cet égard. Presque partout où ils possédaient des terres, ils ont élevé des chapelles sous le vocable de saint Jean. Or, il existe au moins quatre *Locjean* qui étaient leur propriété : la chapelle Saint-Jean de *Locjean* en Kernevel (F.), appartenait aux Hospitaliers[24] ; la chapelle Saint-Jean-Baptiste au village de *Loyan*, en Kervignac, et la chapelle Saint-Jean de *Lorjan*, ou *Locjean*, en Riantec (M.), étaient au milieu de possessions considérables relevant des Hospitaliers[25]. La commanderie de la Feuillée possédait l'ancienne chapelle Saint-Jean au village de *Lojan*, en Châteaulin[26]. Il existait une chapelle de Saint-Jean ou de *Lojean*, en Moréac (M.) : en l'absence de textes indiquant que la chapelle ait appartenu aux Hospitaliers, l'on notera dans la même paroisse, une autre chapelle dédiée à saint Jacques : la présence de ces deux cultes chers à l'ordre de Malte, suffit à établir son influence dans la paroisse[27]. Il existe en outre un *Kerlojean* (C.E.-M.) en Loperhet (F.), c'est un nom et rien de plus.

Les Templiers et Hospitaliers ne sont entrés en Bretagne que vers 1130 ; leur développement est du xiiie siècle ; il y a là un élément de chronologie important : les *Lochrist* créés par eux, et les *Locjean* sont de la fin, du xiie siècle ou du xiiie siècle.

---

24. G. DE CORSON, *op. cit.*, p. 16. — C.E.-M. et *Association bretonne*, 1900, p. 219.

25. C.E.-M., Ros., G. DE CORSON, *op. cit.*, pp. 262, 263. — Il y a un lieudit *Le Cloistre* en Kervignac (C.E.-M.) et G. de Corson signale un *Park er Illoestr* en Merlévénez, paroisse limitrophe. Cf. un moulin de *Rhodes* en Merlevénez (Ros.). — Les registres de bapt., mar. et sép. de Kervignac écrivent Lojan en 1678, 1695. — Pour la chapelle en Riantec, v. *Arch. dép. Morb.*, 172, G. 1, 970, qui signalent la *chapelle Saint-Jean-Baptiste* en 1691 : la réformation de 1442 donne *Locyahan* (DE LAIGUE, *La noblesse bretonne aux XVe-XVIe siècles, évêché de Vannes,* Rennes, 1902, in-4°, p. 656). Le *Cartul. du Morbihan*, p. 127, mentionne le moulin de *Loc Johan* en Riantec, en 1323. — Sur ces deux chapelles, v. Ros., *Répert. archéol. du Morh.*, p. 57, *Association bretonne*, 1900, p. 226.

26. *B.C.D.*, 1905, p. 163.

27. LUCO, *Pouillé de Vannes*, pp. 117-118. — Il existe, dans le Finistère, une paroisse de *Ploujean* : le nom de cette paroisse est bien antérieur aux ordres militaires ; v. *infra*, notre article sur cette paroisse.

Quelques éponymes de noms de lieu en *Lok-*, doivent encore retenir l'attention : on notera le nom breton *Locmazé* de l'abbaye Saint-Mathieu-de-Finisterre, en Plougonvelin (F.)[28], et un prieuré de cette abbaye dont la chapelle de *Locmazé* a subsisté et qui devint le prieuré-cure de Bréventec, actuellement dans la commune du Drennec (F.)[29]. L'on n'est pas fixé sur la date où fut fondée l'abbaye bénédictine de **Saint-Mathieu**, mais ce n'est pas une abbaye fondée à l'époque des chrétientés celtiques, et très certainement elle est postérieure à l'immixtion en Bretagne de l'influence monastique étrangère, influence qui nous est révélée par l'introduction de la règle bénédictine à Landévennec en 818[30]. Il existe une autre chapelle de *Locmahé*, ou Saint-Mathieu-Troganvel, en Bannalec (F.)[31].

Ce qui est plus curieux, c'est que les saints éponymes de *Plou-*, *Lan-*, *Tré-*, ne sont pas éponymes de *Lok-*, et réciproquement : saint Paul-Aurélien n'a que des *Lan-*, il a une paroisse de son seul nom, *Paule*, et un *Trébaol* en Milizac (F.)[32]. Les saints qui ont des *Lok-*, n'ont que des

---

28. Sur cette abbaye, v. DUINE, *Catalogue*, n° 87, pp. 45-46.

29. *C.I.-M.*, *B.C.D.*, 1908, p. 137.

30. Toutefois cette abbaye est antérieure à la seconde moitié du Xe siècle, époque où fut composée la légende de la translation des reliques de saint Mathieu, J. Loth, in *Ann. de Bret.*, XVIII, p. 601.

31. *B.C.D.*, 1903, p. 259. — Je n'examinerai pas ici d'autres exemples d'éponymes de *Lok-* qui pourraient permettre d'établir que ces *Lok-* ne sont pas anciens ; cf. *Logaman*, en la Forest-Fouesnant (F.), qui ne comporte pas un nom ancien (Vs., p. 10) ; ajouter un *Loclément* (Ros. en Erdéven (M.) ; et saint Exupère, devenu *Saint Bispar*, éponyme de la chapelle de *Loguisper* en Dinéault (F.), *C.I.-M.*, Vs., p. 33, *B.C.D.*, 1907, p. 179 ; sur le culte de ce saint, v. DUINE, *Catalogue*, n° 55, p. 33. Comparez aussi les nombreux *Loperhet*, alors que le culte de sainte Brigitte en Bretagne n'offre aucune apparence de haute antiquité, les nombreux *Loquellus*, tous prieurés relevant de l'abbaye de Saint-Gildas-de-Rhuis et constitués après le rétablissement de cette abbaye au début du XIe siècle ; voyez à ce sujet mon étude sur *La topographie du culte de saint Gildas*, in *Mém. Soc. d'Hist. et d'Arch. de Bret.*, V, 1924, p. 3 et seq. — L'on notera aussi que les éponymes de *Lok-* ne se présentent jamais sous les formes multiples sous lesquelles on retrouve les éponymes des *Plou-*, *Lan-*, *Tré-*, formes en *To-*, formes avec suffixes *-an*, *-en*, *-in* ; l'on a toujours la forme hypocoristique ou tout au moins, toujours la même forme, ce qui indique que ces cultes sont d'une date beaucoup plus récente.

32. Cf. *Six saints*, p. 88, n. 1. Ce qui est remarquable c'est qu'il n'a aucun *Plou-*.

Lok-, saint Gildas n'a que des *Loquellas*, et quelques *Guellas* ; saint Ivy n'a que des *Loguivy*, saint Malo n'a que des *Locmalo*, sainte Berhet des *Loperhet*, saint Pérec des *Lopérec*, saint Ronan des *Locronan* [33].

Il existe des exceptions, un *Locpabu* en Grandchamp (M.), alors que l'on a un *Lambabu* en Plouhinec (F.), et un *Trébabu* en Ploumoguer (F.), qui, à l'époque de la *prima vita Tuduali*, était encore un *Lan-pabu* [34] ; saint Preden est l'éponyme du *Lan Preden* du cartulaire de Landévennec (xix), de *Trébeurden* (C.-du-N.), autrefois *Trébreden*, et d'un *Locpréden* en Plouénan (F.) [35] ; il y a quelques autres exceptions, et cependant il est · permis de ne pas en faire état ; ces exceptions peuvent provenir de ce qu'il s'agit de deux personnages différents, soit que deux personnages aient porté le même nom, ou que les formes actuelles entraînent des confusions entre des noms primitivement différents ; il se peut aussi que le *Lok-* doive son origine à un transport tardif d'un culte déjà localisé ailleurs dans les *Lan-*, *Plou-*, *Tré-*, ou encore qu'à une époque plus récente on ait constitué un nom de lieu en *Lok-* pour un culte déjà fixé depuis longtemps. C'est le cas de *Locarmel* en Plouarzel (F.) [36], la forme littéraire du nom de l'éponyme indique que le *Lok-* est récent, et cependant le culte du saint en cette paroisse y est ancien puisqu'il est l'éponyme de la paroisse.

Conclusions. — Les remarques ci-dessus, ajoutées les unes aux autres, constituent une série d'arguments de valeur

---

33. La paroisse de Saint-Renan dans le Léon est en breton *Lokronan*. Il existe en outre un *Locrénan* en Plestin (C.-du-N.) (Cadastre et *C.E.-M.*).

34. *Ns.*, p. 100.

35. *Ns.*, pp. 75 et 107 ; cf. *Rosporden* (F.), *Rospreden* en 1300 et 1303, LA BORDERIE, *Nouveau recueil d'actes inédits des ducs de Bretagne*, Rennes, 1902, in-8°, pp. 82 et 92. Sur ce personnage qu'on a à tort confondu avec saint Brandan, v. B. C. D., 1924, p. 275 et n. 2. — A remarquer, fait très curieux, que saint Guennolé n'a que des *Loquénolé*, mais que si *Towennoc* est son autre nom, il a des *Landévennec*, J. LOTH, *Ns.*, pp. 63, 63, et *Ann. de Br.*, VIII, p. 491 : ceci est important pour l'histoire des doublets de noms de saints et semblerait prouver que certains doublets ne sont pas contemporains : ainsi, *Goran*, patron d'une paroisse qui porte le nom de son doublet *Cavan*, Garan doit être une forme postérieure (cf. *Six saints*, mon article sur saint Haran).

36. *Ns.*, p. 80.

inégale, mais leur ensemble permet de décider que les noms de lieu en *Lok-* sont de beaucoup postérieurs aux noms de lieu en *Plou-*, *Lan-*, *Tré-* : ils n'apparaissent pas avant le xiᵉ siècle, et il s'en est constitué assez tard. Délimiter le *terminus ad quem* serait difficile, mais il semble que l'on a créé de ces noms jusqu'à la fin du xiiiᵉ siècle, au moins. Saint Yves n'a pas de *Lok-*, ce qui est un élément important pour fixer le *terminus ad quem*.

Cette conclusion devra être appliquée avec circonspection : le culte du saint peut avoir précédé la constitution du nom de lieu en *Lok-*, plusieurs exemples le prouvent ", et cependant l'on peut poser en principe, sauf à le vérifier en particulier pour chaque cas, que les saints éponymes de *Lok-*, ou leur culte en Bretagne, sont postérieurs à la fin du xᵉ siècle ⁕ ; ils n'intéressent pas l'hagiographie ancienne de la péninsule ; ils ne peuvent en aucune façon éclairer l'histoire des débuts du christianisme dans l'Armorique bretonne.

II

LES TERMES PLOU-, LAN-, TRÉ-

Il ne saurait être question de donner ici la définition de ces trois termes, ils désignent des établissements religieux, des institutions, et c'est le but du travail tout entier d'apporter une définition exacte de ces termes. Il suffira d'indiquer, pour faciliter les recherches purement toponymiques qui font l'objet de ce chapitre, que *Plou-* désigne le territoire d'une paroisse : *Lan-* désigne parfois un monastère, et souvent une simple chapelle, un oratoire ; *Tré-* désigne un hameau : ce hameau peut être d'origine religieuse, quand

---

37. *Locmaria-Quimper* a été établi autour d'une église très ancienne, *Sanctæ Mariæ de Aquilonia civitate*. — Une charte du *Cartulaire de Quimperlé*, p. 138, en 1031, cite l'*ecclesia sancti Ronani*, qui est notre Locronan de Cornouaille, or cette église, citée en 1031, existait déjà depuis un certain temps.

38. L'on a considéré saint Ivy comme le dernier de nos saints (LA BORDERIE, *Histoire de Bretagne*, I, p. 497-8) ; or il n'a que des *Lok-*, ce qui vérifie ce qui avait été dit. — Ces conclusions chronologiques sont graves ; elles intéressent l'histoire du culte de saint Gildas et de saint Guennolé, qui n'ont que des *Lok-* ; l'étude que j'ai faite de ces cultes confirme mes conclusions ; v. mon article sur la *Topographie du culte de saint Gildas, supra cit.*

il s'est constitué autour d'une *Lan-* ; en ce cas il a un saint
pour éponyme.

L'on trouve des noms constitués avec les termes
Plou-, *Lan-*, *Tré-*, dans toute la Bretagne, celle qui a été
jadis bretonnante et celle qui l'est encore ; cette constatation
est importante, elle indique que ces noms existaient
déjà avant l'époque du recul du breton. Les chartes
et vies de saints anciennes nous en fournissent de
nombreux exemples : autre constatation qui prouve l'antiquité de ces noms. Enfin, le fait que les mêmes personnages
sont fréquemment éponymes de *Plou-*, en même temps que
de *Lan-* et de *Tré-*, indique que ces noms de lieu sont
contemporains.

Il y a plusieurs objections à cette dernière remarque : dans
certains cas, il semblerait que ces divers noms de lieu ne
sont pas de la même époque : l'on connaît le fait curieux
de *Lanpabu*, cité dans la *prima vita Tuduali*, et devenu
Trépabu, ancienne trêve de Ploumagoar (F) ; ce fait ne peut
être interprété comme indiquant que les *Tré-* seraient postérieurs aux *Lan-* : il indique seulement qu'il a co-existé
un *Lanpabu* et un *Trépabu*, l'un est l'établissement religieux,
l'autre le hameau voisin[39]. Le monastère et son nom ont
disparu, le hameau a subsisté. Il existe encore des exemples
de ces doublets : *Lannidy* et *Trévidy* autour de la chapelle
Saint-Idy (C.E.-M.) en Plouïgneau (F.) : *Lanharan* et
Tréharan autour de la chapelle *Saint-Haran* en Plestin
(C.-du-N.)[40], par ailleurs on a un exemple inverse de celui
de *Lanpabu*, c'est la *Tref Tudaual* donnée comme trêve de
Brice par la pièce XIV du cartulaire de Landévennec, et qui
est devenue la trêve de *Landudal* (F.)[41].

L'on peut encore objecter qu'il existe des noms de lieu en
Lan Tref-, et que de ce fait, la *lan* ayant emprunté son nom

---

39. Les deux noms coexistaient encore en 1627, puisqu'on les retrouve
dans un acte de cette année (DE LA PASSINDIÈRE, *Topologie des paroisses
du Léon*, in *Echo paroissial de Brest*, 10 janvier 1909).

40. *Six saints*, p. 21. — Les exemples semblables sont fréquents,
mais il est difficile de les relever car les cartes ne signalent en général
que le seul hameau principal.

41. Le texte donne *Tref Budaual*, qui est une cacographie. *Budaual*
n'est attesté par aucun autre exemp'e, v. *Chresto.*, p. 112. Il ne saurait
y avoir aucun doute sur cette identification, le cartulaire cite toutes
les trêves de Brice et Landudal doit représenter nécessairement *Tref
Budgual*.

à une *tref*, lui serait postérieure ; les deux exemples sont bien connus, ce sont *Landrévarzec* et *Landrémel* en Lothey (F.), que le cartulaire de Landévennec écrit sous les formes *Lan-tref-Harzuc* et *Lan-tref-Maël*. Le premier exemple est faux ; la graphie du cartulaire est fantaisiste, l'éponyme est saint *Teffredeuc* ; le second exemple n'est pas certain, on connait en effet un *saint Trémel*[42] ; quoiqu'il en soit, d'ailleurs, de ces deux exemples, ils révéleraient, tout au plus, que des *Lan-* auraient emprunté leur nom à des *Tré-*, et des *Tré-* à des *Lan-*. la période pendant laquelle les noms en *Plou-*, *Lan-*. *Tré-* ont été constitués, est assez longue pour avoir permis ces emprunts de part et d'autre.

D'autre part on trouve de nombreux *Plou-Lan* : *Poullan* (F.), dans le Cap-Sizun, jadis *Ploëlan*. *Guiclan* (F.), bourg chef-lieu d'une paroisse dont le nom breton et ancien est *Ploulan* : *Plélan-le-Petit* (C.-du-N.) et *Plélan-le-Grand* (I.-et-V.), enfin *Plou-Lantréguer*, ancien nom du territoire paroissial dont le chef-lieu était Tréguier, appelé en breton *Lantréguer*[43]. Ces *Plou-lan* sont « la paroisse du monastère », il ne peut y avoir aucun doute à cet égard, le terme qui suit *plou* est son déterminatif. Ces *plou*, nom et chose, auraient donc été constitués postérieurement aux *lan* : il ne faut pas conclure trop hâtivement : les conclusions que l'on est en droit de

----

42. Sur *Teffredeuc*, v. OHEIX, in *Soc. arch. Fin.*, 1912, pp. 22-23 : DUINE, *Brév. et missels*, p. 10 ; *Ns.*, p. 72 et 116. Le nom est attesté par celui de *Yves de Kerzefredeuc* en 1371 (*B.C.D.*, 1912, p. 252). — Saint Trémel est attesté par un lieu-dit *Saint-Trémel* (C.-E.-M.) en Lantic (C.-du-N.). — Les *Ns.*. p. 72. citent un *Landrévrézec* en Lennon Plounézevel pour lequel il serait intéressant d'avoir les formes anciennes : cf. *B.C.D.*, 1925, p. 266. n. 2 : la C.E.-M. donne *Landrévonzec*. près d'une chapelle dédiée à saint Idunet, en Plonnévézel (F.). — Les *Tref-Lan* sont rares : *Trélan* en Pléchâtel et en la Noë-Blanche (I.-et-V.) (C.E.-M.), en Beignon, Missiriac et Saint-Martin (M.-Ros.) ; Quilgars en cite cinq dans la Loire-Inférieure ; par conséquent, tous ceux que j'ai relevés sont en zone française. — Quant à *Lan-Trévengar* (Ros.), en Bubry (M.), c'est très certainement la lande de *Trevengar*.

43. *Plou-Lantréguer* est le seul cas, où la *Lan* a gardé son nom complet après *Plou-* ; pour les autres *Plou-lan* nous ignorons quel était l'éponyme de la *lan*. si Lan Tréguier a gardé son nom c'est parce que le chef-lieu de la *plou* avait une importance considérable. *Plou-guer* (F.), territoire paroissial de *Quer-Ahès* = Carhaix, ne reproduit pas l'éponyme de la ville. De même, l'éponyme des *Plou-meur*. *Lan-meur*, est tombé.

tirer de ces constatations, intéressent plus la philologie que l'histoire, et, au surplus, cinq exemples ne suffisent pas pour décider ; ces noms peuvent très bien ne pas être le nom primitif, l'on sait en effet qu'il est arrivé parfois à nos paroisses de changer de nom " et, par conséquent, l'on n'est pas autorisé à décider que les *Plou-* soient postérieurs aux *Lan-*.

Ce qu'il faut dire, c'est que si ces trois termes *Plou-*, *Lan-*, *Tré-* sont contemporains, les noms de lieu dans lesquels ils sont entrés ne sont pas devenus tous à la même époque des noms de lieu définitivement fixés en noms propres. Les noms composés en *Tré-* se sont fixés les premiers ; le terme *tré* a, de bonne heure, perdu son sens et dans la langue parlée et dans ces noms géographiques. De fait, il n'existe presque pas de *Tré-névez*, *la treb neuve*, en zone bretonnante ; on en rencontre quelques-uns dans le Vannetais et en zone française, deux régions où les noms de lieu en *Tré-* sont très fréquents " ; il n'existe pas non plus de *Tré-goz*, *la vieille treb* ". Ces faits indiquent que l'on a cessé très tôt de constituer des noms en *Tré-*, et que ceux qui existaient ont perdu aussi très tôt leur signification : l'on ne connaissait plus les éléments qui constituaient ces noms ; ce n'était plus que des noms propres acceptés comme tels ".

---

44. *Plouedinerc*, vaste paroisse du Finistère, a perdu son nom dans des circonstances inconnues : c'est actuellement *Lannilis* ; mais on trouve *Lanna* en 1335, 1344, et encore *Plebe Dyner* en 1374 (*B.C.D.*, 1912, pp. 62, 90 et 307).

45. *Trénéhué* en Treffléan, *Trénévé* en Plaudren, *Trénéué* en Arzal (M.) (Ros.) ; *Trénévez*, 1480, devenu *Trénévé* en Guérande ; *Trénévez*, 1572, devenu *Trénévé* en Piriac (L.-I.) (QUILGARS). — Cf. le *Trebnoulit* du Cart. de Redon, en 863, en Rufflac (M)., canton de Mäestroll, à 25 kilomètres en dehors de la limite actuelle du breton.

46. Je n'ai relevé qu'un *Trégos* en Mesquer (L.-I.), dans l'îlot bretonnant de Guérande (QUILGARS).

47. Il me semblerait que dans le Vannetais, on ait continué à constituer des noms de lieu en *Tré-*, plus tard que dans le reste de la Bretagne. — Il ne faut pas confondre les noms de lieu en *Tré-*, qui sont anciens et dont je m'occupe ici, et les noms de fréries en *Treff*, divisions de paroisses, créées beaucoup plus tard (v. *supra*, même chap., n. 23, *Tref-Christ*, près *Lochrist* en Inguiniel (M.) ; ces noms de fréries ne sont pas encore fixés comme noms géographiques ; les actes ont, longtemps encore, divisé le nom en ses deux éléments, et *Treff* dans le sens de frérie est demeuré d'un emploi courant dans la langue. — L'ancien nom de Saint-Marc (F.), *Trénévez*, signifie la Trêve-Neuve. trêve érigée assez tard, à l'intérieur de la paroisse de Lambézellec.

Les *Lan-* ont gardé plus longtemps leur signification propre. Il existe plusieurs *Lannévez*, « la nouvelle *lan* », et plusieurs *Langoz*, « la vieille *lan* » : *Lannévez* en Duault (C.-du-N.) (*C.E.-M.*), en Tréflez (F.) (*P.T.T.*), et *Lannévez* (C.-du-N.), qui était paroisse avant la Révolution, aujourd'hui en Ploubazlanec, *Langoz* en Loctudy (F.), prononcé *Langouz*, auprès d'une chapelle dédiée à saint Tual [49] et *Langoz* en Landunvez (F.), avec un ancien oratoire dédié à saint Samson [50] ; tous ces noms de lieu sont en zone bretonnante. Ils ne sont que cinq, trois *Lannévez* et deux *Langoz*, et ces cinq exemples ne suffiraient pas à décider que l'on ait longtemps continué à constituer des noms de lieu en *Lan-* ; l'on remarquera en outre que ces cinq exemples sont bien peu de choses, si l'on considère que *Lan-* est fréquemment suivi d'un adjectif ou d'un nom commun [50].

Par contre, les *Plou-névez*, c'est-à-dire *la paroisse neuve*, sont nombreux : il y en a six : *Plounévez-Quintin* et *Plounévez-Moëdec* (C.-du-N.), *Plounévez-Lochrist* [51], *Plounévez-Porzay* et *Plounévez-du-Faou* (F.), enfin *Pléneuf* (C.-du-N.) [52], en zone française. A cette liste, il faut certainement ajouter la paroisse de *Névez* (F.), qui semble avoir été **Plou-Névez*, et dont le terme *Plou-* n'est pas demeuré collé au nom, comme cela s'est produit pour

---

48. *C.E.-M.*, et RITALONGI, *Les Bigoudens*, Nantes, 1894, in-8°, p. 367. — Cf. le correspondant gallois *Henlann* sur la Wye, J. LOTH, in *Rev. celt.*, XL, p. 23.

49. Lettre de R. Le Men, publiée par DOM PLAINE, *Vie de saint Hervé*, in *Rev. hist. de l'Ouest*, 1893, p. 62, n. 1 du tirage à part : ce *Langoz* n'a aucun rapport avec le *Langolthoë* de la *villa Hoarvet*, v. l'édit. de LA BORDERIE, *Soc. d'émul. des C.-du-N.*, XXIX, 1893, p. 266 et n. 3.

50. *Coat, guern, aber, bruc, ros, castel, illis ; guen, meur, bihan, bras*.

51. A noter que le bourg chef-lieu de cette paroisse s'appelle *Guinévez* (voyez la gwerze traduite par LE BRAS, *Légende de la mort*, II, p. 239), tout comme si le second terme était un nom de saint.

52. Le nom de cette paroisse a longtemps été transcrit sous sa forme bretonne primitive, bien qu'en zone française : *Pleunevet* ou *Pleunevez* (*Pouillés de Bret.*, publiés à la suite du *Cart. de Redon*, p. 366). — Plounévez-Porzay et Plonévez-du-Faou sont nommés dans une pièce du Cart. de Quimperlé, vers 1086, p. 11, in *Plebe nevez Porzoet*, ...in *Ploeneves in Fou*, et la dernière dans la pièce XLVIII du Cart. de Landévennec, *Pleunegued in Fou*. (Cette pièce a été rédigée avant 1040. LATOUCHE, *op. cit.*, p. 72.) Ces *Plounévez* sont d'ailleurs antérieurs de beaucoup à ces dates.

beaucoup de paroisses qui sont désignées sous le seul nom de l'éponyme[53]. Le nombre de ces *Plou-névez* est considérable par rapport aux rares *Lan-névez*, surtout si l'on songe que le nombre des *Plou-* est très restreint comparé à celui des *Lan-*.

Les *Plou-névez* et peut-être les *Plou-lan*, indiquent que l'on a probablement continué à constituer des noms en *Plou-*, alors que les *Lan-* et les *Tré-* existaient. Il n'est pas question ici de s'appuyer sur des considérations empruntées aux choses que désignent ces termes ; le problème doit pour l'instant être envisagé du seul point de vue de l'onomastique. L'onomastique nous apprend que ces termes ont été employés à la même époque puisqu'ils sont suivis des mêmes éponymes, qu'on les rencontre dans les chartes les plus anciennes, et qu'on les retrouve en dehors de la zone bretonne actuelle ; certains de ces noms, les *Plou-névez* et les *Plou-lan*, seraient un peu postérieurs aux premiers.

Il faut ajouter qu'à l'intérieur des noms en *Plou-*, le terme *plou* a longtemps gardé son sens propre ; le mot *ploué* continuait à être employé dans la langue courante, et ainsi les noms géographiques qui le comportent, conservaient leur valeur de mot composé ; depuis longtemps, au contraire, les noms composés en *Tré-*, et en *Lan-* n'avaient plus que la valeur d'un nom simple[54] ; l'éponyme des *plou*, patron de la paroisse, continuait à recevoir un culte ; les scribes ne manquaient pas de traduire les noms de paroisses sous la forme latine *Plebs X...*[55]. Depuis longtemps ils n'employaient

---

53. La pièce XIX du *Cart.* de Landévennec désigne déjà cette paroisse sous le seul nom *in Neuued* ; sur le nom, cf. *Chresto.*, p. 222. — L'on notera qu'il n'existe pas de *Lok-Névez*, pour la raison que *Lok-* désigne un monastère ou un oratoire dédié à un saint, et que *Lok-* est toujours suivi du nom de ce saint.

54. Le terme *lan* a disparu très tôt de la langue parlée ; le mot *tref* a pris un sens si différent (territoire d'une frérie ou territoire d'une église succursale), qu'il ne pouvait plus expliquer les noms de hameaux ; j'ai l'impression que dans les chartes de Landévennec, *tribus* a la plupart du temps le sens de frérie, dîmerie, trait de dîme, et non pas de hameau. La preuve en est que la *tribus* comporte plusieurs *villa*.

55. Ou *vicarium* ; le *Cart.* de Landévennec en offre plusieurs exemples : *in vicario Encuur, in vicario Deuell* = Plonéour-Lanvern, Plozévet (F.) ; ces pièces sont du milieu du XIe siècle ; la vie latine de saint Goueznou, qui est de la même époque, traduit Plabennec par *Parochia Abennoca* (sur l'éponyme, cf. *Lezabennec* en Port-Launay, F.,

plus le latin *tribus* pour transcrire les noms en *Tré-*. La présence, dans le Léon, du nom *Guic-* [56] suivi de l'éponyme de la paroisse pour désigner le bourg, les fréquents noms de lieu à l'intérieur de la paroisse qui reproduisent l'éponyme, toutes ces circonstances permettaient de sentir que les noms en *Plou-* étaient des noms composés de deux termes, et c'est ce qui a fait que ces noms se sont fixés en noms propres définitifs, beaucoup plus tard que les noms en *Lan-* et en *Tré-*.

III

LES NOMS DE LIEU CONSTITUÉS PAR LE SEUL NOM DU SAINT

Viennent ensuite les nombreux noms de lieu constitués par le seul nom du saint ; ce sont les noms comme *Beuzec, Guellas, Edern* [57]. Le nombre de ces noms est considérable ;

C.E.-M.). C'est un rare exemple du mot *parochia* dans des textes rédigés en Basse-Bretagne, car on a toujours employé le mot *Plebs*. — L'habitude de traduire les noms en *Plou-* par *Plebs-* a continué jusqu'à nos jours.

56. Sur le mot *guic* = lat. *vicus*, v. J. LOTH, *Les noms latins dans les langues britton.*, pp. 46 et 175, ERNAULT, *Glossaire moyen-breton*, Paris, 1895, in-8°, p. 301 ; noter en passant que *vicus* a pris en breton le sens très formel de bourg chef-lieu d'une paroisse primitive. — Le mot *ploue* est encore employé dans le Léon pour désigner le territoire paroissial et, sous ce sens, il est entré en composition dans de nombreux noms de lieu : *Gorré-ploué* = le haut de la paroisse.

57. Il ne s'agit pas ici des noms en *Saint-X...*, que j'étudierai plus loin. — A la liste que j'avais donnée pour les communes des trois départements de Basse-Bretagne, dans mes *Six saints*, p. 26, n., il faut ajouter *Edern* (F.). cf. N's., p. 36, déjà éponyme seul dans la pièce XI.VI du Cart. de Landévennec, *vicarium unum Edern nomine*, « uno paroisse dont le nom breton est Edern » ; le texte ne laisse pas de doute, ce n'est pas la même façon de s'exprimer que quand on trouve *vicarium Bneuur* = Plonéour-Lanvern. — *Tourch* (F.) (v. *Chresto.*, p. 160, et *B.C.D.*, 1918, p. 41, n. 1). — *Corlay* (C.-du-N.) est peut-être le même nom que celui d'un des personnages confondus sous le nom de saint *Ourlo* ; cf. *Six saints*, p. 63, n. 4, et *Langrolay* (C.-du-N.). — *Coray* (F.) est peut-être aussi un nom de saint. — *Perguet*, ancienne paroisse, aujourd'hui en Bennodet (F.), son éponyme, a été à tort confondu avec sainte Brigitte (*Berchet*). — *Melguen* (F.), cf. *Melven* en Penhars. *Trémelven* en Cast (F.), *Trémelven* en Saint-Quay-Perros, non loin d'une chapelle Saint-Méen (C.-du-N.) (C.E.-M.) et chapelle *Saint-Melvan* en Cléguérec (M.) (Ros., *Rép. arch. Morb.*, p. 78). — *Marxan* (M.) =

c'est une habitude particulière à la langue bretonne que de désigner des localités par un seul nom d'homme. Des femmes portent le nom de ceux qui les exploitaient jadis : *Jaffré, Roperz, Goasdoué*, etc. ; de même, les chapelles et les hameaux qui les entourent sont désignés par le seul nom de leur saint patron : *Maudez, Claude, Christ* ; des paroisses anciennes portent des noms semblables [58].

Il faut d'abord signaler que certains de ces noms de lieu n'ont pas toujours eu la forme actuelle. *Gouesnou* (F.) s'appelait encore *Langoesnou* au xv° siècle [59]. *Crozon* (F) est désigné deux fois dans la notice VIII du cartulaire de

---

Martinus ; si le nom de cette paroisse n'était pas un éponyme breton, on aurait eu un nom de fundus, cf. le *Merthiniac* du Cart. de Redon, pp. 92 et 834. — En dehors de la zone bretonnante, cette catégorie de noms est rare : *Maxent* (I.-et-V.), qui do.. son nom à un monastère doté des reliques de saint Maixent, et fondé par le roi Salomon dans la seconde moitié du ix° siècle. — *Maure* (I.-et-V.), dont le nom a remplacé celui de *Plebs Anast*, à cause d'un prieuré qui relevait de Saint-Maure de Glanfeuil. — *Sixte* (L.-I.), une charte du Cart. de Redon en 879, p. 156, donne *plebs quæ vocatur Sixti Martbris* ; p. 360, en 852, et p. 156 en 879, on trouve *in plebe Sixo, Sixæ plebis* : le même saint avait une chapelle à *Six* en Arzal et une en Saint-Gravé (M.) (Luco, *Pouillé de Vannes*, pp. 124, 184 et 174), et n'a certainement rien de commun avec le martyr romain. — *Cardroc* (I.-et-V.) semble difficile à expliquer et ne paraît pas pouvoir être assimilé à saint Cadreuo (v. *Ns.*, p. 17). — *Vignoc* et *Goven* (I.-et-V.) semblent des éponymes (*Ns.*, pp. 56 et 133). — L'aire géographique de ces noms de communes est très franchement dessinée : Finistère et Morbihan : nombreux ; Côtes-du-Nord : rares ; Ille-et-Vilaine : très rares.

58. L'exemple le plus curieux de la tendance des Bretons à abréger les noms de lieu se trouve dans les noms des sanctuaires de la Vierge : *Grâces*, commune près de Guingamp (C.-du-N.), autour d'une chapelle fondée en 1506 sous l'invocation de Notre-Dame-de-Grâces ; et une commune du même nom près Uzel (C.-du-N.), autour d'une chapelle sous le même vocable ; *Confort* en Meilars (F.), autour de la chapelle Notre-Dame-de-Confort = réconfort, consolation ; *Recouvrance*, faubourg de Brest, à cause d'une chapelle Notre-Dame-de-Récouvrance, bâtie en 1346 par le duc Jean IV. — Le cas de l'évêché de Tréguier qu'on désigne sous le nom de sa capitale, le Tréguier, n'est pas du même genre ; le Tréguier est un nom de région, *pagum Treher*, dans la *I° villa Tuduall*, nom qui a été plus tard étendu à tout l'évêché ; ce noms de *pagus* avait été importé de Cornwall. cf. J. LOTH, in *Rev. celt.*, XL, 1923, p. 21.

59. LONGNON, *Pouillés de Tours*, p. 386.

Landévennec sous la forme bretonne *plueu Craulhon* [60] ; si le scribe n'avait pas trouvé cette forme toute faite, il aurait écrit *plebs Craulhon*, comme il écrit *plebs Arcol*, *plebs Telchruc*. On trouve de même, à la charte XXIX, *in plor Ermeliac* en Irvillac. Il se peut aussi que beaucoup de noms de paroisse précédés du nom latin *plebs*, aient été des *Plou-* à cette époque [61] ; on ne saurait l'affirmer, et il est toujours bon de se méfier ; les scribes utilisaient le mot *plebs* comme nous disons d'un village qu'il est situé *en la commune de X...*, sans que le mot *commune* fasse corps avec le nom de cette commune [62].

L'on chercherait vainement une règle quelconque qui permette d'organiser ce chapitre de la question. Il existe des faits curieux : saint Beuzec a donné son nom à trois paroisses qui, toutes trois et depuis toujours, portent le seul nom du saint : *Beuzec-Cap-Sizun*, *Beuzec-Cap-Caval* et *Beuzec-Conq* (F.). Ce saint n'a fourni aucune *Plou-*, aucune *Lan-*. De même, saint Cléden a donné son nom à deux paroisses. toutes deux sous le nom de Cléden : *Cléden-Cap-Sizun* et *Cléden-Poher* (F.). On chercherait en vain une explication à ces faits [63].

---

60. J'en suis d'autant plus persuadé que le mot étant au génitif, *terciam partem Plueu Craulhon*, le scribe aurait écrit naturellement : *terciam partem plebis Craulhon*, si le nom n'avait pas été tout fait. — Sur Crozon, cf. *Tref Pulcraulhon*, même cartulaire, pièce x, et *Lescrozon* en Lanvéoc (C.-F.-M.), démembrement de Crozon. Je ne serais pas éloigné de croire que *Craulhon* est un nom de saint : l'on prononce en breton *Craon*, cf. *Saint-Craon* en La Feuillée (F.) ; M. J. Loth, *Ns.*, p. 29 a proposé un rapprochement entre *Saint Craon* et *Crévan* dans *Lan-grévan* ; plusieurs noms se rencontrent probablement ici ; cf. *Craban*, *testis*, dans le Cartul. de Quimperlé, p. 206, *Créven* en Plouguiel (C.-du-N.) (C.-F.-M.), *Kergréven* en Lampaul-Guimiliau (F.) (P.T.T.), cf. et *Pont-Crozon* en Plouhà (C.-du-N.) C.-F.-M.).

61. Toutefois j'ai signalé plus haut qu'*Edern* (F.) était déjà le nom populaire de cette paroisse dans le Cart. de Landévennec.

62. Dans le nord de la France certains hameaux sont désignés couramment ainsi : *V...*, commune de *X...* ; c'est un style administratif ; mais si l'expression *commune de X...* venait à se figer, on aurait en français un terme pour désigner le territoire des communes, semblable aux noms bretons en *Plou-*.

63. Pour *Beuzec*, on pourrait supposer que le nom a été confondu avec les noms de lieu formés sur *beuz* = buis. *Beuzit*, etc., cette explication n'a aucune valeur. — L'on peut aussi supposer que *Beuzec*.

Ce sont probablement des circonstances absolument fortuites qui ont fait que certains noms de lieu sont constitués par un simple éponyme, au lieu d'avoir cet éponyme précédé des termes *Plou-*, *Lan-*, *Tré-* ; soit que de toute époque l'éponyme ait à lui seul constitué le nom, et qu'aucun terme *Plou-*, *Lan-*, *Tré-* ne soit venu s'ajouter à lui, soit que primitivement le nom ait comporté, sous une forme non encore figée en nom propre, un de ces termes, qui est tombé au cours des siècles. L'on a vu des exemples de noms qui ont comporté jadis un de ces termes, *Langoeznou* devenu *Gouesnou*, mais l'on a vu aussi des noms comme ceux des fermes désignées sous le seul nom du tenancier, ou des chapelles modernes désignées sous le seul nom du saint, et pour lesquels rien ne permet de supposer que le nom ait primitivement comporté un nom commun désignant qu'il s'agissait d'une ferme, d'un hameau ou d'une chapelle.

A ce sujet, l'on peut remarquer, en ce qui concerne les noms de paroisses, que l'absence du terme *plou* n'a pu se produire pour les paroisses dont le saint éponyme avait son culte au dehors de l'église paroissiale ; l'on n'aurait pas pu dire *Ildut* pour *Ploërdut*, puisqu'en Ploërdut (M.), un village, qui n'est pas le chef-lieu de la paroisse, porte le nom de *Saint-Ildut* ; mais lorsque le saint éponyme était honoré à l'église paroissiale, le bourg pouvait porter le nom seul du saint ; le territoire paroissial a pris par extension le nom du bourg ; le terme *plou* ne s'est pas ajouté au nom du saint éponyme ; si le nom de la paroisse comportait primitivement ce terme, il a pu le perdre par la suite. En ce qui concerne les paroisses, la chute du terme *Plou-* était d'autant plus facile que ce terme avait gardé longtemps,

---

étant suivi d'un nom de région pour le différencier, les Bretons, avec leur tendance à abréger les noms de lieu, ont supprimé le mot *plou* ; l'explication serait possible pour *Beuzec*, les trois paroisses de ce nom sont voisines, il faut les différencier, mais l'explication ne vaut pas pour les deux *Cléden* qui sont très éloignés et pour lesquels aucune confusion n'était possible ; les deux *Cléden* sont comme les trois *Plounéour*, Plounéour-Tréz, Plounéour-Ménez, Plounéour-Lanvern, très éloignés, et dans le parler populaire on n'a pas besoin de dire duquel il s'agit, la confusion n'est pas possible. — En Cornwall, la paroisse de *Saint-Budock* est une fois désignée sous le nom de *Plu-vulhock* dans la *Bevnans Merlasec*, c'est d'ailleurs le seul exemple de *Plou-* en Cornwall.

comme il a été dit plus haut, son sens à l'intérieur du mot composé [64].

On a constitué des noms de lieu de ce genre à toutes les époques. Certains de ces noms sont contemporains des noms de lieu les plus anciens, en *Plou-*, *Lan-*, *Tré-* ; c'est ainsi que saint Edern a donné son nom à trois très anciennes paroisses du Finistère : *Edern*, *Lannédern* et *Plouédern*, dont l'une est un éponyme seul. D'autres de ces noms sont plus récents : *Guellas* remonte à l'époque des *Lok* [65] : d'autres enfin sont presque modernes. Autrement dit, ces noms ne fournissent par eux-mêmes aucun élément de chronologie.

LES NOMS EN SAINT-X...

Il reste à examiner les noms comme *Saint-Renan*, *Saint-Urbain*, etc. Il faut d'abord remarquer que ces formes ne sont pas toujours la forme réelle du nom : la paroisse de *Saint-Renan* (F.) s'appelle en breton *Lokronan-Léon*, de la même façon que *Locronan* de Cornouaille s'appelle *Lokronan-Kerne* (on prononce *Lokournan* [66]). *Saint-Urbain* (F) est

---

64. M. J. LOTH, *Ns.*, p. 55, s. v. *Guidel*, admet que le mot *Plou-*, longtemps resté en usage dans le sens de paroisse, est tombé par abréviation. En Galles, le mot correspondant *plwyf* ne s'est pas incorporé dans les noms des paroisses, pour d'autres raisons, parce qu'en Galles le nom de la paroisse n'est pas, comme en Bretagne, le nom de la circonscription paroissiale ; je reviendrai, en traitant de la formation des paroisses bretonnes, sur ce sens très spécial qu'a le nom de la paroisse en Bretagne. — Noter qu'il existe des paroisses dont le nom n'est pas en *Plou-* et dont un hameau reproduit cependant l'éponyme : Saint-Ouen en Guénin (M.) (Ros.), Saint-Hern en Saint-Hernin (F.) (*Ns.*, p. 134) ; en ce cas, un des noms est une forme à suffixe (sur ces suffixes et ces doublets, cf. *Primel* et *Primelin*, *Convel* et *Convelin*, etc.).

65. Puisque saint Guellas n'est éponyme que de *Lok-* ; en 1270, la commune de Guellas (M.) est *villam que dicitur Sant Guellas* (Cart. du Morbihan, p. 274) ; donc à cette époque on n'employait pas encore l'éponyme seul pour désigner cette localité.

66. Voir à ce sujet l'erreur de LATOUCHE, *Mél. d'hist. de Corn.* p. 94, n. 2, qui, ignorant le nom breton de saint Renan, déclare que le culte du saint à Saint-Renan est bien plus récent qu'à Locronan-Kerne. *Locronan Léon* s'appelait aussi *Locronan ar Fancq* = Locronan du

en breton *Lan-Urban* ; Saint-Laurent (C.-du-N.) a été longtemps *Lanlauron* [61] ; *Saint-Michel-en-Grève* (C.-du-N.) est
en breton *Lomikel-an-trez* [66]. Dans d'autres cas, le nom français est *Saint-X...*, et en breton c'est l'éponyme seul : *Saint-
Michel* en Plougonven (F.) est une forme française, l'on dit
en breton *Mikael*, *Saint-Kirio* en Plounérin et en Trédrez
(C.-du-N.) s'appellent *Kirio* en breton ; les exemples en sont
excessivement fréquents. Dans d'autres cas enfin, le lieu dit
Saint-X... en français, est en breton *Créc'h-X.... Toull-X...* :
Crec'h-Maudez = *Saint-Maudez* en Lanvellec, *Toull-
Efflam* = *Saint-Efflam* en Plestin, *Run ar Bélar* = *Saint-
Mélar* en Plouzélambre (C.-du-N.), etc., etc. Il est fort pro-
bable qu'un examen très sérieux des noms en
Saint-X.... situés en zone bretonnante, en laisserait subsister
fort peu.

Certains personnages ne sont éponymes d'aucun *Plou-,
Lan-, Tré-, Lok-* ; tous les lieux qui comportent leur nom
sont désignés au cadastre sous la forme *Saint-X...* ; dans la
langue parlée, on dit de même *Sant-X...* ou *X...* tout court.
Plusieurs exemples sont significatifs et le cas de saint
Herbot plus que les autres.

Le centre du culte de ce saint semble être la jolie chapelle
Saint-Herbot, en Plounévez-du-Faou, près de la limite de
Collorec (F.) (C.E.-M.) ; des chapelles très nombreuses sont
dédiées à ce saint à travers la Bretagne : chapelles *Saint-
Derbot* en Saint-Thonan (F.) (C.E.-M.), *Saint-Erbot* en
Taulé (F.) (C.E.-M.), (Cassini donne *Saint-Elbault*), *Saint-
Derbot* en Le Trévoux (F.) (Ns.), *Saint-Herbot* en Cavan
(C.-du-N.) [69], *Saint-Herbot* en Ploulec'h (C.-du-N.) (C.E.-M.),

---

Marais : en 1275, une charte citée par La Borderie, *Recueil d'actes
inédits*, Paris, 1899, in-8°, p. 260, écrit *Saint Renan dou Tay*. — C'est
un hasard qui a fait que *Locronan Kerne* a gardé son nom breton.
Les chartes l'appellent souvent *Saint-Ronan*, on a même francisé le
nom en *Saint-René-des-Bois*. v. Abbé Thomas, *Saint Ronan et la Troménie*,
Quimper, 1887, in-8°, p. 30.

67. *Ns.*, p. 124 et p. 178.

68. *Saint-Tudy* en Groix s'appelait jadis *Lotudy* (M.) (Ros.). En
Plestin, Saint-Haran est *Trer'haran* et *Lanharan* ; en Plouigneau, *Saint-
Didy* est *Lannidy*, près de *Trévidy*, etc., etc.

69. du Mottay, *Iconographie et hagiographie bretonne*, pp. 25-26,
s. v. Derbot ; et *Géogr. dép. des C.-du-N.*, p. 606.

Saint-Herbot en Plounévez-Quintin (C.-du-N.) [70], *Saint-Talbot* en Le Vieux-Marché (C.-du-N.) (*Ns.*, p. 9), *Saint-Talbot* en Berné (M.) (*C.E.-M.*) [71]. Tous ces lieux-dits sont des chapelles; le saint n'est éponyme d'aucun lieu-dit qui ne comporte une chapelle, et partout saint Herbot est demeuré le patron de la chapelle, sans que jamais on ne l'ait remplacé par un autre personnage. C'est là un élément qui prouve que les etablissements de ce culte ne sont pas anciens puisqu'aucun d'eux n'a disparu. L'on peut remarquer aussi que ce personnage a un nombre considérable de statues dans les églises et les chapelles bretonnes ; les vieux saints, au contraire, ont leur culte localisé ; ils sont rarement l'objet d'une vénération si étendue; ces nombreuses statutes, qui ne sont probablement pas plus anciennes que les chapelles, indiquent un culte qui s'est propagé à une date relativement récente. Le saint a partout la même spécialité, il protège les bestiaux: il y a là encore un élément qui indique un culte d'extension récente, les saints établis depuis longtemps prennent des spécialités différentes selon les régions [72]. Enfin la vie latine dénonce un personnage d'une époque très tardive, qui a

---

10. DU MOTTAY, *Icon. et hag. bret.*, pp. 25-26, et *Géogr. dép. des C.-du-N.*, p. 558.

71. La chapelle en Le Vieux-Marché est signalée dans l'*Icon.*, et dans *Albert le Grand*, édit., 1901, p. 664, comme étant en Plouaret dont Le Vieux-Marché était la trève. — La chapelle en Berné, Ros. écrit *Saint-Albaud*, l'on prononce *Sand Albod* (*Ns.*, p. 9). Dans le *Rép. archéo. du Morbihan*, p. 82, Ros. écrit *Saint-Talbot*, ou *Saint-Herbaud*. — Sur saint Herbot, v. *Ns.*, p. 61 ; DUINE, *Memento*, p. 90, n° 71 ; KERDANET, *Albert le Grand*, p. 780. — Sur la chapelle en Plounévez-du-Faou, v. *Soc. arch. Fin.*, 1911, p. 188. — Parmi les chapelles citées ici, il ne me semble pas qu'il y en ait de dédiées à un autre personnage, v. à ce sujet la polémique citée par DUINE, *loc. cit.*, et *Ns.*, pp. 8-9, s. v. *Albaud*, et cf. *Kéralbaud* en Guénin (M.) (*C.E.-M.* et Ros.), *Menez-Albot* en Edern (F.) (*C.E.-M.*) et chapelle à *Kéralbaud* en Plunéret (M.) (LE MENÉ, *Pouillé de Vannes*, p. 595).

72. Des comparaisons avec des cultes historiquement connus, saint Eutrope, saint Isidore, par exemple, saint Avertin (*B.C.D.*, 1924, p. 199 et *seq.*), complèteraient la démonstration. Ces cultes, introduits à basse époque, ont les mêmes caractères. Quant aux fontaines et pratiques superstitieuses, ce sont choses qui s'ajoutent même à des cultes introduits de nos jours ; ces détails intéressent le folklore, mais ne sauraient en aucun cas prouver que le culte soit ancien et encore moins qu'il aurait été substitué à un culte païen.

vécu, semble-t-il, aux xiiie-xive siècles, religieux peut-être originaire de l'Ile de Bretagne et qui est venu se retirer dans les gorges boisées de Plounévez-du-Faou.

Cet exemple est significatif, mais il y a quelques cultes qui sont plus anciens et qui cependant n'ont que des lieux-dits en *Saint-X...* Saint Caradec possédait déjà une *ecclesia sancti Caradoci* vers la fin du xie siècle ou les débuts du xiie siècle, signalée dans une charte de Quimperlé (p. 176). M. J. Loth a donné la liste des établissements de ce culte [73], il existe deux communes qui étaient déjà des paroisses avant la Révolution : *Saint-Caradec-Loudéac* (C.-du-N.) et *Saint-Caradec-Trégomel* (M.) ; mais ces paroisses ne sont pas anciennes ; la première est désignée sous le nom de *Moustær Caradeuc* dans les pouillés et la seconde s'est longtemps appelée *Trégomel.* Ce saint paraît avoir été importé assez tard en Bretagne avec le lot de légendes galloises concernant Caradoc, légendes qui ont fait le renom du saint [74].

Saint Goustan, aussi, n'a donné son nom qu'à des lieux-dits *Saint-Goustan*, et si la paroisse actuelle de Saint-Gildas-de-Rhuis (M.) s'appelait jadis *Saint-Goustan*, on ne saurait en induire que le culte en ce point soit ancien, car cette paroisse, toute petite et sans limites naturelles, apparaît comme un démembrement certain de Sarzeau ; le chef-lieu de la paroisse est sur le bord de la côte, contrairement à la règle en ce qui concerne les paroisses anciennes. Or ce saint est du début du xie siècle [75].

Par ailleurs, on a un certain nombre de saints qui ont un ou deux établissements en *Plou-*, *Lan-*, *Tré-*, et, en outre, un grand nombre d'établissements en *Saint-*. Il semble que

---

73. *Ns.*, pp. 18 et 129.

74. Les reliques de ce saint ont été transportées dans le Nivernais, près de Donzy (Nièvre), par les Bretons ; une collégiale *Saint-Caradeuc*, à Donzy, prétendait posséder les reliques de ce saint ; non loin de là, il existe une paroisse de *Saint-Malo* (CROSNIER, *Hagiographie nivernaise*, Nevers, 1858, in-8°, pp. 410 et 535).

75. DUINE, *Catalogue*, n° 13, p. 9. — L'abbé Duine émettait une opinion différente de celle de M. J. Loth, *Ns.*, p. 49 ; je crois qu'il faut se ranger à l'opinion de M. Duine. — L'on pourrait citer bien d'autres exemples, saint Trémeur et sainte Tréphine, personnages dont le succès a été dû à des légendes tragiques qui ressemblent à celles des romans de chevalerie.

pour ces personnages ces deux sortes d'établissements correspondraient à deux périodes dans l'histoire de leur culte : la première période, celle des *Lan-*, *Plou-*, est la période ancienne, les établissements pouvant remonter au saint lui-même ; la seconde période est celle d'un renouveau tardif dans leur culte ; — ou bien il s'agit d'un autre saint.

Saint Gonéry est l'éponyme d'un *Langonéry* en Plourin-Léon (F.) [76], d'une commune du Morbihan, *Saint-Gonnery* [77], et d'une chapelle *Saint-Gonéry* en Plougrescant (C.-du-N.). Cette chapelle est certainement ancienne, bien qu'elle n'ait pas un nom en *Plou-*, *Lan-*, *Tré-*, puisqu'elle détient les reliques du saint [78]. Mais il existe dans le Tréguier bon nombre de chapelles ou lieux-dits, *Gonéri*, *Saint-Gonéri* ; ces chapelles sont récentes, elles sont dues à une extension nouvelle du culte de ce saint, probablement après l'invention des reliques en Plougrescant, — dont nous ne connaissons pas la date — et par suite de l'importance donnée au culte de saint Gonéry par les évêques de Tréguier. On notera, en outre, que dans tout le Tréguier, le saint a la même spécialité, ce qui est encore un élément qui indique un culte dont l'extension est assez récente.

De même saint Maudez, dont le culte est très répandu en Bretagne, n'a qu'un seul *Lanmodez*, commune des Côtes-du-Nord ; tous les autres établissements de son culte sont des lieux-dits *Saint-Maudez*, ou *Maudez* tout court ; cela semble indiquer qu'en dehors de la région de Lanmodez (du *Pors Benniget* et de l'Ile Maudez) berceau de ce culte, tous les autres établissements sont d'une époque bien plus récente ; et de fait, ces établissements sont postérieurs à la translation des reliques de ce saint en France et à la composition de ses vies latines, circonstances qui ont donné à saint Maudez le renom considérable qu'il a eu à travers toute la Bretagne [79]. Le saint a partout la même spécialité.

Ce serait aussi le cas de saint Méen. Très certainement ce

---

76. *Ns.*, p. 46, et *C.E.-M.*

77. Paroisse relativement ancienne, mais qui, en 1264, était trêvo de Noyal, DOM MORICE, *Pr.*, I, 992.

78. Et qu'un culte de reliques ne se serait pas instauré n'importe où.

79. Il existe une forme *Locmaudez* en Plestin, à côté de la forme *Maudéz*, nom d'une chapelle détruite qui était dédiée à ce saint.

saint est ancien ; il est l'éponyme de *Ploéven* (F.), de *Tréméven* (C.-du-N.), et probablement de quelques *Lannéven* = *Lan-Meven* [80]. Mais très nombreux sont les noms de lieu en *Saint-Méen*. Or on sait que le culte de ce saint a eu une grande vogue au moyen âge en Bretagne, à cause de la spécialité thérapeutique du saint.

C'est encore le cas de saint Jacut. Il est patron de nombreuses chapelles *Saint-Jacut* ou *Saint-Jégu* ; mais il n'a qu'un seul *Lanjégu* (ou *Langégu*) en Médréac (I.-et-V.). Le culte de ce saint en dehors de *Lanjégu* ne serait pas de la première antiquité, et précisément nous savons que Saint-Jacut-de-la-Mer, où était la fameuse abbaye, s'appelait primitivement *Landoac* ; Jacut avait remplacé l'éponyme de Landoac, ce qui démontre que le culte de saint Jacut a existé assez tard en ce point [81].

Saint Cado ou Cadou a de nombreuses chapelles en Bretagne, 16 ou 17 environ, réparties surtout dans le Vannetais, deux sont dans le Finistère, deux dans les Côtes-du-Nord ; toutes ces chapelles sont en des lieux-dits *Saint-Cado*. ou *Saint-Cadou*. Or il existe une paroisse de *Pleucadeuc* (M.), zone française, qui est la *Plebs Cadoc* du Cartulaire de Redon. La solution à présenter pour cette difficulté consiste à dire que l'éponyme de Pleucadeuc n'est pas le même personnage : il y a d'une part un *Catoc* = * *Cat-àcos* et d'autre part un *Cataw* = * *Catawos*, et ces deux saints, ou leur culte, ne sont pas de la même époque; si ces deux noms

---

80. *Ns.*, p. 93. Il existe un *Lomeven* en Glomel (C.-du-N.) (C.E.-M.).

81. Lanjégu en Médréac (C.-E.-M. et P.T.T.). — Sur Landoac, v. *Ns.*, p. 120, s. v. *Tofac*. — Fait bizarre, ni Dohéri, ni Jacut, n'ont de *Lok-* ; et l'on a vu que Maudez et Méven n'en ont qu'un seul chacun. — Je pense bien que ces quatre saints sont des saints dont le culte a existé à deux époques. Il en est de même de saint Guennolé. Si *Landévennec*, selon l'hypothèse de M. J. Loth, comporte l'ancien nom de saint Guennolé, ce serait le seul établissement du culte de ce saint qui remonte à la première période; les autres établissements de ce culte sont des *Lok-* ; qui plus est, une solution de continuité complète sépare l'ancien établissement de *Landévennec*, du *locum Sancti Uulguualoei qui vocatur Lanilethuennoc* (Cart. Landév., xxxvi), puisque les moines de l'abbaye ignoraient absolument le sens du nom de lieu ; l'abbaye primitive en *Lan* aurait été ruinée, abandonnée, et plus tard, on y aurait installé un *locus* = monastère, qui aurait pris le nom de lieu laissé par l'établissement primitif ; cf. *supra*, même chapitre, n. 35.

désignent un même saint, c'est que ce saint a été connu sous la forme *Caioc* d'abord, à l'époque où l'on constituait les paroisses et les noms en *Plou-* ; puis, bien plus tard, il a été connu sous la forme *Cado = Cataï*, et c'est précisément sous cette forme que son culte a pris le développement qui lui vaut les nombreuses chapelles *Saint-Cado*[82]. Toutefois on notera que l'*Ile-Cado*, dans la rivière d'Etel en Belz (M.), connaissait déjà le culte de ce saint dès les premières années du xi° siècle, comme en fait foi une pièce du Cartulaire de Quimperlé, p. 255 ; à cette époque on constituait encore des noms de lieux en *Lok-*, et par conséquent, on aurait pu avoir en ce point un *Locado*.

Ces considérations indiquent suffisamment qu'il est difficile de trouver des éléments de chronologie dans le fait que tel établissement du culte d'un saint ne comporte qu'un nom de lieu sous la forme *Saint-X...*: l'indice d'antiquité fourni par la présence d'un nom en *Plou-*, *Lan-*, *Tré-* fait défaut : ces noms, en général, sont plus récents que les *Plou-*, *Lan-*, *Tré-*. C'est tout ce que l'étude de la toponymie permet de dire à ce sujet.

Il était nécessaire, avant d'utiliser les ressources fournies par la toponymie, de déterminer l'époque des différentes catégories de noms de lieu. Il a été démontré que les noms en *Lok-* sont postérieurs au x° siècle, et que par conséquent ils n'intéressent pas l'hagiographie ancienne et ne peuvent éclairer l'histoire des débuts du christianisme dans l'Armorique bretonne. Cette démonstration permet ainsi d'éliminer

---

82. *Ns.*, p. 19, et *Rev. cell.*, XI, 1923, p. 190, n. 2. — J'hésite à considérer *Pécadeuc* en Carentoir, souvent écrit *Pereaduc* (Ros.) comme un ancien *Pleucadeuc* ; il ne semble pas y avoir eu là de paroisse. Peut-être ce mot a-t-il un tout autre sens : cf. *Pluegaduc in Keminet villa*, Cart. de Redon, ch. 293, que l'on n'a pas identifié, et qui, en 1066-1082, n'était pas une paroisse : cf. et. *Lécadeuc* ou *Leucadeuc* en Guilliers (M.), zone française (Ros. et C.E.-M.). — Noter qu'en Guilliers, non loin de ce *Leucadeuc*, il existe un lieudit *La Ville-Cado* (C.E.-M.). Si *Leucadeuc* comporte le nom de saint Caioc, on voit que la forme *Cadeuc* est d'une époque bien plus ancienne que la forme *Cado* entrée dans le nom français *La Ville-Cado*.

un nombre considérable de saints et les établissements à eux dédiés, qui concernant une époque autre que celle qui fait l'objet de ces recherches.

Les termes *Plou-*, *Lan-*, *Tré-* sont d'une même période, qui est celle des débuts du christianisme dans l'Armorique bretonne ; ils sont contemporains avec cette différence qu'à l'intérieur des noms en *Plou-*, ce terme a longtemps gardé son sens et sa vie propre, tandis que les termes *Lan-* et *Tré-* étaient déjà complètement incorporés dans les noms qui les comportent. Les noms de lieu qui ne contiennent pas ces termes sont d'époques très diverses ; on ne peut décider, par eux-mêmes, de l'époque à laquelle ils ont été constitués.

La toponymie permet donc assez souvent de connaître l'époque d'un culte et de savoir la date approximative d'un établissement du culte; il y a là des éléments de chronologie importants pour l'histoire des saints et l'étude de la vie religieuse en Bretagne.

PREMIÈRE PARTIE

———

LES SAINTS

CHAPITRE III

LES SAINTS EPONYMES DES PAROISSES

Il s'agit, dans cette première partie, d'examiner successivement les saints du Bas-Tréguier, les uns après les autres, pour voir quels éléments l'on peut tirer de leur étude en vue d'éclairer l'histoire des débuts du christianisme.

Nous laisserons de côté les éponymes de *Lok-* ; comme il l'a été dit, ces cultes sont de basse époque. On trouve dans la région plusieurs *Locguivy*. Or, saint Ivy, qui est éponyme de très nombreux *Lok-* est un saint qui, lui-même, ou par son culte, n'a pénétré que très tard en Bretagne[1]. On trouve une commune de *Lohuec*, ancienne trêve de Plougras, dont le nom ancien est *Lohuzec*[2]. Le patron éponyme est saint Judoc, qui a une chapelle en Pleumeur-Bodou (C.-du-N.), sous le nom de *Sand Uzec* ; le culte de ce saint, qui est du vii° siècle, et qui n'a pas vécu en Bretagne, a pénétré très tard dans le pays. Il a existé un *Locmaudez* en Plestin, autour de la chapelle disparue de Saint-Maudez[3] ; le berceau du culte de ce saint est *Lanmodez* (C.-du-N.), près du *Pors Benniguet* et de l'*Ile Maudez* (Guelt Enes de la vie latine) : en dehors de ces parages, le culte est d'époque tardive et ne s'est développé qu'après la renommée que le saint a prise à la suite du transport de ses reliques en France au moment des invasions normandes, et grâce à ses vies latines. Il a

---

1. LA BORDERIE, *Histoire de Bretagne*, p. 497-498 et n. — Cf. mes *Six saints*, p. 88 et n.

2. Registre de baptêmes, mariages et sépultures, 1688.

3. *Archives paroissiales de Plestin*. Titres, caderno 20, en 1778. — *Arch. dép. C.-du-N.*, E 2526, 2528.

existé de même un *Locrenan* en Plestin ; saint Ronan est éponyme de plusieurs *Lok-*, c'est un saint irlandais et tout indique que lui, ou son culte, est venu assez tard en Armorique.

Ce court examen des saints éponymes de localités en *Lok-* dans la région du Bas-Tréguier, après les considérations d'ordre purement toponymique exposées au chapitre précédent, justifie amplement la décision qui a été prise de laisser de côté cette catégorie de personnages.

L'on étudiera d'abord les saints éponymes des paroisses anciennes, puis les saints éponymes de *Lan-* et de *Tré-* ; pour ceux-là, il n'y a aucun doute ; ils sont d'une haute antiquité. L'on étudiera ensuite les personnages qui n'ont qu'une chapelle, ou dont le souvenir n'a subsisté que par un simple nom de lieu ; pour ces derniers, aucun indice ne permettait de décider *a priori* de leur époque ; force était de les examiner tous pour pouvoir décider ensuite.

Ces recherches, quoique minutieuses, ne dissiperont pas toutes les obscurités que comporte l'étude de chaque saint en particulier ; mais l'ensemble de ces monographies permettra de se faire une idée générale sur ce qu'ont pu être ceux de ces saints qui ont vécu dans le pays, et la manière dont ils ont agi[1].

PLOUARET

Le nom breton de cette paroisse est le même que le nom français, à la différence que l'on fait sentir le *t* final et que l'on prononce comme si l'orthographe comportait deux *tt*. Le saint éponyme est complètement oublié, l'église est sous le vocable de Notre-Dame de Plouaret, et le pardon a lieu le second dimanche de juillet, c'est-à-dire le dimanche qui suit la fête de Notre-Dame-du-Mont-Carmel.

La transcription latine du nom de la paroisse est *Plebs-barbata* en 1330 ; le nom breton est *Ploebarvet* en 1444

---

1. L'on trouvera dans mes *Six saints*, les notices sur les saints *Haran, Carré, Tudec, Kémo, Nérin* et *Kirio* ; je ne reviendrai pas ici sur ces personnages, mais j'utiliserai les données que m'ont fournies ces monographies.

et 1461[5] ; ces deux formes permettent de retrouver l'éponyme dont le nom a subsisté comme patron d'une jolie chapelle du xvi° siècle, qui se trouve à la sortie du bourg. Cette chapelle est dédiée à sainte Barbe ; mais le nom breton de cette chapelle n'est pas *Santes-Barba*, forme bretonne du nom de cette sainte dans toute la Bretagne ; on l'appelle *Sant-Barvet*, ou *Sant-Barvoet* ; ce nom qui n'a plus aucune existence officielle a d'ailleurs été déformé sous l'influence du nom de Sainte-Barbe, et l'on entend parfois les formes *Sant Barvez, Sant Barbez*, dans lesquelles on sent facilement qu'on a voulu féminiser la désinence. Le *Sant Barvet* est bien l'éponyme de la *Plebs barbata*, *Ploe barvet*, *Plouaret*. Il n'avait pas son culte à l'église paroissiale, comme il arrive fréquemment pour les saints éponymes.

Ce saint a été remplacé dans sa chapelle par sainte Barbe, personnage connu par les martyrologes. Il ne semble pas avoir laissé d'autres souvenirs que ceux qui sont attachés à Plouaret. Il existe un saint Vréguet, qui donne son nom au hameau de Saint-Vréguet en Saint-Alban (C.-du-N.), zone française[6] ; il y a une chapelle au village de *Kerbrevet* en Limerzel (M.)[7] ; et un lieu-dit *Sebrevet* en Lanvaudan (M.)[8] ; il faudrait connaître les formes anciennes de ces différents noms de lieu avant de proposer aucun rapprochement sérieux[9].

---

5. LONGNON, *Pouillés de Tours*, pp. 341, 346, 347 et 351. En 1330, le ms. donne *Plebs Barbara*, qui est une faute ; dans le Raoulln, en 1444, il y aurait *Plebs B**, *plebs Bart*, d'après A. DE BARTHÉLEMY, (*Mélanges d'hist. et d'arch. sur la Bretagne*, I. Saint-Brieuc, 1854, pp. 58 et 104), mais Longnon lit *Barbata*. — Un texte français de 1486 donne *Ploarmet* (GESLIN DE BOURGOGNE et A. DE BARTHÉLEMY, *Anciens évéchés de Bretagne*, Saint-Brieuc, 1855 et seq., IV, p. 250), c'est une cocagraphie, pour *Ploaruel*. — Dans la transcription latine *Barbata*, on a considéré *Barvet* comme un participe passé passif, épithète de *plebs*.

6. C.E.-M. et P.T.T.

7. C.E.-M. ; Ros. donne *Kerbrevais*, forme qui laisserait supposer qu'on ne fait pas entendre le *t* final ; sur ce nom, v. J. LOTH, in *Ann. de Bret.*, VIII, p. 745.

8. J. LOTH, in *Rev. cell.*, XXXVII, 1917-19, p. 159, n. 1.

9. Aucun rapport avec sainte *Berhet* = Brigitte, v. J. LOTH, *Ns.*, p. 13, et bien que cette sainte soit patronne de l'ancienne paroisse de *Perguet*, actuellement en Bennodet (F.) (*B.C.D.*, 1902, p. 366) ; Perguet n'est pas attesté autre part comme nom de saint.

R. L.

PLUFUR

Le nom est écrit sous la forme *Plefor* en 1330, *Plocfur* en 1444 [10]. Les registres de baptêmes, mariages et sépultures de Plufur donnent, entre 1600 et 1650, *Plouefur*, *Pluffur* et *Ploufur*. Le patron actuel est *saint Florent*, l'on prononce *sant Flouran* ; chaque dimanche, un fabricien quête pour *sant Flouran* ; ce saint a sa statue dans l'église, à droite de l'autel dans la chapelle du côté de l'épître. Il est représenté avec mitre, crosse et un livre dans la main gauche. Il n'a pas d'inscription. La statue, m'a dit le recteur, était jadis au maître autel ; on s'aperçoit facilement qu'elle n'était pas faite pour la niche où on l'a mise, car elle est trop grande ; le vieux saint patron a été quelque peu « déniché » au profit de la Vierge, honorée sous le nom de Notre-Dame de Plufur. Saint Flouran est nommé dans le cantique à Notre-Dame de Plufur.

L'éponyme est un saint *Fur* ou *Furan*, saint dont le nom se présentait sous deux formes, une forme brève, *Fur*, qui est entrée en composition pour constituer le nom de lieu, et une forme avec le suffixe *-an*, *sant Furan*, forme sous laquelle le saint était honoré ; on l'a identifié avec un *sanctus Florentius* quelconque [11].

----

10. LONGNON, *Pouillés de Tours*, pp. 340, 347.

11. Sur le culte de saint Florent, qui fut jadis patron de Lambézellec (F.), où il a été remplacé par saint Laurent, v. DE LA PASSARDIÈRE, *Topologie des paroisses du Léon*, in *Echo paroissial de Brest*, 19 avril 1908. — Un hameau de Plufur est désigné au plan cadastral de 1814 sous le nom de *Lan Plufur* ; le plan de 1848 donne *Le Lande de Plufur*, mais l'état de section donne *Lan Plufur*, c'est la lande de la commune de Plufur ; cf. *Six saints*, p. 25, n. 3. — DERIC, *Hist. de Bret.*, I, 1847, p. 292, n. 5, a fourni une étymologie de Plufur : *ffur* = brave guerrier, Plufur = peuplade des braves guerriers. Les paysans font le calembour avec *fur* = sage. — Sur les doublets *Fur Furan*, cf. l'éponyme de Plougrescant (C.-du-N.) qui donne son nom à un village de cette paroisse, *Kergresq* ou *Kergrescan* (CONT. D'OGÉE, s. v. Plougrescant, et *Arch. dép. C.-du-N.*, E. 1954) ; sur ce suffixe *-an*, v. *N̂s.*, p. 100, s. v. *Paban*.

PLOUZÉLAMBRE

L'éponyme de la paroisse de *Plouzélambre* est inconnu. On trouve les graphies *Ploesclembr* à la fin du xiv° siècle, et *Ploesellembre* en 1444 [12] ; le patron actuel de la paroisse est saint Sylvestre ; la substitution au saint éponyme d'un saint romain dont le nom commence par une consonne indique que l'éponyme commençait aussi par une consonne, et pouvait être *Zélambre* ; si l'on avait eu *Ezélambre*, on aurait probablement choisi dans le paradis romain un autre nom que *Sylvestre*. Au surplus, on n'est pas autorisé à lire la forme des xiv°-xv° siècles comme étant *Plo-eselembr* ; toutes les paroisses voisines, *Ploumiliau*, *Plounérin*, sont écrites à la même époque : *Ploemiliau*, *Ploenerin*, et l'éponyme est saint Miliau, saint Nérin [13].

Il n'a subsisté aucune trace de ce saint ; il ne semblait même pas qu'on ait jamais tenté de le sortir de l'oubli, lorsqu'un dernier article de M. Anatole Le Braz fait savoir que Messire Villiers de l'Isle-Adam, ancien recteur de Ploumiliau (+ 1889) ne doutait pas qu'il avait existé un *saint Zélambr* auquel on avait substitué jadis saint Sylvestre [14].

Le nom ne se retrouve nulle part ailleurs.

---

12. Longnon, *Pouillés de Tours*, pp. 845 et 847.

13. Il n'y a aucun doute sur le nom de Nérin : l'éponyme de la paroisse a son nom reproduit dans celui d'un hameau de Plounévez-Moëdeo : *Le Nérin* (cadastre), or Plounévez-Moëdeo est un ancien démembrement de Plounérin. J'ignorais ce nom de lieu quand j'ai rédigé mes *Six saints*. Cf. *infra*, chapitre IX, n. 13.

14. *Les saints bretons d'après la tradition populaire*, in *Ann. de Bret.*, XXXVI, 1924, p. 70. — Saint Sylvestre a une très jolie fontaine monumentale au nord du bourg ; les lépreux y venaient jadis pour obtenir la guérison ; on fête le saint le 31 décembre, mais la foire et le pardon, comme partout, ont lieu l'été, le premier dimanche d'août. Le culte de saint Sylvestre est assez répandu en Bretagne ; il a une chapelle en Louargat (C.-du-N.) (C.B.-M.), à trente kilomètres environ au sud-est. — Saint Sylvestre a été fréquemment confondu en Bretagne avec saint Servais, à cause de la prononciation bretonne.

PLOUMILIAU

Saint Miliau est le patron de Ploumiliau. L'histoire de ce saint est bien connue. Il était roi de Cornouaille ; il fut tué par son frère Rivodius, qui voulait s'emparer du trône ; son fils, saint Mélar, eut, à son tour, le même sort, et c'est dans les vies de saint Mélar que l'on trouve mention de saint Miliau [15]. Le saint est toujours très honoré dans la paroisse.

Le même nom se retrouve dans toute la Bretagne : Pluméliau est une paroisse de l'arrondissement de Pontivy (M.), Guimiliau est une paroisse de l'arrondissement de Morlaix (F.), il y a une *Lanviliau* (*C.E.-M.*) en Plomodiern (F.), non loin de la côte, dans la baie de Douarnenez, et une fontaine de *Saint-Miliau* en Locronan dans la même région ; le saint est patron de Plonévez-Porzay, entre Locronan et Plomodiern ; enfin, il existait une seigneurie de *Lanviliau* en Dirinon (F.), canton de Landerneau, toujours dans cette même région de Cornouaille [16].

---

15. Saint Miliau a une vie séparée dans GARABY, *Vies des ss. bret.*, p. 274. — Sur ce saint, v. DUINE, *Memento*, p. 154, n° 170. L'imprimerie Saint-Guillaume, à Saint-Brieuc, a publié une *Gwerz Koz en enor da Zant Miliio, Roue Breiz ha paeron parouz Ploulllo*, ce premier cantique est suivi d'un *Kanouen neve en enor da Zant Melar*, etc. (imprimatur Brioci, 4 juillet 1898) ; les notes à l'édit. 1901 d'Albert Le Grand (p. 663, n. 1) signalent une *Buez sant Miliau ha sant Moelar*, par l'abbé Jacques Guillou. — A noter qu'il a été écrit un mystère sur saint Miliau ; LUZEL, *Voyage en Basse-Bret.*, in *Rev. de Bret. et Vendée*, 1865, p. 309, nous dit qu'il en avait le ms. ; le mystère rappelait l'histoire de saint Guigner, Irlandais, qui vint en Bretagne avec trois cents compagnons, lesquels furent massacrés par Théodoric, frère de Miliau. Le BRAZ ne cite pas ce mystère dans son *Théâtre celtique*, et cependant Luzel y avait fait de nombreuses allusions, v. *Journal de route*, in *Ann. de Bret.*, XXVI, pp. 132 et 137. — L'on prononce *Ploullo* ; on a écrit jadis *Plouvilleau* (Pédernec, reg. de bapt., mar. et sép., 1599), qui est une forme intermédiaire ; *Ploumiliau* est une très vieille graphie savante conservée depuis des siècles. — Il existe en Ploumiliau une ferme de *Coetiliau* (*C.E.-M.*) ; je crois que ce nom reproduit le nom du saint, bien qu'il y ait de nombreux *Coatiliou, Goasiliou, Bodilio* qui comportent le nom breton du lierre. — Sur Ploumiliau, voir les vers latins donnés dans le *Catholicon* de Lagadeuc, s. v. *Lomichael*, et qui concernent Saint-Michel-en-Grève et les manoirs de Kerdu et de Kerven en Ploumiliau.

16. *Vs.*, pp. 91 et 136 ; DU MOTTAY, *Icon. et hag. bret.*, p. 62.

Dans le Bas-Tréguier, Ploumiliau n'est pas isolé pour représenter le culte du saint. Ploumiliau constitue ce que l'on peut appeler un établissement terrien, car bien que le territoire de la paroisse vienne jusqu'à la mer, le bourg n'est pas sur la mer, il est fort à l'intérieur du pays ; il existe par contre, à quelque vingt kilomètres de là, l'*Ile Miliau* en Trébeurden ; ce n'est là qu'un simple nom de lieu, il semble n'y avoir aucun souvenir d'une chapelle en ce point[17] ; mais ce nom doit très certainement rappeler un culte à saint Miliau, comme tant d'autres iles bretonnes bien connues, Ile Maudez, Ile Cado, Ile Tudy, qui portent un nom de saint ; cette ile est l'établissement côtier du culte de saint Miliau, qui correspond à l'établissement terrien de Ploumiliau. Ce détail indique qu'il s'agit d'un culte ancien ; la présence du nom en *Plou-* l'indiquait déjà. Et l'on est obligé de conclure : le saint Miliau, éponyme de l'Ile Miliau, de Ploumiliau et, aussi, des autres établissements anciens qui portent son nom, n'a aucun rapport avec le roi martyr Miliau. Il s'est établi plus tard une confusion entre ces deux personnages et la légende tragique du prince a facilement remplacé les souvenirs, peut-être bien effacés déjà, du vieux missionnaire celtique qui fondait les paroisses. On a la preuve qu'il s'agit d'un tout autre personnage, d'abord par le fait que la constitution des paroisses est bien antérieure à l'époque où a vécu le roi Miliau, viiie siècle, et au développement de sa légende ; ensuite, on ne voit pas pourquoi ce roi aurait donné son nom à une paroisse ; saint Mélar, son fils et saint Salomon, autres princes martyrs, n'ont donné leur nom à aucune paroisse[18] ; c'eût été contraire aux règles admises. Enfin, l'on notera le détail de l'établissement côtier de l'Ile Miliau : si le saint était le roi armoricain, le

---

17. DU MOTTAY, *loc. cit.*, cite une chapelle dans cette île, ce doit être une erreur de sa part.

18. Le roi Salomon en particulier avait voulu donner son nom à un monastère qu'il fonda vers 863 : *quemque etiam locum monasterium Salomonis vocare voluimus*, dit-il dans la charte 261 du Cart. de Redon. En 866, le monastère s'appelle *Saint-Sauveur*, comme l'abbaye de Redon, dont il relevait (ch. 49) ; en 876, il s'appelle *monasterium sancti Maxentii* (ch. 237), à cause des reliques qu'il détenait ; c'est actuellement la commune de *Maxent* (I.-et-V.) ; le roi, qui était un laïc, ne parvint pas à être l'éponyme du monastère par lui fondé.

culte se trouverait être complètement terrien, comme c'est le cas pour le culte de saint Mélar ; la présence de cet établissement côtier indique qu'il s'agit d'un de ces missionnaires venus de l'Ile de Bretagne, soit que l'établissement côtier rappelle le premier séjour du saint à son arrivée sur le continent, soit qu'il rappelle l'itinéraire maritime que ces missionnaires employèrent pour exercer leur apostolat en Armorique.

Le vieux saint Miliau a laissé son nom à trois paroisses primitives : *Ploumiliau*, *Guimiliau* et *Plumélian*, assez éloignées les unes des autres ; il apparaît comme un grand travailleur parmi les missionnaires des ve et vi[e] siècles.

PLOULEC'H

L'éponyme de cette paroisse est comme l'éponyme de beaucoup d'autres paroisses, un personnage complètement inconnu. Le nom latin de Ploulec'h est *Plebs loci* en 1330 et à la fin du xive siècle ; en 1461, on trouve la forme bretonne *Ploclach*[19]. Les transcriptions latines ne permettent pas de supposer que le nom de Ploulec'h puisse représenter un ancien * *Plou-goulec'h* ; quant à la transcription *Plebs loci*, c'est une ineptie : *locus*, lieu, a donné en breton *lok*, et non pas *lec'h* avec une aspirée finale, et le mot breton *lec'h* ne pouvait pas constituer le second terme d'un nom de paroisse[20].

On a, par ailleurs, supposé que le mot *lec'h* serait le mot breton qui signifie la pierre, et qui est entré en composition dans des dénominations de monuments mégalithiques ; on a émis l'hypothèse que *Ploulec'h* serait composé avec le nom de la rivière du Léguer, qui borde cette paroisse et arrose Lannion, et que ce nom lui-même aurait facilité la création

---

19. LONGNON, *Pouillés de Tours*, pp. 340, 345, 351.

20. Cf. *Ns.*, pp. 78 et 106. — M. J. Loth signale, pour un rapprochement possible, *Lannilis Leac'h* en Bodilis (F.) ; cf. le *Portzlec'h* en Trégarantec (F.), devenu le *Porlac'h* (C.E.-M., KERDANET, *Albert Le Grand*, p. 216, et DE LA PASSARDIÈRE, in *Echo paroissial de Brest*, 2 août 1908). — Sur le mot breton *lec'h*, voir ERNAULT, *Dictionnaire étymolog. du Breton moyen*, Nantes, 1887, in-4°, p. 324, et *Gloss. moy.-bret.*, p. 357.

de la légende de Lexobie, placée au Coz Yeodet en Ploulec'h (la *vetus civitas* des anciens textes) ; ce sont là des hypothèses que rien ne rend plausibles[21]. L'on est, en l'absence de documents, dans l'impossibilité de rétablir le nom de l'éponyme de cette paroisse, et si une hypothèse devait être tentée, il serait préférable de supposer que *Ploulec'h* comporte la forme hypocoristique du nom de saint *Lohan*, ou *Loc'han*, qui a eu jadis une chapelle en cette paroisse[22].

PLESTIN

Plestin a pour éponyme saint Gestin ; l'on prononce en breton *Plistin*, et le saint s'appelle *sand Istin* ; c'est un saint breton venu de l'île qui, comme tant d'autres Bretons, portait un nom latin, *Iustinus*. Saint Jestin possédait une chapelle en Plestin, à 1 kilomètre au sud du bourg. On voit encore les ruines de cette chapelle. Le culte de ce saint, éponyme de la paroisse, ne se célébrait pas dans l'église paroissiale. L'emplacement de cette chapelle passe pour avoir été le lieu de son ermitage. De fait, à l'époque où fut rédigée la vie latine de saint Efflam, les bois qui entouraient cette chapelle étaient l'objet d'un grand respect, et l'on n'osait pas y couper des arbres pour les usages domestiques. Ceci

---

21. LONGNON (*Les noms de lieu de la France*, cours publié par MM. Miraut et Marichal, Paris, 1922 et *seq.*, in-8°, n° 1292) a supposé que *Ploulec'h* aurait été jadis *Plebs lapidum*. Je ne sais sur quelle autorité ; il se peut que les éditeurs de ce cours n'aient pas compris un simple rapprochement possible, tenté par Longnon, avec le nom de la *Plebs Lapidea*, dans le Haut-Léon, dont il est parlé dans la *vita Pauli Aureliani*, cap. XIV. A l'appui de cette hypothèse amusante, on aurait pu faire valoir qu'il existe dans le mur du cimetière paroissial un petit *lec'h*. — C'est LA BORDERIE (*Les trois vies de saint Tudual*, in *Mém. soc. arch. C.-du-N.*, seconde série, II, p. 336), qui a proposé l'hypothèse du Léguer et de l'origine de la légende de Lexobie : je n'insiste pas à ce sujet ; les scribes, en transcrivant en latin le nom de la paroisse, ont prouvé qu'ils ignoraient cette étymologie : par ailleurs, le nom de cette rivière est le *Léguer* partout, depuis son embouchure en Servel, où il y a un village de *Bec-Léguer* (C.E.-M.), jusqu'en Trégrom, où, en bordure de cette rivière, il y a une vieille seigneurie de *Coat-Léguer* (C.E.-M.).

22. Sur ce personnage, on trouvera un article *infra*, au chap. V.

indique que la tradition qui représente la chapelle comme ayant remplacé l'ermitage de ce saint est très ancienne et que jamais le bourg chef-lieu de la paroisse n'a été situé en cet endroit[23].

La paroisse de Plestin est demeurée sous le patronage de saint Gestin. Il ne pouvait tomber dans l'oubli, puisqu'il avait sa chapelle et qu'il jouait un rôle dans la vie latine de saint Efflam.

GUIMAËC

Guimaëc, comme Plougasnou, appartient au Tréguier, et ces deux paroisses, situées à l'ouest du Tréguier, sont les seules de cet évêché pour lesquelles le bourg portait un nom en *Guic-*, *Guicaznou*, *Guimaëc* ; ces noms sont, on le sait, fréquents dans le Léon.

Guimaëc, *vicus Maloci*, dans la *Vila Melorii* qui est très ancienne, a pour éponyme *saint Maëc*. Il est fort probable que plusieurs personnages ont porté ce nom qui est très répandu dans l'hagio-onomastique bretonne. Il existe un lieu-dit *Trémaëc* en Ploulgneau (F.), à une quinzaine de kilomètres au sud de Guimaëc, c'est très certainement un établissement terrien du même culte, qui correspond à l'établissement côtier de Guimaëc[24].

L'église de Guimaëc est sous l'invocation de saint Pierre.

PLOUGASNOU

Cette paroisse, dont le nom s'écrit aussi *Plougaznou*, qui est une graphie plus rationnelle bien que l'on prononce

---

23. Je n'insiste pas sur ce saint, qui touche trop à saint Efflam et par conséquent à la vie latine de ce dernier. C'est un chapitre de mon travail sur saint Efflam que je donnerai plus tard.

24. Sur saint Maëc, v. *Six saints*, p. 17 et n. ; le nom de ° *Ploumaëc* a disparu quand le territoire paroissial de Guimaëc s'est trouvé réduit au bourg, *guic*, les établissements dolois de Lanmeur et de Locquirec ayant de deux côtés à la fois empiété sur le territoire primitif de Ploumaëc. Je reviendrai sur cette question au chapitre IX, en étudiant la géographie ecclésiastique de la région. — L'on prononce *Guimæc*.

Plouganou, a pour éponyme un saint complètement oublié : sur ce nom, on ne peut que reproduire la notice donnée par M. J. Loth (*Ns.*, p. 19) :

CAT-NOU : *Plot-Cathnou* (Cart. de Saint-Georges, p. 118, an 1040). auj. *Plougaznou* (Fin) : *Plou-gannou* en Ploumagoar. *Cat-nou = Catugnou-o-s*, de *Catu-* combat, et *gnouo-s*, moy. bret. *gnou*, manifeste, évident. Il est fort possible que ce soit un des noms complets de *Catoc*.

Le même nom, porté par un laïc, se retrouve dans *Kergano* en Persquen (M.), écrit *Kergaznou* en 1427 et en 1440[25]. Il ne semble pas que *Catoc* soit la forme hypocoristique du même nom, rien ne permet de supposer l'identité des deux personnages. *Plougannou* en Ploumagoar (C.-du-N.) soulève des difficultés considérables, et à défaut de formes anciennes on n'oserait y voir une forme sincère ; ce n'est pas une paroisse, aussi le premier terme *Plou-* doit être interprété comme représentant un ancien *Poul-*[26].

M. J. Loth a fait de *saint Cano* un personnage séparé, ce saint est éponyme d'un lieudit *Saint-Cano* en Erquy, d'un

---

25. ROS. : DE LAIGUE, *Noblesse bret.; év. de Vannes*, I, p. 447. — D'ARBOIS DE JUBAINVILLE, in *Rev. celt.*, III, p. 412, avait proposé *Caznou* = gallois *Cadnaw*, renard, qui est impossible. — Cf. les étymologies fantaisistes de Plougasnou, données par CAMBRY, *Voyage dans le Finistère*, édit. Souvestre, in-4°, 1835-38, p. 51.

26. Le cadastre, section C, n° 135-139, maisons, sols et cours, donne *Plouganou* ; on n'y a jamais cité de chapelle, ni de découvertes archéologiques. Cf. DU MOTTAY, *Notice sur Ploumagoar*, in *Annuaire des C.-du-N.*, 1854. Si ce nom devait être considéré comme une forme sincère comportant le terme *Plou-*, il y aurait lieu de se demander si ce n'est pas l'ancien nom de la paroisse. *Ploumagoar* paraît désigner la *paroisse de la muraille* (*Ns.*, p. 106) ; le chef-lieu aurait pu changer d'emplacement et, en même temps, la paroisse aurait changé de nom ; les paroisses anciennes, qui ont pour éponyme un nom commun ou un adjectif, sont l'exception. Les *Plé-châtel, Plé-lan, Plé-meur, Plé-bihan*, ont dû, elles aussi, avoir un saint patron qui devait leur donner son nom ; la grande paroisse, la petite paroisse n'est pas un nom, c'est un nom d'occasion donné par les habitants de la région voisine. Les paroisses anciennes, dont le nom n'est pas en *Plou-*, Quillers, Peumerit, Kemper-Guézennec, empruntent leur nom au chef-lieu, mais elles ont dû, comme les autres, avoir un nom pour la circonscription paroissiale, un nom en *Plou-* ; tout cela me fait dire que si *Plouganou* est une forme sincère, il faut admettre que c'est l'ancien bourg de la paroisse primitive dont le nom était *Plouganou* ; le bourg se transporta plus tard en un lieu-dit *Magoar*.

Langanou en Caulnes, tous deux dans la zone française des Côtes-du-Nord, et d'un *Langanou* en Sizun (F.) [27]. Il se peut que, comme le *Kergano* en Persquen, ces noms reproduisent un ancien *Caznou*.

La paroisse de Plougasnou est actuellement sous l'invocation de saint Pierre.

PLOUÉZOC'H

L'éponyme de cette paroisse est bien difficile à rétablir. On a vu d'ailleurs que les saints éponymes des paroisses sont souvent plus difficiles à rétablir que ceux des *Lan-* ou des *Tré-*, par le fait qu'il est rare que leur nom se retrouve dans d'autres établissements, tandis que les éponymes de *Lan-* ou de *Tré-* sont fréquemment répétés par plusieurs noms de lieu.

Les patrons primitifs de Plouzélambre, Plufur, Plouaret, Ploulec'h, n'ont leur nom attaché qu'aux seules paroisses dont ils sont éponymes ; s'il est vrai que ce sont eux qui ont fondé ces paroisses, on comprendrait assez que fonder une paroisse est une œuvre de longue haleine, qui peut occuper la vie d'un homme ; le saint qui fonde une paroisse n'est pas un itinérant, il demeure là où il s'est fondé un ministère, où il a pris charge d'âmes. L'itinérant, au contraire, laisse derrière lui des *Lan-* aux endroits où il a créé un ermitage, et des *Tré-* autour de ces ermitages.

Les formes anciennes sont *Plebehezac*, 1330, et *Ploazoc'h*, à la fin du xive siècle [28]. On a voulu retrouver dans ce nom le *Toseocus qui cognomine Siteredus dicebatur*, compagnon de saint Paul Aurélien, dans la vie latine de ce dernier, et l'on a supposé une forme ancienne * *Plebs Toseoci* [29]. Cette

---

27. *Ns.*, p. 18. Cf. *Trégano* en Plogastel-Saint-Germain (F.) (*C.-B.-M.*).

28. LONGNON, *Pouillés de Tours*, pp. 341, 345.

29. Chanoine PEYRON, in *Soc. Arch. Fin.*, 1913, p. 20. — Sur ce saint, v. *Ns.*, p. 113 s. v., *Seoc* ; La Villemarqué s'est emparé de ce *Toseocus Siteredus* qu'il explique = citharède, pour en faire le premier des trouvères bretons ! : *Les Joculatores bretons*, in *Soc. arch. Fin.*, 1886, p. 7. — SOUVESTRE, *Les derniers Bretons*, traduisait *Plouézoc'h* par la *paroisse du Saumon !* (*eog*, pl. *eoged* = saumon). édit 1858, I, p. 23.

forme *Toseoc* n'explique pas la gutturale aspirée finale : *Toseoc* a donné *Lan-dézéoc* en Guipronvel, et non pas *Landé-zéoc'h* ; on aurait dû avoir *Plou-zéoc*. M. J. Loth a proposé un rapprochement avec un lieu-dit de Galles, *Aber-Soch* [30] ; cette hypothèse n'explique pas l'*é* qui suit *Plou-*. Mieux vaut arrêter les hypothèses et avouer l'impossibilité de reconnaître le nom de ce personnage.

Le patron actuel de la paroisse est saint Étienne.

PLOUIGNEAU

L'éponyme de la paroisse est *saint Igno*. Il est toujours connu du peuple ; on l'invoque pour être protégé de l'orage, du feu et du tonnerre :

> An aotrou Sant Igno
> A zo mad deuz an arno
> An tan hag ar c'huruno.

et dans la gwerz du marquis de Guerrand, quand le marquis est à l'article de la mort, il n'oublie pas ce saint, à l'église de qui il laisse cent écus :

> Kant skoet roan en Plouïgno
> Da di an otro zant Igno [31].

Sur ce nom, on lira avec intérêt les articles de M. J. Loth, *N̄s.*, p. 50, s. v. *Guinniaw*, et p. 67, s. v. *Iuniaw*. La III* *vila Tuduali*. qui est probablement du xii* siècle, désigne Plouïgneau : *parochia quæ Iunau vocatur* [32].

---

30. *N̄s.*, pp. 105-106 ; à signaler aussi *Kerdévézoc'h* en Oléder (F.) (O.B.-M.) = ? *Ker* + *To* + *vezoc'h*, dont le dernier terme pourrait être celui qu'on trouve dans *Plouézoc'h*.

31. Le Braz, *Les ss. bret. d'après la trad. pop.*, in *Ann. de Bret.*, XIII. p. 103, et XI, p. 173.

32. Contrairement à l'opinion émise par M. Gourvil, in *Mouez-ar-Vro*, 17 janv. 20, je ne crois pas que l'on soit en droit de faire état du nom de *Iuniavus*, saint homme qui intervient dans la I* *ella Samsonis*. cap. 46 (cf. J. Loth, *Chresto.*, pp. 99 et 143) « *Iuniavum nomine, qui et ipse britannica lingua cum illis, lux vocltabatur* ». Quatre ms. donnent *Uiniavus*, la vila éditée par Dom Plaine donne *Winnavium*. Il s'agit de saint Gwinnlaw et M. J. Loth considère, à juste titre, que ce saint n'a aucun rapport avec l'éponyme de Plouigneau (*N̄s.*, p. 56) ; il a donné son nom à *Landivigneau* en Plogonnec (F.) (Cadastre et *C.E.-M.*).

Plouïgneau a comme patron officiel saint **Ignace**. Au xviii° siècle, il y avait déjà dans cette paroisse une « *confrairie de Saint-Ignace* » et l'on écrivait dans les titres « *Parquic Saint Ignace* », un petit champ qui, en breton, devait s'appeler *Parquic Sant Igno* ". Saint Ignace avait aussi une chapelle en Plouaret, au lieu-dit *Crec'h Sant Inac* ; en ces deux points saint Ignace a été choisi pour remplacer des saints plus anciens, en Plouïgneau, saint Igno, en Plouaret, saint Inac ".

PLOUÉGAT

Saint Egat est l'éponyme de deux paroisses, *Plouégat-Guerrand* et *Plouégat-Moysan* (F.) ; ces deux paroisses sont à peu de distance l'une de l'autre, la première à l'ouest du Douron, la seconde plus au sud et à l'est. A Plouégat-Moysan, saint Egat a été supprimé, on ne le connaît plus ; le clergé lui a substitué saint Pierre, comme patron de la paroisse. A Plouégat-Guerrand, le clergé a identifié saint Egat avec *saint Agapit*, martyr de Préneste, au 18 août, qui est devenu le patron officiel de la paroisse, mais en conservant, dans la langue populaire, le nom de saint Egat, qui de ce fait a subsisté. Aussi, dans cette commune, on parle toujours de saint Egat. Dans la gwerz du marquis du Guer-

---

33. *Arch. dép. Fin.*, G. Plouïgneau. — On trouve parfois à cette époque la graphie *Plouvigneau*, qui est sans intérêt à cause du renseignement donné par la i° *villa Tuduall* et par les formes Ploeigneau, fournies en 1330, à la fin du xiv° siècle, en 1444 et 1461, LONGNON, *Pouillés de Tours*, p. 341 et *seq.* — Sur la substitution *Igno-Ignace*, v. ERNAULT, *Gloss. moy. breton*, p. 335, et *Rev. cell.*, XXXV, 1914, p. 475.

34. Je m'occuperai plus loin de la chapelle en Plouaret ; deux formes aussi différentes, *Inac* et *Ignau*, à 20 kilomètres de distance, indiquent des personnages différents et ne sauraient dériver d'une même forme *Ignatius* ; la correspondance d'une finale -ac et d'une finale -au ne pourrait exister qu'en zone française : *Saint-Sulniac* (I.-et-V.), en regard de *Sullau*. — *Saint-Igneuc* (C.-du-N.), zone française, *ecclesia sancti Ignoci*, en 1330 (LONGNON, *Pouillés de Tours*, p. 354), est sans relation avec *Igno*. Quant à *Saint-Uniac*, commune d'Ille-et-Vilaine, il semble que ce soit une forme sincère, cf. un lieu-dit *Saint-Uniac*, en Corseul (C.-du-N., zone française) (DU MOTTAY, *Répert. arch. C.-du-N.*, p. 451) ; la racine peut être la même que dans *Iuniaw*, mais la finale n'est pas la même.

rand, on voit celui-ci à l'article de la mort, léguer cent écus
à la maison de monsieur saint Egat :

> Da di an otro sant Egat.

Enfin, on raconte encore une légende de ce saint ; la
légende ne parait pas très ancienne ; elle semble empruntée
à un conte populaire et contient le thème bien connu par les
romans de chevalerie, du mari qui ne veut pas que sa
femme ait d'enfant[35]. Saint Egat est invoqué comme saint
délivreur pour les accouchements, on puise de l'eau à la
fontaine et on en fait boire à la mère ; on l'invoque même
pour les indigestions :

> An otro sant Egat
> 'Zo mat deuz a re gorfad.

L'on voit par cet exemple comment un saint peut être
oublié dans une paroisse quand il est « déniché » radica-
lement, et comment il subsiste dans une paroisse voisine
lorsque son nom ne disparait pas.

Ce même saint est en outre l'éponyme de *Plouagat*, chef-
lieu de canton de l'arrondissement de Guingamp (C.-du-N.),
dont la forme ancienne est *Ploe-adgat* en 1198[36]. Cette
graphie permet de retrouver le nom primitif de ce saint :
* *Ate-catu-s* = qui renouvelle le combat[37]. A Plouagat, saint
Pierre a été substitué aussi à saint Egat.

---

35. LE BRAZ, *Les ss. bret. d'après la trad. pop.*, in *Ann. de Bret.*,
XIII, p. 97 et *seq.* — Saint Egat est figuré en diacre tenant des deux
mains une patène, sur les bas-reliefs du portail de l'église de Plouégat-
Guerrand ; ces bas-reliefs portent la date de 1536 (*B.C.D.*, 1902, p. 37) ;
si le saint est représenté en diacre, c'est parce que l'identification avec le
diacre Agapit était déjà faite à cette époque. — *Agapit* est prénom à
Plouégat-Guerrand (bapt., mar., sép., 1789), c'est la transcription
savante par le recteur du prénom Egat. — Ajoutons que saint Agapit
a eu un certain renom en Bretagne ; une tragédie *Agapit Martyr*,
imprimée à Rennes en 1742, fut jouée sur le théâtre du collège des
Jésuites de Rennes (*Soc. Arch. Nantes*, 1916, p. 206).

36. *Anc. év. de Bret.*, IV, p. 12.

37. *Ns.*, p. 105 ; sur ce nom, cf. *Trévégat* en Caro (M.) (C.E.-M.),
Kerégat en Plomodiern, en Pouldreuzic (F.) (C.E.-M.), et *Bodégat*,
ancien prieuré en Mohon (M.) (C.E.-M.) ; ces trois localités comportent
des noms de personnages laïcs, le premier terme indique un établissement laïc.

Le nom de ce saint n'est conservé que dans le nom de ces trois paroisses.

Plouégat-Guerrand s'est appelé, jusqu'à la Révolution, Plouégat Gallon ; le second terme est emprunté aux *Gallon*, dont la seigneurie très importante de *Kerhallon* se trouvait sur le territoire de la paroisse [38] ; après la Révolution, le nom est devenu Plouégat-Guerrand, à cause du château du Guerrand qui s'élève auprès du bourg et avait une grande notoriété.

Le second terme de Plouégat-Moysan est plus difficile à expliquer ; nous ne possédons aucun indice d'une famille noble de ce nom dans cette paroisse. Moisan est la forme bretonne de Moïse [39], peut-être a-t-il existé un saint de ce nom, comme on a un saint Daniel, éponyme de Ploudaniel (F.) et de Pleudaniel (C.-du-N,) [40]. Il existe un village de *Trévoizan* en Prat (C.-du-N.), jadis écrit *Trévoazan*, où se trouve une chapelle dédiée à saint Jean [41] ; mais dans le nom de Plouégat-Moysan, Moysan ne doit pas être considéré comme un nom de saint, c'est très certainement le nom d'une famille noble de la paroisse, comme les Gallon de *Plouégat-Gallon.*

PLOUGONVEN

L'éponyme de Plougonven est saint Conven. Ce saint a son établissement côtier représenté par la petite chapelle Saint-Conven, sur le bord de la mer en Plouézoc'h (F.). Cette chapelle est ancienne, elle existait déjà en 1518 ; elle est mentionnée aux registres de baptêmes de Plouezoc'h, le 13 août 1684, pour un baptême de cloche. Le saint y est figuré en abbé, tête nue, tenant une crosse et un livre fermé. On l'invoque pour la guérison des maux de tête, et pour les cochons malades. On dit la messe dans cette chapelle aux rogations [42].

---

38. Cf. *Soc. arch. Fin.*, 1915, p. 93.

39. Cf. *Rev. cell.*, VII, p. 159 ; c'est un nom de famille encore très répandu, écrit *Moisan* ou *Moysan.*

40. *Nº,* p. 30.

41. *Géogr. dép. C.-du-N.*, p. 613 ; *Arch. dép. C.-du-N.*, E, 1012

42. Louis Le Guennec, *Excursion en Plouézoc'h*, *Soc. arch. Fin.*, 1906, p. 32 ; *Soc. arch. Fin.*, 1913, p. 22. — *C.R.-M.*

A Plougonven, le vieux saint éponyme a été complètement déniché par saint Yves ; cependant, des pièces de 1704 mentionnent encore la statue de *saint Conven* dans l'église paroissiale. Cette statue a disparu depuis [43]. Un grand sarcophage monolithe a subsisté dans le cimetière; il est probable qu'il passait jadis pour être le tombeau du saint ; actuellement il sert à noyer la chaux lorsque l'on blanchit l'église [44].

Saint Conven a donné encore son nom au petit village de *Tré-gonven* en Loguivy-Plougras (C.-du-N.) [45].

Il s'agit d'un saint dont le culte est parfaitement localisé. Si les lieux qui portent son nom rappellent son apostolat, on voit qu'il aborda en Plouézoc'h, qu'il remonta ensuite dans l'arrière-pays, et choisit, à 20 kilomètres environ de la côte, une résidence à l'endroit qui devint Plougonven, pour partir plus tard s'enfoncer vers l'est, à 10 kilomètres de là, en Loguivy-Plougras.

PLOURIN

La paroisse de *Plourin*, appelée aussi *Plourin-Tréguier*, a une homonyme, *Plourin*, dans le Bas-Léon, *Plourin-Léon*. Il est fort probable que c'est le même personnage qui a donné son nom aux deux paroisses ; celle du Léon permet de connaître les formes anciennes de l'éponyme. Le bourg y portait le nom de *Guic Rin* au xvi° siècle [46] et la paroisse est écrite *Ploérin* dans les pouillés de la même époque, comme d'ailleurs celle de Plourin Tréguier ; le saint est donc *saint Rin*, et ce nom est attesté comme nom de saint par la présence d'un *Lanrin* en Mahalon (F.), d'un autre *Lanrin* (C.E.-M.) en Plounéventer (F.), et d'une

<hr>

43. Louis Le Guennec, *Notice sur la commune de Plougonven*, Morlaix, 1922, in-8°, pp. 118 et 121.

44. Id., pp. 11 et 193, et *B.C.D.*, 1903, p. 213. — A Trégrom (C.-du-N.), un sarcophage, dit tombeau de saint Brandan, patron de l'église, servait jadis au même usage (*B.C.D.*, 1924, p. 272, n. 3).

45. *Ns.*, p. 28, et Carte de Cassini.

46. Pol de Courcy, *Les noms de famille en Bretagne*, Rennes, 1850, in-8°, p. 20 (extrait de l'*Association bretonne*, III, p. 115 et seq.).

troisième paroisse, *Plérin*, dans les Côtes-du-Nord ". De ces trois paroisses, aucune n'est demeurée sous l'invocation du saint patron primitif. Plourin-Tréguier honore la Vierge, Plérin honore saint Pierre, et Plourin-Léon a choisi saint Budoc, dont la belle légende a eu un grand retentissement au moyen âge.

PLOUJEAN

Ploujean est en latin *Plebs Johannis* ; la difficulté est de dire si ce saint Jean est un saint celtique, ou bien si c'est saint Jean l'Evangéliste ou saint Jean-Baptiste. La même difficulté existe pour *Ploubezre*, *Plebs Petri* ; est-ce saint Pierre apôtre ou un *Petrus* celtique ?

Le nom de saint Jean ne se retrouve dans aucun autre nom de lieu ancien en *Plou-*, *Lan-*, *Tré-* ; par contre, à une époque très tardive, le culte de saint Jean-Baptiste a pris en Bretagne une extension considérable, les Templiers et Hospitaliers lui ayant dédié un grand nombre de chapelles, dont quelques-unes sont devenues des *Locjean* ". Ces ordres militaires ne se sont développés en Bretagne qu'après le milieu du XII° siècle et par conséquent il n'y a aucun rapport entre cette extension très tardive du culte de saint Jean-Baptiste et l'éponyme de Ploujean.

Ploujean peut très bien porter le nom d'un *Johannes* celtique ; nombreux sont les Bretons qui avaient des noms bibliques, *Samson*, *Daniel*, *David*, etc. ; nous ne savons rien d'un saint Jean celtique ; au surplus, dans bien des cas, les éponymes de paroisses n'ont laissé d'autre souvenir que leur nom dans celui d'une paroisse. Par ailleurs, l'on peut remarquer que si saint Paul Aurélien n'avait pas été honoré par les évêques de Léon comme leur prédécesseur, ce saint serait aujourd'hui absolument inconnu, et nous interpréterions les *Lampaul* comme s'ils avaient pour éponyme l'apôtre saint Paul.

---

47. Cf. *Ns.*, p. 109. — Plourin, si l'on n'avait pas eu les formes anciennes, aurait pu être expliqué : *Plou-Gourin*. Or, il existe un *Lanhourin* en Plougonven, à 2 kilomètres de la limite de Plourin-Tréguier ; voyez *infra* notre article sur ce nom de lieu. — *Rin* signifie *vertu*, *secret*, *charme* ; c'est là un très joli nom d'homme.

48. Voyez *supra*, au chapitre II, concernant les *Locjean*.

Il se peut aussi que le patron primitif de Ploujean n'ait pas porté le nom latin de *Johannes*, qu'il ait porté un nom celtique, confondu plus tard avec le nom bien connu de saint Jean ; il y aurait eu là une substitution. M. J. Loth, après avoir cru que Ploujean reproduisait le nom de saint Jean, a abandonné cette opinion ; il considère qu'il y a eu confusion entre le nom breton *Iohan, Iahan* de saint Jean, et un saint indigène dont le nom gallois est *Iowan* et le nom breton *Iaouan* [49]. Ce saint celtique est encore l'éponyme de deux paroisses bretonnes dans la zone française : Saint-Jouan-de-l'Isle (C.-du-N.), qui honore saint Jean-Baptiste comme patron, et Saint-Jean-des-Guéret (I.-et-V.), qui est sous le vocable de Notre-Dame de Saint-Jouan [50].

PLOUBEZRE

Ploubezre, prononcé *Ploubér*, est en latin *Plebs Petri*, la paroisse de saint Pierre. Ce saint Pierre est-il l'apôtre ou un *Petrus* celtique inconnu, là est la difficulté, identique à celle qui se présentait pour *Ploujean*.

Le nom de ce saint se retrouve dans une *Lan- : Lamber*, chapelle autrefois tréviale, en Ploumoguer (F.), et seigneurie de *Lambezre* en 1552 et 1654 [51]. M. J. Loth semble admettre que ce serait un personnage celtique confondu avec saint Pierre [52]. La question est donc de savoir si, pour ces noms de lieu, qui sont de la première époque, puisque ce sont des *Plou-* et des *Lan-*, on aurait une exception à la

---

49. La première opinion est exposée dans les *Ns.*, pp. 64 et 106 ; la seconde résulte d'un renseignement envoyé à l'abbé Mével en 1921 et reproduit par ce dernier dans sa *Notice sur Trémaouézan*, Brest, 1924, in-12, pp. 27-28.

50. Le culte de la Vierge y était établi dès 1400 (abbé MILLON, *Les grandes madones bretonnes*, Rennes, 1922, in-8°, p. 92 et seq.) ; le fait que la Vierge est patronne de cette paroisse prouve que le patron primitif était un saint celtique inconnu ; si le saint avait été saint Jean-Baptiste, on ne l'aurait pas déniché.

51. *Soc. arch. Fin.*, 1906, p. 66 ; 1909, p. 85. — C.E.-M.

52. *Ns.*, p. 104, s. v. *Petr.* ; mais, p. 5, M. J. Loth émettait l'opinion contraire.

règle qui veut que notre hagio-onomastique soit entièrement nationale [53].

Or cette règle peut admettre quelques exceptions : les apôtres Pierre et Paul peuvent précisément être une exception, à cause de leur importance considérable. Il se peut que tous nos *Lampaul*, et notre paroisse de *Paule* (C.-du-N.), qui a une sœur du même nom en Cornwall, ne soient pas tous dédiés à saint Paul-Aurélien ; des *Lampaul* et la paroisse de *Paule* se trouvent en des zones où saint Paul-Aurélien n'a certainement jamais eu aucun renom.

Par ailleurs, il existe des *Lan-Marzin* ; on connaît bien un *sanctus Martinus*, breton, dans la notice xxix du Cartulaire de Landévennec, mais on ne saurait faire état de ce personnage, créé peut-être pour les besoins de la cause, et le *Martinus* éponyme de *Lanmarzin* en Plozévet (F.), de *Lamarsant* en Ploudaniel (F.), et de la paroisse de *Marzan* (M.), peut bien être le saint Martin de Tours [54].

La conclusion est qu'il faut être très prudent en cette matière. *Ploubezre* et *Ploujean* peuvent aussi bien avoir pour éponyme un saint celtique que les apôtres Pierre et Jean ;

---

53. *Ns.*, pp. 4-5.

54. Lanmarzin en Plozévet, Lamarsant en Ploudaniel (C.E.-M.) ; Marzan est *Marsin plebs*, en 897 (Cart. de Redon) ; l'église est sous le vocable des apôtres Pierre et Paul. — Il existe par ailleurs un *Locmarzin* en Tréguno (*Ns.*, p. 88) et une chapelle de *Locmarzin* en Bannalec (C.E.-M.), *Saint-Merzan* en Plougonvelin, *Méné Marzan* en Moëlan (F.) (C.E.-M.) ; *Marzan*, maison noble en Assérac (L.-I.) (Ooéb) ; la paroisse de *Marzan* est en une zone qui fut longtemps bretonnante ; ce nom ne peut être qu'un éponyme seul ; s'il n'en était pas ainsi, on aurait dû avoir un nom de fundus en -ac (cf. *Merthiniac*, en 834, Cart. de Redon, p. 92). *Trémerzin* en Quéven, *Trémerhan* en Elven (M.) (Ros.), *La Ville-Marhan* en Pluméliec (M.) (C.E.-M.) ; Ros. donne *La Ville Merhéan*, qui semble une cacographie) ; *La Marhanais* en Pipriac (L.-I.) (C.E.-M.) ; *Les Léches Marzen* en Montoir-de-Bret. ; *Marsaint* en Saint-Nazaire ; *Trémardin* en Besné (L.-I.) (Quilgars) ; tout cela montre que le nom de Martin ou des formes voisines a été très répandu dans la Loire-Inférieure et le Morbihan, de très bonne heure, et aussi en Cornouaille. En Domnonée, on ne trouve que des *Kermarzin*, qui sont plus récents. — Toutefois, la question est très complexe, des noms vieux celtiques ont pu se confondre, v. J. Loth, *Les mots latins*, pp. 185-186, *Chresto.*, pp. 151, 221, et *Rev. cell.*, XL, 1923, p. 45 et n. 1. — V. et. Duine, *Catalogue*, p. 45 ; Garaby, *Vies des ss.*, p. 536.

cela est grave de conséquence, car si leur éponyme est le
saint de l'église romaine, on aurait là des exemples tendant
à prouver que les fondateurs de nos paroisses placèrent
parfois les paroisses sous le vocable d'un culte qu'ils impor-
taient. Il est vrai qu'il y a un autre exemple de ce fait dans
le nom de la paroisse de *Plougras* = *Plebs Crucis*, et que
les *Langroas* sont assez nombreux. Il est regrettable de ne
pouvoir apporter une solution à cette question ; mais on
aurait tort de lui prêter une trop grande importance ; ces
cas demeurent des exceptions, et la règle que la topo-hagio-
onomastique bretonne ancienne est nationale, subsiste.

PLOUGRAS

Le nom latin de *Plougras* est toujours *Plebs Crucis* ; on le
rencontre en 1330, 1440 ; en 1461, l'on trouve la forme
bretonne avec graphie française, *Ploegroix*. Ce nom ne peut
s'expliquer que par *Ploe-Groas*, la paroisse de la Croix".
Ce n'est donc pas le nom d'un personnage qui a servi à
dénommer cette paroisse, c'est l'instrument du supplice du
Sauveur. Il y a là un fait curieux, presque unique.

Le culte de la Croix est ancien en Bretagne. L'abbaye de
Quimperlé était sous le vocable de la Sainte-Croix, ainsi
qu'une abbaye en Guingamp. Il existe bon nombre de
chapelles qui sont sous la même invocation de la *Sainte-
Croix* ; on en connaît en Ploumagoar, en Pordic, en le Haut-
Corlay, ainsi qu'un lieu-dit *Sainte-Croix* en Plérin (C.-du-N.;
(C.E.-M.) ; d'autres chapelles sont citées en Scrignac (F.)
(C.E.-M), en Béganne, en Josselin, en Monténeuf (M.) (Ros.):
mais ce qui est plus curieux c'est qu'il existe plusieurs
Lan-groas : *Langroas* en Bodilis (F.), *Langroez* en Camors
(C.E.-M.), *Langroix* en Plumergat (M.) (Ros.), *Langroas* en
Plounévez-du-Faou, et chapelle de *Langrous* en Cléden Cap-
Sizun (F.) : la chapelle de la *Vraie-Croix* en Sulniac (M.)

---

55. LONGNON, *Pouillés de Tours*, pp. 311 317. 351 — J. LOTH, N's,
p. 106 ; *Chresto.*, p 200. s. v. *Crucs*.

s'appelle en breton *Lan-Groès*[56]. L'on voit donc que la croix est fréquemment éponyme de *Lan*, ce qui confirme l'explication de *Plougras* par *Plebs Crucis*.

L'on notera qu'il n'existe pas de * *Lok-Kroas*; ce n'est pas que le culte de la croix ait disparu après l'époque des noms de lieu en *Lan-*, c'est parce que le mot *lok* est toujours suivi d'un nom de saint, et qu'on ne l'a pas employé pour désigner les chapelles qui étaient dédiées à la Croix, ou à la Trinité[57].

Saint Pierre est actuellement le patron de la paroisse de Plougras.

PLOUNEVEZ-MOËDEC

Il existe en Bretagne un certain nombre de paroisses désignées sous le nom de *Plounévez*, la paroisse neuve[58]. Pour différencier ces diverses *plounevez* on les a fait suivre d'un nom de région, Plounévez-du-Faou, Plounévez-Porzay,

---

56. *Ns.*, p. 73. — Sur la chapelle en Sulniac et son histoire. v. Sébillot, *Petite légende dorée de Haute-Bretagne*, Nantes, 1897, in-12, p. 101. — Ros. signale des chapelles de la *Vraie-Croix* en Bleuzy et en Riantec et un hameau en Locminé ; la carte d'Etat-Major y mentionne une chapelle ; ces noms doivent indiquer la présence de reliques de la Vraie-Croix. Il se peut que pour *Plougras*, ce soit la présence de reliques qui ait déterminé le nom : des parcelles de la Vraie-Croix étaient déjà répandues dans tout l'univers avant 347, si l'on en croit saint Cyrille, qui l'affirme en trois de ses catéchèses (catéch. 4, 10 ; 10, 19 ; 13, 4. Migne, P. G., 33, 469, 688, 776). — Il a existé à Plougras une famille noble de Plougras de Trogorre (du Mottay, *Répert. archéol. C.-du-N.*, p. 323), c'est un des rares cas où une famille noble porte le nom d'une paroisse, la paroisse ne constitue presque jamais une seigneurie.

57. Les Templiers ont beaucoup ranimé le culte de la Croix et ont rapporté fréquemment des reliques de la Vraie-Croix (Guillotin de Corson, *Les Templiers et Hospitaliers en Bret.*, Introd., p. xxxvi), mais les chapelles qui ont été bâties pour abriter ces reliques ne sont pas devenues des *Lok-Croas*, alors qu'à la même époque les Templiers bâtissaient des chapelles sous le vocable du *Christ*, qui sont devenues des *Lochrist*.

58. J'ai déjà parlé de ces paroisses au chapitre II. — Je reviendrai plus loin, au chapitre IX, sur la question de déterminer l'époque où fut créée cette *paroisse neuve*, démembrement de Plounérin.

pays du Faou, pays de Porzoet ; du nom d'une ville voisine, Plounévez-Quintin ; du nom d'un hameau important, Plounévez-Lochrist.

Moëdec n'est ni le nom d'une région, ni le nom d'une localité. Si c'est le nom d'un saint, il n'est attesté nulle autre part [59]. Il vaut mieux admettre qu'on aurait là le nom d'un personnage ou d'une famille importante de la paroisse, de la même façon que la famille noble des *Gallon* avait donné son nom pour différencier un des deux Plouégat, Plouégat-Gallon [60].

Avec ces deux paroisses, *Plougras* qui ne porte pas le nom d'un saint, mais le nom de l'objet d'un culte, la sainte Croix, et *Plounévez-Moëdec*, qui est la paroisse-neuve, se clôt la liste des paroisses en *Plou-* ; il reste deux paroisses désignées par le seul éponyme : *Cavan* et *Louargat*, et enfin une paroisse d'un nom très spécial, *Pédernec*.

Sur *Cavan* et sa trêve, *Caouennec*, nom formé avec le suffixe *-ec* sur la forme parlé *Caouan*, du nom de *Cavan*, il n'y a pas lieu de revenir ici ; l'on trouvera ailleurs une étude sur ce nom et sur la paroisse [61].

LOUARGAT

Les formes anciennes du nom de cette paroisse sont relativement nombreuses. L'on trouve *Louergat* en 1160 dans la charte des Hospitaliers ; *Locargal*, dans une charte de 1170, dont la plupart des noms propres sont mal orthographiés, et en l'espèce il est très certain qu'il s'agit d'une cacographie ; *Loargarl*, en 1330, qui contient encore une erreur ; enfin, *Louargat*, à la fin du xive siècle et en 1401 [62]. Ces différentes graphies indiquent que *Louargat* est bien la forme réelle du nom. L'on rencontre fréquemment *Loargat*.

---

59. Les *Ns.* citent, p. 95, un *Lanvoëdec* en Plougonven (F.) ; il s'agit de la montagne de *Lanvoëdic* ou *Lanvouëdic* en Scrignac, à la limite de Plougonven. — Cf. un sieur de *Lanvouedyc*, dans la presqu'île de Rhuis, en 1288, LA BORDERIE, *Recueil d'actes inédits*, p. 288.

60. V. *supra*, notre article sur Plouégat, *in fine*.

61. *Six saints*, pp. 24 et *seq*.

62. GUILLOTIN DE CORSON, *Les Templiers....*, introd., p. xxviii ; LONGNON, *Pouillés de Tours*, pp. 339, 344, 350.

c'est une variante d'écriture, comme en comportent tous les noms en *loar*, *loan*, *loarn*, qu'on écrit maintenant *louar*, *louan*, *louarn*.

Il s'agit d'une paroisse ancienne, dont le territoire est immense, et par conséquent on ne saurait chercher dans ce nom un composé en *Lok-* [63] ; ce nom de *Louargat* se retrouve, d'ailleurs, en Bodilis (F.), où il désigne un hameau (*C.E.-M.*). Le premier terme est *loar* = lune, le second terme est le mot *cat* = combat. *Loar* est entré fréquemment en composition pour constituer des noms d'homme. On connaît le nom de famille *Le Loarguen* [64] et les formes *Louargant*, *Le Louargant*, nom qui ne signifie pas *clair de lune*, mais qui est un nom ancien comme *L'Aurégant* ; ce dernier signifie *blanc brillant comme l'or*, et *Louargant* signifie *brillant comme la lune* ; le second terme de ces mots est celui qu'on rencontre dans de nombreux noms d'hommes en *-cant* du Cartulaire de Redon.

Louargat a pour second terme le mot bien connu *cat*, qui signifie combat [65].

Louargat est donc un nom d'homme. C'est l'éponyme de la paroisse ; on n'a pas fait précéder ce nom du mot *Plou-* qui aurait déterminé une répétition de sons fâcheuse. Ce saint est inconnu, le nom de lieu *Louargat* en Bodilis est probablement un nom de laïc tenancier du lieu ; nous sommes encore devant un saint qui n'a laissé son nom qu'à la paroisse qu'il a créée.

Il existe en Louargat une chapelle Saint-Sylvestre, dite chapelle de *Catic*. Catic est le nom du hameau voisin de la chapelle [66] ; l'on peut se demander si la chapelle n'était

---

63. Une forme *Loc-Mergat*, par exemple, n'aurait pu donner *Louargat*, puisqu'on a *Loumergat* en Argol (F.) (*Ns.*, p. 85).

64. ERNAULT, *Glossaire moyen-breton*, p. 371.

65. Sur *-cant*, v. *Chresto*, p. 114 ; sur *-cat*, v. *Chresto*, pp. 115 et 195, et les composés *Maelcat*, *Eucat*, *Morgat*, etc., *Ns.*, pp. 85, 96, 136, 137. Cf. aussi la paroisse de *Guengat* (F.) ; Guengat était nom d'homme en Galles : *Gwyngat ab Kaw* (*Chresto*, p. 195 et n. 6, *Ns.*, p. 51).

66. *C.E.-M.*, *Cadastre*, *Géogr. dép. des C.-du-N.*, p. 468. — Il existe, en outre, en Louargat, un village de *Pergat* qui sera l'objet d'une notice séparée. — Le nom de saint reproduit avec le diminutif *-ic*, que l'on va trouver ici, est un phénomène fréquent : saint Méen, prononcé saint Min, qui a une chapelle en Bégard, tout près de Louargat, est couramment appelé *Minic*. V. *infra* l'article sur Lanneven.

pas primitivement dédiée à l'éponyme de la paroisse sous la forme hypocoristique *Cal*, dont le nom aurait subsisté avec la terminaison du diminutif *-ic* ; la chapelle aurait été plus tard dédiée à saint Sylvestre.

L'église de Louargat est sous l'invocation de la Vierge.

PÉDERNEC

Pédernec est un nom formé avec le suffixe *ec*, sur le nom *Pédern*, forme bretonne du nom de Paterne[67]. Actuellement, c'est saint Pierre qui est patron de l'église paroissiale, et il n'y a aucun souvenir d'aucune sorte d'un saint Patern.

Il s'agit d'une paroisse ancienne, dont le territoire était considérable, et qui détenait jadis deux trêves, Moustérus et Tréglamus ; si l'on ajoute à ce fait que le seul exemple de nom de lieu formé avec un nom d'homme et le suffixe *-ec*, *Caouënnec*, trêve de Cavan, appartient à la même région et comporte le nom d'un saint, Caouan, nom d'un saint attesté par ailleurs, qui était jadis patron de Cavan, il semble

---

67. V. *Six saints*, p. 38, où je rapproche *Caouënnec*, formé sur *Caouan*, nom breton de *Cavan* (C.-du-N.), etc. ; pour *Squifflec* (C.-du-N.), je suis plus hésitant ; en outre du *Squivlec* que je signalais en Mûr (C.-du-N.), j'en ai relevé un autre en Plougastel-Daoulas (F.) (C.R.-M.). — Pour la forme bretonne de Paterne, cf. *Guerz sant Pedern*, transcrit phonétiquement dans les *Ann. de Bret.*, XI, 1896, pp. 236-249, J. LOTH, *Ns.*, p. 101, et *Rev. celt.*, XXXVI, 1915, p. 145. — A. DE COURSON, dans ses *Pouillés de Bret.*, à la suite du Cartul. de Redon, p. 559, donne la graphie *Podernec* ; c'est une coquille, et on ne saurait fonder sur cette graphie l'hypothèse que Pédernec contiendrait le nom de saint *Ternoc* ; au surplus, on aurait eu *Ploudernec*, car on ne peut supposer *Pou* = *Pagus*, dans le nom d'une paroisse. LONGNON, *Pouillés de Tours*, pp. 339, 344 et 349, donne *Pedernec* ou *Pedernac* en 1330, *Pedernec* en 1461, ce qui prouve que *Podernec* est une coquille ; dans *Les monuments originaux de Saint-Yves*, Saint-Brieuc, 1887, in-4°, p. 173, on trouve un *parochianus de Bhlernec*, *i* est une faute pour *e* ; ces textes sont d'ailleurs émaillés de fautes. — A noter un village de *Padarnac*, en Pauillac (Gironde) (*P.T.T.*), qui est probablement un *fundus* en *-ac* du même nom *Paternus*, une *villa Paterni* en 1094 dans l'Hérault et un *Paternacus* en 791 dans l'Indre-et-Loir (D'ARBOIS DE JUBAINVILLE, *Recherches sur la propriété foncière et les noms de lieux habités en France*, Paris, 1890, in-8°, p. 482).

que l'on puisse admettre que *Pédernec* comporte le nom d'un saint, *Pedern*, *Paternus*, suivi du suffixe *-ec*, employé pour constituer un nom de lieu, de la même façon que le suffixe gallo-romain *-acus*.

Saint Patern, quels que soient les personnages que cache ce nom unique, n'est l'éponyme que d'une seule *lan*, en Plabennec (F.), *Lan-badern*, au milieu des terres, dans l'évêché de Léon. Par contre, il a un certain nombre de chapelles : dans le Morbihan d'abord, ancien évêché de Vannes : en Malguénac, canton de Cléguérec, en Saint-Tugdual, canton de Guéméné, en Meslan, canton du Faouet[68] ; c'est le nom d'une paroisse de la ville de Vannes, et auprès de Vannes, il y a une fontaine Saint-Patern en Séné (Ros.) ; dans les Côtes-du-Nord, *Saint-Patern* est le nom de villages, en Plourach, canton de Callac, et en Saint-Agathon, près de Guingamp (*C.E.-M.*) ; dans le Finistère, il existe en Motreff, évêché de Cornouaille, un village de *Saint-Paterne* (*C.E.-M.*).

Pédernec et *Lambadern* seraient les deux seuls établissements anciens du culte de ce saint[69]. Les chapelles ne sont probablement pas anciennes, les saints patrons des évêchés voient généralement leur culte s'étendre beaucoup. Pédernec et Lambardern, l'un évêché de Tréguier, l'autre évêché de Léon, n'ont certainement rien de commun avec le premier évêque de Vannes, qui ne semble pas un saint breton et n'a aucun *Lan-*, *Plou-* ; tout indique que ce saint Patern de Vannes était un gallo-romain.

----

68. Cette chapelle aurait été construite au début du xvii° siècle. Luco, *Pouillé de Vannes*, p. 402.

69. A moins que *Baharn* ne soit *Paternus*. hypothèse émise par La Borderie, *Un évangéliaire bret. du X° siècle*, pp. 10-11 (*Mosaïque bretonne*, Rennes, 1893, in-8°). M. J. Loth a rejeté cette hypothèse, *Ns.*, pp. 101 et 129, que rien d'ailleurs ne justifiait. — Saint Pern est un autre personnage aussi (*Ns.*, p. 103). — Sur saint Patern, v. Duine, *Mémento*, n° 29, p. 69.

Vingt paroisses ont été examinées ici :

> Plouaret,
> Plufur,
> Plouzélambre,
> Ploumiliau,
> Ploulec'h,
> Plestin,
> Guimaëc,
> Plougasnou,
> Plouézoc'h,
> Plouigneau,
> Plouégat-Guerrand,
> Plouégat-Moysan,
> Plougonven,
> Plourin,
> Ploujean,
> Ploubezre,
> Plougras,
> Plounévez-Moëdec,
> Louargat,
> Pédernec.

Trois paroisses ont été étudiées à l'occasion d'autres travaux [70] :

> Plounérin,
> Cavan,
> Pluzunet.

On a ainsi un ensemble de vingt-trois paroisses et ce sont là toutes les paroisses primitives de la région. Si l'on met à part Plounévez et Plougras, qui n'ont pas un saint pour éponyme, et Pédernec, pour lequel il ne faudrait pas trop affirmer que son nom comporte un nom de saint, l'on peut remarquer que sur les vingt paroisses qui restent, dix au moins ont pour éponymes des saints qui n'ont fourni leur nom à aucun autre établissement religieux que la paroisse

---

70. Plounérin et Cavan ont des notices dans mes *Six saints* ; Pluzunet fait l'objet d'une étude dans mes *Mélanges d'hagiographie bretonne*, Brest, 1925, in-8°.

dont ils furent jadis patrons". D'autres, saint Miliau, qui donne son nom à trois paroisses, saint Egat qui a un autre Plouagat, saint Rin qui a un autre Plourin et un Lanrin. sont connus par ailleurs.

L'on voit par là que les éponymes des paroisses ne sont pas en général des personnages dont le culte a été très en honneur ; certains sont absolument inconnus en dehors de la paroisse à laquelle ils donnent leur nom. Le culte de ces saints, dans ces paroisses, n'a pu être dû à une importation quelconque puisqu'il n'existe nulle part ailleurs.

Quasi inconnus en dehors de leur paroisse, n'ayant pas de vie écrite, ignorés de la liturgie, ces saints patrons primitifs ont été remplacés par des saints officiellement canonisés et universellement honorés".

Ces constatations indiquent qu'il s'agit de cultes très anciens et absolument locaux; elles seront d'un grand intérêt pour l'étude des débuts de l'organisation chrétienne dans l'Armorique bretonne.

---

71. Pluzunet et Plounérin ont pour éponyme des saints qui ne sont connus que par ces paroisses ; il s'agit ici du Bas-Tréguier, mais l'on pourrait faire la même constatation pour toute la Bretagne ; on peut citer par exemple, pour le Bas-Léon, Ploudalmézeau, Plabennec, Ploudaniel.

72. Je n'insiste pas sur ce fait presque constant de la substitution de saints romains à nos saints nationaux, dont trop étaient inconnus. J'ai étudié plus particulièrement deux faits de ce genre dans mes Six saints, saint Chéron de Chartres venant remplacer saint Garan, patron de Cavan, p. 44 ; saint Théodore venant remplacer saint Tuder à Tréduder, pp. 57 et seq. — C'est surtout la Vierge, saint Pierre et saint Paul qui ont presque partout « déniché » nos vieux saints de paroisses. Pour Plufur, on a vu que saint Florent avait d'abord déniché saint Fur, puis la Vierge avait remplacé saint Florent.

CHAPITRE IV

LES SAINTS EPONYMES DES LAN-

Ce chapitre comprendra les personnages dont on peut
retrouver les noms dans les lieux-dits composés avec le
terme *Lan-* ; il faut à cet égard user de beaucoup de
prudence. M. J. Loth a donné à ce sujet des instructions
très précises :

> Quand le nom composé avec *Lann* est ancien et qu'il représente une
> trêve (*trev*), une chapelle de village, on peut être sûr que le nom
> suivant est un nom de saint dans le très grand nombre des cas.
> La comparaison avec les noms de lieux bretons, corniques ou gallois
> est un autre élément sérieux de conviction. Pour les autres noms avec
> *Lan* comme premier terme, il faut être circonspect ; il se peut que *Lan*
> signifie *lande, ajoncs* (*N's.*, p. 70).

Autrement dit, la certitude existe lorsque le nom de lieu
désigne une chapelle, un ancien prieuré, ou lorsque l'éponyme est connu par ailleurs comme saint. Cependant tel
éponyme d'une *lan* peut être un saint, alors même qu'il n'y
aurait actuellement en ce lieu aucune chapelle et que ce
personnage ne serait pas attesté autre part comme ayant
été un saint : la chapelle et toute trace de culte ont pu
disparaître (il existe ainsi des *Locmaria* qui ne comportent
aucune chapelle) et le saint peut être un saint local complètement ignoré au dehors.

Il importe avant tout de s'assurer que le nom en *Lan-*
désigne un lieu habité. Les lieux habités ont, en général,
des noms anciens qui ne changent pas ; les parcelles de
terres, au contraire, changent assez souvent de nom, selon
le gré des exploitants, parce que leurs noms ne sont connus
que des exploitants. En outre, en Bretagne, où la population
était jadis encore plus disséminée à travers la campagne
que de nos jours, l'on peut être sûr que tous les lieux habités
le sont de vieille date. L'on peut donc rejeter en bloc

les noms en *Lan-* qui désignent de simples parcelles de terre ; certains désignent encore des landes ou terres froides, d'autres désignent d'anciennes landes mises en culture ; il y a toutefois des exceptions ; beaucoup de petits hameaux ont disparu. C'est ainsi qu'un *Lannidy* en Lannéanou, dont il sera question plus loin, ne comporte plus de nos jours aucune habitation, alors que la Carte d'Etat-Major y indique encore une maison[1].

Il ne faut pas oublier aussi que certaines *Lan-* sont d'anciens *Nant-*. *Lantivy* en Saint-Nolf (M.) est un ancien *Nant-Dewy*[2] ; *Lancarré* en Plestin (C.-du-N.) était encore *Nant Caré* au xiv° siècle[3]. *Nant* désigne une vallée, il

---

1. Les graphies avec *Land-*, *Lann-* ou *Lan-*, en un seul mot ou en deux mots, sont intéressantes ; l'on ne coupe jamais en deux les noms anciens, mais on écrit parfois en un seul mot des noms modernes : voici à ce sujet un exemple curieux emprunté à l'état de section de Plestin, pour le cadastre dressé vers 1850 : section F., 325, *Land Feunteuniou* ; 326, *Land coz* ; 327, *Lann seigal* ; 328, Id. ; 329, *Lann bras* ; 330, Id. ; 331, *Lann creis* ; 332, *Lannizellan*. Toutes ces parcelles se suivent ; l'état de section les indique toutes comme des landes ou terres froides, et cependant les graphies diffèrent. Les noms ont un sens, lande des fontaines, lande vieille, lande à seigle, lande grasse, lande du milieu, lande basse (et *lann seigal*, terre froide, n'a rien de commun avec *saint Ségal*, personnage connu, *Ns.*, p. 112). Ces parcelles ont été ainsi dénommées par les fermiers au milieu du xix° siècle, il est fort probable qu'aujourd'hui elles portent d'autres noms ; les notaires et secrétaires de mairie savent que le peuple ignore ces noms d'autrefois que le cadastre a rendus officiels ; au moment des baux ou des déclarations pour le lin, il est très difficile d'identifier les noms déclarés par les fermiers et les parcelles désignées au cadastre, parce que les parcelles n'ont de nom que pour l'exploitant, qui leur prête le nom qu'il veut. Les noms des hameaux et aussi des bois, des rivières, des rochers, des points culminants, connus de tous, sont fixes ; ils ne changent pas, ils sont anciens.

2. J. Loth, in *Rev. celt.*, XXII, 1901, p. 112.

3. J'ignorais cette forme, quand j'ai publié mes *Six saints*, je l'ai trouvée dans des textes que j'ai donnés dans l'article intitulé *Le prieuré de Roc'h Hirglas en Plestin, Soc. d'émul. des C.-du-N.*, LV, 1923, pp. 25-34. A cette époque, j'hésitais encore sur cette forme *Nant caré* ; mais je me range complètement maintenant à l'opinion de M. J. Loth, *Ann. de Bret.*, XXXVI, 1924, p. 146. — Le fait que Lancarré est un ancien Nantcarré n'empêche pas que l'éponyme soit saint Carré, Lancarré est le nom d'une chapelle ; cf. *Pontivy*, en breton *Bondi*, formé avec le mot *Pont*, ce nom comporte le nom de saint Ivy qui avait une chapelle et a encore une rue sous son vocable dans la ville.

n'indique pas un lieu du culte ; l'éponyme ne peut être un saint, à moins que d'autres considérations, la présence d'une chapelle à proximité, ne viennent en apporter la preuve. L'absence de documents anciens empêche de distinguer les anciens *Nant* qui sont devenus des *Lan* ; toutefois, on peut remarquer que l'initiale de l'éponyme, quand c'est une consonne sujette à mutation, n'est pas traitée de la même façon après *Lan-* qu'après *Nant*. *Lan* n'exerce aucune influence sur un nom commençant par *D*, au contraire *Nant* détermine le passage de *D* à *T* ; on aurait *Landivy* avec *Lan* tandis qu'on a *Lantivy* avec *Nant*. *Lan* détermine la mutation de *C* en *G*, alors que *Nant* laisse subsister le *C* : on a *Lan-carré* avec *Nant*, on aurait eu *Langarré* avec *Lan*. La dernière règle n'est pas des plus absolues ; si l'éponyme est connu par un nom de lieu voisin, il se peut très bien que l'on ait continué à écrire le nom qui suit *Lan-*, sans la mutation : en Plouïgneau, il y a un hameau de *Cazin*, et non loin de là un autre hameau de *Lancazin*, quelques rares fois écrit *Langazin* ; la mutation n'a pas été inscrite parce que l'on savait que le second terme était *Cazin* ; ce nom sera étudié plus loin.

En outre, beaucoup de *Lan-* sont suivies d'un adjectif, *coz*, *névez*, *meur*, *bihan*, *bras*, *gwen*, parfois d'un nom commun, *coat*, *illis*, *guern*, *ros*, *bruc*, *aber*, *goas*, *guic*, parfois même d'un nom propre de lieu comme *Landreguer*, qui est la *lan* de Tréguier, *Lanleff* (C.-du-N.), qui est la *lan* de la rivière de la Leff, *Lancolvett*, ancien nom de Locquénolé (F.), dans le Cartulaire de Landévennec (xxxviii), qui est la *lan* du fleuve *Covlut*, actuellement le Queffleut, rivière de Morlaix. Parmi ces *lan*, plusieurs sont des *lan* religieuses ; les *Lan-bruc*. *Lan-ros*, *Lan-voas*, au contraire, ont des chances d'être des terres froides, des landes.

Il faut ajouter enfin que la catégorie des *Lan-* suivies du nom de la paroisse sont les terres vagues, immenses landes autrefois de vaine pâture, et qui portent le nom de la paroisse sur le territoire de laquelle elles sont situées[1].

Ces considérations montrent avec quelle prudence il faut choisir les *Lan-* qui représentent des établissements religieux ; les recherches permettent d'en éliminer beaucoup à

---

1. V. *Six saints*, p. 25, n. 3, et supra l'article Plufur.

coup sûr ; deux exemples de *Lan-*, qui ont été ainsi éliminés, sont curieux.

Il y a en Plouézoc'h, non loin de la côte un ancien manoir de *Lanovert*, et dans l'arrière-pays, en Plounévez-Moëdec, un hameau du même nom. Ces deux lieux-dits étaient intéressants au point de vue onomastique, et la répétition du même nom sur la côte et dans le haut pays ajoutait de l'importance à cet exemple ; il fallait être sûr de la prononciation bretonne. Or le nom de *Lanovert* n'est pas utilisé par le peuple, qui appelle ces deux manoirs, — car ce sont tous deux d'anciens manoirs — *Goas glas*, cette coïncidence était révélatrice, ce sont deux *La Noé Verte*, traduction très exacte du breton *goas glas*[5].

Il existe en Lanmeur une garenne appelée *Goarem Lan Donan*, cadastrée A 522 ; ce nom aurait pu comporter le nom de saint Donan ; or, cette garenne se trouve près de la limite de Saint-Jean-du-Doigt, ancienne trève de Plougasnou, et en ce point de l'ancien territoire de Plougasnou il y avait un village appelé *Le Donnant*, qui est encore une section au cadastre de Saint-Jean-du-Doigt (section C, *Penty-Donant*, *Goarem-Donant*, lande de *Landonant*, etc.) ; tel est aussi le nom de la rivière qui arrose ce village et d'une ancienne frérie indiquée sous la forme *Dounant* dans la réformation de 1543[6], c'est la *profonde vallée*.

Il faudrait une connaissance historique profonde de la région, pour être certain de chacun des noms de lieu ;

---

5. Pour Plouézoc'h, Ogée écrit *La Noé Verte* ; cf. Soc. arch. Fin., 1906, pp. 13; 24 et *seq.*, [LE GUENNEC], *La rivière et la rade de Morlaix*, Morlaix [1912], pp. 83-84. — En Plounévez, le cadastre donne *Lanoeverte, Lanneauverte, La Noe verte* ; les *Arch. dép. C.-du-N.*, E, 2371, 2377, 2386, donnent *Lannovert, Lanoevert, Lanovert, Lannouerte*, aux XVIe et XVIIe siècles. — Il a existé dans le Léon une famille de *Lanouerte* en 1610 (*Soc. arch. Fin.*, 1923, pp. 30 et 33). — QUILGARS signale deux *La Noé-Verte* dans la Loire-Inférieure, Ros. en signale deux dans le Morbihan ; dans les C.-du-N., le château de *La Noé-Verte*, près Kérity-Paimpol, se prononçait *Lanoverte* (FRÉMINVILLE, *Antiquités de la Bret., C.-du-N.*, pp. 121 et 131).

6. Louis LE GUENNEC, *Soc. arch. Fin.*, 1906, p. 273, n. 1. — Cf. un autre *Donant* à la sortie de Taulé, vers Saint-Pol-de-Léon : « combe encaissée et sauvage », [ID.] *La rivière et la rade de Morlaix*, pp. 50 et 42. — Noter en outre que *Lan Donan* est une parcelle de terre et non pas un lieu habité, il s'agit bien d'une garenne.

souvent les documents anciens font défaut ; d'heureux hasards nous ont permis d'éliminer ces deux noms ; ces deux exemples prouvent assez avec quelle prudence il faut s'aventurer en pareille matière, et dans quelles erreurs on peut glisser[7].

L'on trouvera parmi les *Lan-* étudiées ici, une seule qui comporte une chapelle dans laquelle son éponyme est encore honoré ; il est inconnu au dehors. D'autres comportent aussi une chapelle, l'une est devenue paroisse, une autre était une trève avant la Révolution ; mais ces chapelles ou paroisses ont oublié leur patron primitif. Enfin, l'on trouvera des *Lan-* qui sont de simples hameaux sans chapelle : l'éponyme est, pour quelques-unes, connu comme nom de saint en d'autres points de Bretagne, mais l'identification est douteuse, et ces derniers exemples peuvent être eux-mêmes douteux. Il est fort probable que des recherches plus approfondies, si elles avaient la chance d'être fructueuses, permettraient d'éliminer plusieurs de ces derniers exemples.

SAINT-IDY EN PLOUIGNEAU

Il existe à la limite ouest de Plouigneau une chapelle *Saint-Idy*. Le cadastre et la carte d'État-Major écrivent par erreur *Saint-Divy* ; la prononciation ne permet aucun doute, c'est *Sant Didy*, et comme il existe autour de la chapelle un lieu dit *Lannidy* et un hameau de *Trévidy*, la forme sincère de ce nom doit être rétablie, c'est *saint Idy*.

Des pièces des Archives départementales du Finistère mentionnent, à nombreuses reprises, cette chapelle et les villages voisins : le rôle des décimes pour 1749 signale les noms suivants : *Convenant Saint-Didy, mellérie de Trévidy,*

---

7. J'ai étudié tout particulièrement le rôle des Templiers et Hospitaliers qui ont laissé bon nombre de noms de lieu en Bretagne, et après avoir vu l'importance de leur établissement de Louargat, le hameau de *La Luzon* (C.E.-M.) tout près d'une chapelle Saint-Jean, en cette paroisse, et qui m'avait paru une *Lan-*, a repris son sens : L'Aumône, c'est-à-dire l'hôpital ; *aluzon* est la forme trécorroise de *aluzen* (cf. ERNAULT, *Gloss. moy. bret.*, p. 23). — Sur les Templiers, v. *supra* au chapitre II, concernant les *Lochrist* et les *Locjean*, et la n. 23 *in fine*.

parcou Lannidy[8]. Un dossier complet existe sur cette chapelle ; en 1763, elle est appelée « chapelle N.-D. de la Clairettée au village de Saint-Didy » et, en 1783, « chapelle de la Clairetté ou Saint-Didy » ; on voit par là qu'on y avait établi le culte de Notre-Dame de la Clarté, pour le substituer au culte du saint patron, cependant le saint y est toujours honoré. Sa statue le représente ayant sur la tête un chapeau analogue à une sorte de turban ; à la main droite il porte un bâton terminé par une hampe qui ne semble pas être une crosse ; il a un manteau rouge sur les épaules, et foule aux pieds un démon qui tient une pantouffle ou un soulier. Ce dernier attribut fait allusion à un épisode inconnu[9].

Ce saint est l'éponyme d'un *Lannidy* en Lannéanou (F.), dans le même canton de Ploufgneau, à une vingtaine de kilomètres de la chapelle de Saint-Didy. Lannidy était une simple maison qui a disparu au siècle dernier[10].

LANNEVEN, EN PLOUÉGAT-MOYSAN

En Plouégat-Moysan, une frérie portait le nom de *Lanne-ven*[11], et dans cette frérie se trouvait la chapelle, qui subsiste encore, de *Saint-Méen* ; la chapelle était-dédiée conjointement à saint Méen et saint Judicaël[12], comme il est fréquent,

---

8. *Arch. dép. du Fin.*, O. Ploufgneau. — *Lannidy* était une seigneurie possédée par les *Calloët de Lannidy* ; sur cette famille qui a donné un évêque de Tréguier en 1504, v. *Soc. arch. Fin.*, 1907, p. 212 et *seq.*

9. Je tiens ces renseignements de M. Louis Le Guennec. — Pour ces attributs bizarres, cf. saint Ternoc représenté une lanterne à la main dans la chapelle des Récollets, à Landerneau (KERDANET, *Vies d'Albert Le Grand*, p. 221), les attributs populaires de saint Brandan et de saint Marcan (DUINE, *Ss. de Domnonée*, p. 38, n. 7 et p. 51). Pour saint Idy, cela indique que le saint avait une légende, peut-être même un office local, office qui aura été proscrit de bonne heure comme tant d'autres. M. Le Guennec m'a dit que c'était en cette chapelle que les boulangers de Morlaix avaient l'habitude de se réunir ; elle était devenue la chapelle de la confrérie des boulangers.

10. *C.E.-M.* et Cadastre. Ce saint est inconnu par ailleurs. Aucun rapport avec l'éponyme de *Loguidy*, qui ne peut être qu'un Quidy ou Guidy (*Ns.*, pp. 22 et 82).

11. *Arch. dép. Fin.*, O. Plouégat-Moysan en 1672.

le moine et le roi son protecteur ; on y priait saint Méen
pour la guérison des maladies de peau, la gale en particulier ;
c'est la thérapeutique constante de ce saint.

Sur le territoire de la commune de Bégard, dans l'ancienne
paroisse de Botlézan, il y avait une trève de *Lanneven*, dont
le patron était aussi *saint Méen*. Le saint y était prié pour
les maladies de peau et plus particulièrement pour la lèpre ".
La chapelle existe encore. Le saint est appelé *Min* ou *Minic*
et il intervient dans les légendes locales, comme oncle de
saint [I]dunet, patron de la paroisse voisine de Pluzunet ".

Phonétiquement, *Meven*, ou *Mern*, peut être l'éponyme de
ces deux *Lannéven* ; le passage de *m* à *n* après *Lan--*, est
attesté par plusieurs exemples " ; en ce cas, ce saint *Meen*
n'aurait rien de commun avec le saint Méen, patron actuel
des chapelles, personnage historique bien connu qui vivait
au VII° siècle, et dont le culte a pris un grand développement
bien après l'époque des noms de lieu en *Lan-*. Le moine fondateur de l'abbaye de Saint-Méen de Gaël (I.-et-V.), a été
substitué un peu partout au vieux prêtre missionnaire
éponyme de la paroisse de *Ploéven* (F.), dont le nom est
Ploemeguen en 1468 ", et peut-être de quelques *Lannéven*.

Mais les *Lannéven* peuvent aussi comporter le nom bien

---

12. *Soc. arch. Fin.*, II, p. 76, en 1681 : 1913, p 37, en 1668. — Ces
deux saints sont honorés conjointement depuis longtemps ; en 1032,
dans l'évêché de Dol, on trouve une église *sancti Mewen Judichel*.
DOM MORICE, *Pr.*, I, 372. — Sur cette chapelle, v. QUINIOU, *Histoire d'une
commune bas-bretonne, Plouégat-Moysan*, Morlaix, 1923, in-12, p. 17.
(La forme *Ploméguen*, en 1468, ne concerne pas la chapelle en Plouégat,
mais la paroisse de Ploëven (F.) ; elle est donné par la *taxatio benefi-
ciorum Cornubiæ* en 1468).

13. DU MOTTAY, *Géogr. dép. des C.-du-N.*, p. 451 ; *C.E.-M.*

14. V. la *gwerz sant Igunet*, in *Ann. de Bret.*, VII, p. 104.

15. *Lanorven* = *Lan Morven*, *Ns.*, pp. 75 et 96 (cf. toutefois le vieux
nom *Orven, Chresto.*, p. 223) ; *Lanorgant* = *Lan Morgant*, *Ns.*, p. 96 ;
Lannouan, *Ns.*, p. 98, peut contenir *Movan*, *Ns.*, p. 96 ; cf. *Trémoan* en
Beuzec-Cap-Sizun (F.) (*P.T.T.* et *C.E.-M.*), et *Trévoan* en Le Cloître (F.)
(*P.T.T.*) ; *Lannuzon* en Scrignac, *Ns*, p. 67, peut contenir *Muzon*,
cf. *Trémuzon* (C.-du-N.), et *Trémuzon* en Loudéac (*C.E.-M.* et *P.T.T.*),
Trémuzon en Saint-Gonnery (M.) (Ros.) ; *Lannorgat* en Tréflaouénan (F.)
(*C.E.-M.*) peut être *Lan-Morgat*.

16. *Ns.*, p. 93.

R. L.   6

connu dans l'onomastique bretonne de *Neven*[17]. Il a existé un saint de ce nom, qui possède encore une chapelle en Ploumagoar (C.-du-N.), dite *chapelle Saint-Névin*, au hameau de *La Rue-Saint-Neven*[18]; *Saint-Méen* (F.), ancienne trêve de Ploudaniel, était jadis *Saint-Néven*, avant que le saint primitif n'ait été remplacé par saint Méen[19].

Il se peut qu'on doive interpréter aussi nos *Lanneven* comme d'anciens *Lan-Even*; il y a en effet un saint *Even*, personnage difficile à reconnaître, sous lequel se cachent bien des noms et qui, de plus, a été confondu avec saint Yves. Il existe en Plestin une chapelle *Sant Deuen, Sand Euen*, que tous les actes ont toujours écrit Saint-Yves. Les seigneurs de Kervidonné s'en disaient fondateurs, cependant elle appartenait à la paroisse; la chapelle était en ruines depuis longtemps; on voyait encore la pierre d'autel à l'emplacement de la chapelle, quelques années avant la guerre; la fontaine subsiste sur le bord de la route. Pour ce personnage, il n'y a aucun doute, la prononciation *Euen*, indique un ancien *Eozen, Euzen* sans rapport avec le nom de l'éponyme de nos *Lanneven*[20].

Mais saint Even est attesté : il est fort probable qu'il représente les anciennes formes *Ewen* et *Ewin*, il est l'éponyme de *Plévin* (*Ns*, p. 41), canton de Maël-Carhaix (C.-du-N.), zone bretonne, peut être de *Pléven* (C.-du-N.), canton de Plancoël, zone française. Il existe un *Loguéven* :

---

17. *Ns.*, p. 97 ; cf. *Kernéven* en Ploméllin, *Kernéveno* en Plourin-Léon, *Lesnéven* en Ergué-Armel (F.) (*C.E.-M.*), *Rosnéven* en Bulat-Pestivien (C.-du-N.) (*P.T.T.*). DE LA PASSARDIÈRE cite *Lesnéven* en Poullan, *Rosnéven* en Plouénan (F.), *Guernéven* en Plougras (C.-du-N.) (*Echo paroissial de Brest*, 19 juillet 1908).

18. *C.E.-M.* ; *Géogr. dép. C.-du-N.*, p. 444.

19. DE LA PASSARDIÈRE, *loc. cit.*, d'après un acte de 1478 (Archives départ. L.-I., B. 1702).

20. Sur ce nom, v. *Ns.*, p. 39. M. J. LOTH cite *Saint-Bozen* en Rosnoen et *Saint-Yozen* en Poullaouen ou en Plounévézel (p. 66), paroisse limitrophe (je crains que ce ne soit la chapelle *Saint-Idunet* en Plounévézel, prononcé *Yonet* et mal transcrit). — Sur les formes du nom de saint Yves, v. J. LOTH, *Chresto.*, pp. 129, *Les mots latins*, pp. 161 et 218 ; ERNAULT, in *Rev. celt.*, XXXV, 1914, p. 473 et seq. — Dans le Tréguier, saint Yves se dit toujours *Erwan, Ervoen* ; la confusion entre *Euen* et *Yves* n'aurait été que littéraire. — Notons qu'il semble bien avoir existé un saint *Teozen*. Il y a en Le Drenneo (F.) une chapelle de *Landouzan*, ou *Landéozen* (*Soc. arch. Fin.*, 1909, p. 151). —

Log Even en Plouhinec (F.) (*Ns*). L'église de la Malhoure (C.-du-N.), zone française, est dédiée à un *saint Event*, prêtre et martyr [20]. En Plonévez-Porzay (F.), une chapelle, maintenant ruinée, était dédiée à *saint Even*, ermite ; la fontaine a subsisté, et la statue, qui ne comporte pas les attributs habituels de saint Yves, a été transférée à Kerlaz [21]. En Plouvorn (F.), la carte de Cassini indiquait un village de *Saint-Even*, la carte d'Etat-Major donne *Santeven*. En Bégard, où nous avons trouvé une chapelle de Lannéven, il y a à l'autre extrémité du territoire une chapelle *Saint-Evant*, *Saint-Evans*, *Saint-Evence* ou *Saint-Dévan* [22].

L'on voit par cet exemple les difficultés insurmontables qu'offre l'étude de certains noms de lieu. Il est impossible de rétablir le nom du personnage qui entre dans la composition de ces deux *Lannéven* ; au surplus, si le problème était résolu pour l'un, il ne le serait pas nécessairement pour l'autre ; c'est ainsi qu'il existe un autre *Lannévain* (graphie française) en Clohars-Carnoët (F.) [23], pour lequel rien ne permet non plus de se prononcer. La tâche n'est pas aisée, et pourtant il ne s'agit que de rétablir un nom, le problème est purement problème d'onomastique. Il n'est pas question du personnage. Ce personnage, lui, est inconnu ; il se peut même que plusieurs aient porté le nom que l'on ne parvient pas à identifier.

LANVELLEC

Lanvellec est une petite commune du canton de Plestin ; ce n'est pas une paroisse primitive, son nom en *Lan-* l'indique ; au surplus c'était avant le Concordat, une enclave de Dol, et les enclaves ne sont jamais des paroisses primitives. Il s'agit d'une *lan*, qui est devenue un établisse-

---

En ce qui concerne saint *Even*, Il ne faut pas le confondre avec un saint *Téven*, éponyme de *Landéven* en Lahuec (C.-du-N., C.E.-M.), qui n'est d'ailleurs pas le même que l'éponyme de *Landévan* (M.), v. *Ns*., pp. 31 et 131, s. v. *Dévan*.

21. *Géogr. dép. C.-du-N.*, p. 160.

22. *Soc. arch. Fin.*, 1909, p. 360 ; *B.C.D.*, 1915, p. 17.

23. La première forme est celle de la *Géogr. dép. des C.-du-N.*, p. 451 ; la seconde, celle de la carte d'Etat-Major et du Cadastre de 1849 ; les deux dernières, celle du Cadastre de 1817.

24. *Ns*., p. 41

ment monastique important, qui a été rattachée à Dol, et dont on a érigé le territoire en paroisse.

L'éponyme est un saint *Maeloc*, nom qui a été très répandu dans l'onomastique bretonne, et qui a pu être porté par plusieurs saints ; ce nom se trouve dans deux paroisses, *Plumeleuc* (I.-et-V.) et *Plumelec* (M.), et dans de nombreux lieux-dits ; on le retrouve comme nom de saint en Galles [25].

Le patron actuel de la paroisse est saint Brandan, honoré sous la forme *Brévala* [26].

LANNÉANOU

Lannéanou est une toute petite commune située dans la montagne, au sud de Plougonven .C'était, avant le Concordat, une trêve de Plouïgneau. La forme ancienne est *Lan Léannou* ; M. J. Loth a donné sur ce nom, la notice suivante (*Ns.*, p. 79) :

LEANOU : *Lan-néanou* pour *Lan-Léanou* (Fin.) qui est la forme ancienne. — GALLES, *Llan-lelanau* en Mon (Jones, *Cymru*, I, 91).

M. Gourvil a étudié ce nom dans *Moues ar Vro* du 30 janvier 1920, et le rapprochait du nom d'un village de *Kerléano* en Brech (M.) ; ce *Kerléano* était jadis un prieuré, sous le vocable de Notre-Dame, qui relevait de l'abbaye Saint-Sulpice de Rennes. Un compte de 1330 mentionne le *prior de Leanou prope Elraium*. Tout indique que ce prieuré de *Ker-léanou*, dont le nom n'était pas encore, en 1330, fixé définitivement comme nom en *Ker-*, comporte un nom de saint [27].

---

25. *Ns.*, p. 85 ; ajouter *Saint-Méleuc* en Pleudihen (C.-du-N.), zone française (C.B.-M.). — Sur ce personnage, v. DUINE, *Memento*, n° 169, p. 153.

26. Voyez mon article : *Saint Brévara, Brévalaire ou Brandan*, in *B.C.D.*, 1924, p. 271 et *seq.*

27. LE MENÉ, *Hist. des paroisses du diocèse de Vannes*, I, p. 100 ; LONGNON, *Pouillés de Tours*, p. 315 ; Pouillés publiés à la suite du Cart. de Redon, p. 494. — Ce dernier ouvrage, pp. 540 et 543, cite un prieuré de *Lauléanou* en Cornouaille ; ce n'est pas *Kerléano* qui est dans l'évêché de Vannes, ni notre *Lannéanou* qui est dans le Tréguier, mais à la limite de la Cornouaille ; il doit y avoir une erreur. — Sur le nom de *Léanou*, cf. deux villages, *Le Grand* et *Le Petit Léanou* en Fouesnant (F.) (C.B.-M.), *Léanou* en Bignan, et ruisseau en Malgué-

Il existe en Plougasnou, un petit village de Trévénanou (cadastre et *C.E.-M.*) ; ce nom parait être un ancien *Tref-Lenanou* ; il n'y a, en effet, aucun autre moyen d'expliquer cette forme, puisqu'on ne connait pas de nom d'homme en *Enanou*, *Menanou* ou *Guenanou* ; on aurait, là, le point côtier correspondant à Lanléanou qui est l'établissement du haut pays.

Le patron actuel de la paroisse est saint Jean ".

LANLEIA EN PLOUIGNEAU

Il existe en Plouïgneau, à la limite de Plouégat-Guerrand, dans une vallée, une vieille chapelle assez spacieuse, auprès d'un moulin féodal ; le hameau porte le nom de *Lanleïa*, la chapelle est actuellement dédiée à saint Nicodème, qui y a une statue avec sa bourse, les tenailles et les clous. La chapelle était dédiée jadis, dit-on, à saint *Vodan* ou *Maudan* qui aurait été confondu avec saint Maudez, patron de la chapelle voisine de Langonaval " ; ces deux personnages, saint Nicodème et saint Maudan, auraient remplacé l'éponyme primitif complètement oublié.

Les anciens titres écrivent *Lanleya* " : on trouve en 1427,

---

nao (M.) (Ros.), Kerléanou en Saint-Yvi (F.) (*C.E.-M.*), en Caudan, en Pluvigner (M.) (Ros.) ; Tresvaux, *Vies des saints*, IV, p. 173, cite une seigneurie de *Kerléano* en Cornouaille.

28. *Soc. arch. Fin.*, 1913, p. 36 ; ce saint a été introduit dans la chapelle sous l'influence des Hospitaliers ; la commanderie de la Feuillée avait, en effet, des possessions en Lannéanou (G. DE Corson, *op. cit.*, p. 9). — La vie latine de saint Mélar fait allusion à un lieu-dit *Curia Montallium*, qui, très certainement, doit être identifié avec Lannéanou ; mais il y a bien des difficultés à cette identification : *curia* traduit généralement le breton *les* = cour : *lean*, dont le pluriel est *leaned* (et non *leanou*) signifie moine ; son féminin est *leanes*, dont le pluriel est *leanezed* ; quoiqu'il en soit, Lannéanou est sur l'antique voie de Carhaix, et l'identification ne laisse aucun doute pour beaucoup de raisons ayant trait à la *villa Melorii*, aux traditions orales sur ce saint et à la topographie du culte ; cette identification est de Le Men, mais Dom Plaine, en la reproduisant, a fait erreur dans sa publication de la *vita Melorii* in *Analecta Bollandiana*, V, 1886, p. 171, n. 1.

29. *Soc. arch. Fin.*, 1913, p. 27.

30. *Soc. arch. Fin.*, 1903, p. 98.

dans le procès-verbal de la réformation de la noblesse de Lanmeur, paroisse limitrophe, un « *Pierre Lanleya horz du pays* »[31], il est certain que cet écuyer portait le nom de notre hameau. Les formes anciennes sont donc identiques à la forme actuelle. L'éponyme ne se retrouve pas comme nom de saint, mais il existe un lieu dit *Kerleya* en Fouesnant (F.)[32].

LANGONAVAL EN PLOUIGNEAU

La carte d'État-Major indique une chapelle au village de *Langonaval* en Plouïgneau. La chapelle a été vendue comme bien national, le 29 floréal an III, et on la désigne alors sous le nom de Langonaval ; c'était jadis une seigneurie[33]. La chapelle subsiste toujours, elle est sous l'invocation de saint Maudez et c'est sous le nom de Saint-Maudez qu'elle est désignée au cadastre : A. 505, *Chapelle Saint-Maudez et son cimetière*.

La présence d'une chapelle dans une *lan* ne permet aucun doute ; l'éponyme est bien un saint, il est l'ancien saint de la chapelle, et on lui a substitué saint Maudez. Ce saint *Conaval* est inconnu par ailleurs. Il ne semble pas que l'on soit en droit de l'identifier avec *saint Conval=Conwal;* il est difficile d'admettre qu'un même nom ait évolué de façon si différente[34].

---

31. *Arch. dép. Fin.*, O. Plouïgneau.

32. *C.B.-M.* Cf. le roman de KÉRATRY, *La baronne de Kerleya*, Paris. 1843, in-8°. — Les *P.T.T.* donnent en Plouïgneau *Lanleya* et *Lanlaya*. Il y a erreur, il n'existe qu'un *Lanleya*. — La chapelle appartenait à la paroisse et a été vendue comme bien national le 7 floréal, an III (*Arch. dép. Fin.*, Q8, n° 358).

33. *Arch. dép. Fin.*, O. Plouïgneau, en 1763.

34. A côté de la chapelle Saint-Maudez se trouve un petit oratoire en bois dédié à Notre-Dame de la Délivrance ; on y prie la Vierge pour qu'elle délivre les malades qui traînent en langueur. — Les *P.T.T.* donnent *Langona* qui n'existe pas ; c'est une cacographie — Sur ce saint, v. *Ne.*, p. 27 (en corrigeant une erreur de l'imprimeur . Planguenoual en Saint-Brieuc, lire *Év.* = évêché de Saint-Brieuc). et DUINE, *Memento*, n° 61. p. 82. — La chapelle en Penvénan est sur la *C.B.-M.* : *Saint-Gonéval :* ce saint est *saint Cunwal*, dont la vie latine a été publiée par OUBIX, *Rev. cell.*, 1911. — En dehors des renseignements

LANNELVOEZ EN PLOUIGNEAU

La carte d'État-Major indique un village du nom de *Lannelvoez* en Plouïgneau. Des pièces de 1749-1750 des Archives départementales du Finistère (G. Plouïgneau) portent *Lanelvoeys*, *Convenant Lanelvoie*, *Lannelvoie* et *Lanelvoës*. Il est facile de reconnaître ici le nom de saint Alvoez, déjà étudié par M. J. Loth, *Ns.*, p. 10 :

ALVOEZ (saint), en 1420) : *Algouez* en 1461, auj. Saint Aloué en Lignol. La forme Saint-Elvoez de 1433 (Rosenweig, *Dict. top. du Morbihan*) est à remarquer. La prononciation actuelle est en faveur de *Al-we* = *Al-wed*, mais il y a eu sûrement échange dans plusieurs noms entre *Al-* et *Ael-*. Aussi peut-on rapprocher avec vraisemblance *Llan Elwedd* en Radnorsshire[13].

----

donnés par MM. Loth et Duine, cf. *Trégonval* en Saint-Servais (C.-du-N.) et *Coatconval* en Pleyber-Christ (F.) (*C.E.-M.*), cf. et. le saint *Congal*, archidiacre de Drennalus, dans la vie de saint Clair par Albert Le Grand. Sur Planguenoual, cf. *Saint-Denoual*, commune à 15 kil. à l'est de Planguenoual, et un lieu-dit *Guinguenoual*, non loin de Saint-Denoual (*Répert. archéol. C.-du-N.*, p. 445). Planguenoual ne peut s'expliquer par *Plebs-Conwall*, Guinguenoual l'expliquerait plutôt ; cf. *Denoual*, point culminant en la Harmoye (C.-du-N.) (*C.E.-M.*). — Saint Convel = *Cuno maglos, est un personnage tout différent : chapelle côtière en Landunvez (F.) (*C.E.-M.* et *Soc. arch. Fin.*, IV, p. 26 et 1907, p. 206) ; chapelle ruinée à *Trégonével*, en Saint-Goazec (F.), canton de Châteauneuf (*Soc. arch. Fin.*, 1910, p. 168) ; *Trégomac'* en 1428, devenu Saint-Caradec-Trégomel (M.) (Ros.). — L'éponyme de *Plougonvelin* (F.) me semble être le même nom avec le suffixe *-en* (cf. *Saint-Primel*, patron de *Primelin*, F.) ; l'éponyme de *Plougou-melen* (M.) est peut-être un autre personnage (*Ns.*, p. 28, *Chresto.* p. 199, n. 6) ; cf. *Kergonvelen* en Plourin-Tréguier (*Ventes biens nat.*, *Arch. dép. Fin.*). — *Conval* et *Convel* sont, à l'occasion, on l'a vu, écrits *Connoval*, *Connovel*, mais jamais *Conaval* ou *Conavel*, Conaval est une forme différente ; je ne trouve pas d'explication. Si l'on avait eu une graphie *Langonavald*, on aurait pu songer au nom *Cunawall* du Cart. de Redon, p. 120 en 830.

35. V. J. Loth, *Chresto.*, p. 232 et n. 10. Il y a eu confusion en Lignol avec un autre nom : *Rest-Arzaelben* en 1477, devenu *Restaloué*. Cf. *Kerdalhué* en Gestel et en Guidel (M.) (*C.E.-M.*), *Kerdalué* en Plouay (M.) (Ros., la *C.E.-M.* donne *Kerdalhué*) qui correspond au nom de famille, autrefois *Kerdélehurz* (Pont-scorf, baptêmes, 1592 et *sq.*), *Kerdalhué* et *Guerdalhué* (Arzano, bap., mar., sép., 1715, 1716), actuellement *Kerdalhé* (Arzano, liste élect., 1912). — Quant à l'*ecclesia Sti Aeluuodli* du Cart. de Redon, p. 227, en 916, c'est la même que l'on

Le même nom, porté par un laïc, se retrouve dans *Lézalhoué* en Nostang (M.), *Leselvoez* en 1385, *Leselgoez* en 1423, *Lesalvoez* en 1505[35].

CAZIN ET LANCAZIN EN PLOUIGNEAU

Ce sont les noms de deux hameaux voisins, indiqués sur la carte d'Etat-Major. Cazin est un nom de saint connu ; M. J. Loth a donné à ce sujet la notice suivante (*Ns.*, p. 20) :

CAZEN (saint) : *Langazen* en Trémaouézan (F.). — GALLES : *Llangathen* en Carmarthen. Le Cantref de *Cathetntog* lui doit son nom. La fête était célébrée le 17 mai. (Rees, *Essay*, 280).

----

retrouve dans les pouillés de Tours publiés par Longnon, au diocèse de Nantes, doyenné de la Roche-Bernard, *Sanctum Elmodium* en 1287, *ecclesia sancti Elvodii* en 1330, et à la fin du xv° siècle, *ecclesia sancti Elvodii alias Sanctus Dolay* (pp. 259, 264, 270 et 289). L'identification géographique est certaine. Il s'agit de Saint-Dolay (M.) ; quant à la forme Dolay, elle paraît sincère ; il y a un hameau *La Ville Dolais* en Quédillac (I.-et-V.) (*P.T.T.*). Sur le nom de saint Dolay, voir un très long article du Vicomte LE GOUVELLO, in *Revue Morbihannaise*, II, 1892; p. 171 et *seq.* — Sur ce même nom, cf. *Saint-Lalué* en Iguiniel, paroisse voisine de Lignol (Ros. et *C.R.-M.*), *Tréalvé* en *Saint-Avé* (Ros.), voir *Ns.*, p. 38, s. v. *Elvez*, et cf. chapelle de la Trinité à *Clec'helvez* en Kergloff (F.) (*C.R.-M.*) = Creo'h-Elvez. Il existe un *Lanalhuezen* en Tréflez (F.) (*C.R.-M.*) qui, avec la désinence -*en*, est à rapprocher de ces formes, à moins qu'il n'y faille voir *Lan* + *Maelhuethen*. Il est fréquent que *m* devient *n* après *Lan-* ; *Maelhuethen* est nom d'homme dans le Cart. de Redon.

36. Je n'ose rapprocher *Guernalvez* en Plourac'h (C.-du-N.) (*C.R.-M.*), qui peut être *Guern-C'halvez*, ni le nom de famille *Evaouez*, cité en 1764 (*Furet. bret.*, I, p. 30). — Ce qui est bizarre, c'est la présence de noms semblables commençant par *d* : M. J. Loth cite, p. 38, la forme *Delvouez*, conservée dans *Bren-Delvouez*, en Brelès (F.) (*C.R.-M.*). Il existe un nom de famille *Dalvoet*, Landéda (F.), liste élect., 1902, qui peut être rapproché des -*Dalhué* ci-dessus, sans que son étymologie soit certaine (*Tal-houel*, toutefois, n'est pas à supposer). — L'on est tenté de réunir en une seule forme les formes *Alvoet* et *Dalvoet*, ce qui expliquerait *Saint-Dolay*, si bizarre, le *Rest aloué* en Lignol, non loin de *Saint-Aloué* (la ferme *Rest-dezaelbeu* en 1477 étant certainement une cacographie pour *Rest-daelheuez*) ; mais c'est là une chose bien audacieuse et que rien ne justifierait. Dans ces formes, il se trouve d'ailleurs beaucoup de noms formés avec le vannetais *er-hlué* = le haut, *d'er-hlué* = d'en haut. v. ERNAULT, in *Rev. celt.*, XXXVII, 1917-19, p. 70, n. 1.

On aurait en Plouïgneau un premier nom de lieu constitué par l'éponyme seul, et à côté un second nom de lieu composé avec le terme *Lan-* ; il en est résulté que l'éponyme a continué à être connu dans sa forme pure et que de ce fait la mutation de l'initiale n'a pas été écrite dans le nom composé *Lancazin*, bien qu'en réalité on prononce *Langazin* ; la situation de *Lancazin* n'autorise d'ailleurs pas à y voir un ancien *Nant Cazin*, ce hameau est sur une hauteur[37].

L'on retrouve le nom de *Cazin* comme nom de famille, non loin de Plouïgneau, à Lanmeur (reg. de bapt., mar. et sép., 1602-1635). C'était le patronymique d'une famille noble qui ne possédait pas Cazin. Les seigneuries de cette famille sont fréquemment énumérées, *Plaç ar Guer, Ros an gavoet* en 1553[38] ; aussi, l'on ne saurait supposer que cette famille ait donné son nom à la ferme de Cazin et à Lancazin ; Lancazin ne peut d'ailleurs être interprété comme étant la lande de la ferme de Cazin, puisqu'elle est séparée de cette ferme par une vallée assez profonde. Il serait plus juste de supposer que les Cazin auraient emprunté leur nom au nom de lieu, et ceci parait d'autant plus probable que ce nom de famille n'a existé qu'en Lanmeur et a disparu avec cette famille[39].

L'on peut conclure que Cazin et Lancazin sont deux noms de lieu à l'intérieur de la même paroisse, qui rappellent saint Cazin, connu en dehors par la *Langazen* en Trémaouézan, canton de Landerneau (F.), et honoré jadis en Galles[40].

---

37. Le cadastre de Plouïgneau, dressé en 1838, indique deux fermes du nom de Cazin, au même hameau, et une ferme *Lancazin*, C. 1191, 1192, avec un champ *Goarem Langazin*, C. 1195 ; dans ce dernier nom la mutation est inscrite. Le nom *Lancazin* est toujours écrit en un seul mot, ce qui indique que c'est un nom géographique complètement figé, dont les termes qui le composent n'ont plus aucune valeur séparée.

38. *Soc. arch. Fin.*, 1910, p. 55.

39. Je n'ai retrouvé ce nom de famille en aucun autre point de Basse-Bretagne, ce qui me fait dire que c'est très certainement un emprunt au nom de lieu.

40. Tout ce qu'on pouvait savoir sur ce personnage a été résumé dans Abbé Mével, *Notice sur Trémaouézan*, Brest, 1924, in-18, p. 17.

LANHOURIN EN PLOUGONVEN

Il existe en Plougonven, à deux kilomètres de la limite de Plourin, un village du nom de *Lanhourin*[41] ; ce village est à la source d'une petite rivière, il est fort possible qu'il y ait eu là une chapelle, et jadis un ermitage.

L'éponyme de cette *Lan-* est très certainement le même personnage qui donna son nom à la paroisse de *Gourin* en Cornouaille, actuellement dans le Morbihan. La forme ancienne du nom de cette paroisse nous est connue par la pièce XIX du Cartulaire de Landévennec, qui écrit *Gururoain* ; au XIII° siècle, on trouve *Gorbrein* ou *Gorvrein*[42].

LANSALUT EN PLOUÉZOC'H

Lansalut est un petit village en Plouézoc'h, sur la côte, non loin de la chapelle de Saint-Conven. En tout autre pays, on serait tenté d'y voir le souvenir d'un *salut* inespéré, obtenu par des naufragés qui auraient heureusement touché terre en cet endroit ; mais nous ne sommes pas en pays de langue française et un événement de ce genre aurait pu donner une chapelle *Notre-Dame-du-Salut*, mais non pas une *Lan-salut*. Il y avait en Crozon (F.) une chapelle, déjà ruinée en 1804, qui était dédiée à *Notre-Dame de Port-Salud*[43] ; c'est là un titre que l'on donne à la Vierge ; on connaît *la Trappe de Port-Salut* en Entrammes (Mayenne) et *Port-Salut* en Longueil-Sainte-Marie (Oise) ; ici, au contraire, il n'y a aucune chapelle à la Vierge, et une

---

41. Cadastre, J. 569. — *C.E.-M.*

42. LONGNON, *Pouillés de Tours*, pp. 300 et 305 ; LA BORDERIE, *Recueils d'actes inédits*, p. 301. — Aucun rapport avec l'éponyme de *Plourin*, qui est saint Rin, voyez *supra* notre article sur cette paroisse. — La finale *-in* se confond souvent avec la finale *-on* (cf. le nom de famille *Gourmelin*, *Gourmelon* et *infra* l'article sur *Saint-Sourin*, *Saint-Souron* en Plougonven) ; cependant il ne semble pas qu'on puisse identifier *Gourin* avec l'éponyme de *Lannouron* (*Ns.*, pp. 48 et 135), cf. *Tréouron* en Plonéour-Lanvern (F.) (*P.T.T.*) et en Plouguerneau (F.) (*C.E.-M.*). — *Gourin* est sous l'invocation de saint Pierre et saint Paul.

43. *Soc. arch. Fin.*, 1910, p. 171 ; *B.O.D.*, p. 98.

chapelle à la Vierge sous le vocable de *Notre-Dame-du-Salut*
serait relativement récente, il en aurait subsisté des traces
et elle ne se serait pas appelée *Lan-Salut*.

Il existe en ce point une légende très curieuse, rapportée
par M. Louis Le Guennec [44]. La duchesse Anne, se rendant
de Morlaix à Saint-Jean-du-Doigt, aurait été attaquée en cet
endroit, par une bande de pirates, elle ne dut son *salut*
qu'à quelques paysans qui accoururent et chassèrent les
brigands. En récompense, la duchesse aurait fait construire
un manoir en ce lieu, et aurait annobli les paysans, qui
prirent le titre du manoir nouvellement construit et devinrent
des *Le Gac de Lansalut*. Tout ceci ne paraît être qu'une
légende ; il est fort probable que des recherches établiraient
que le manoir ou la terre noble de *Lansalut* est bien antérieure à la duchesse Anne ; quoi qu'il en soit, la duchesse
n'aurait pas récompensé de cette façon ses sauveurs et
encore moins créé un nom de lieu en *Lan-Salut*.

Ce *Lansalut* est côtier, il n'est pas sur un chemin qui
conduit à un lieu de pèlerinage et il ne peut être question
de lui donner pour étymologie celle des nombreuses *Kroaz
ar Salut* qui désignent les calvaires situés sur des hauteurs
d'où l'on aperçoit le lieu de pèlerinage et où les processions
s'arrêtent et chantent l'*Ave Maris stella* [45]. En outre, c'est
un lieu habité, et anciennement habité, puisqu'il comporte
un manoir.

Lan-salut paraît composé avec un vieux nom breton qui

<hr>

44. *Excursion en Plouézoc'h*, *Soc. arch. Fin.*, 1906, p. 33. — *Lansalut*
est donné par la *C.E.-M.* .

45. Il y a une *Croas ar Salud* en Lanmeur (F.) (*Soc. arch. Fin.*, 1903,
p. 81 ; cf. Cadastre D. 174 : *Parc Salut*). cf. en Pleumeur-Gautier,
la Croix du Salut, « parce que, du lieu où elle est placée, on aperçoit
l'église du Minihy », nr MOTTAY, *Rép. arch. C.-du-N.*, p. 201. Il y a
d'ailleurs beaucoup de lieux-dits « *Le Salut* » en Bretagne : ainsi, en
Plouigneau (F.), cadastre, J, 1308 et *seq.*, *Parc ar Salut*, *tosta*, *creis*
et *pella* ; en Plestin, le plan cadastral porte un lieu-dit *Le Salut*, sur
le chemin des nouvelles écoles. Ros. mentionne six *Le Salut*, une *Croix
du Salut* et une *Anse du Salut*. Il faudrait examiner séparément chacun
de ces lieux-dits ; il se peut que certains aient une autre étymologie. —
Sur cette pieuse coutume, v. le dessin d'Olivier Perrin, dans *Breiz-Izel,
Vie des Bretons dans l'Armorique*, seconde édition, Quimper, 1918,
in-8°, p. 297.

a disparu, *Salud*, mais que l'on rencontre avec les suffixes
-*en* et -*ou* : *Saluden* et *Saluten* dans le Cartulaire de Landévennec ; ce nom est donné aussi plusieurs fois dans le
Cartulaire de Quimperlé [46] et était porté au xvii° siècle par
un des auxiliaires du P. Maunoir, *Nicolas Saluden de Trémaria* [47]. Il existe par ailleurs un *Kersaluden* (C.E.-M.) en
Plourin-Tréguier (F.). Quant au nom *Saludou*, il est encore
nom de famille à Belle-Isle-en-Mer et il existe un *Lansaludo*
(C.E.-M.) en Guiler et en Plogastel Saint-Germain (F.) [48].

Il semble bien que notre *Lan-salut* doive être rapproché
d'un *Lansalot* en Saint-Pol-de-Léon, cité par J. Loth
(*Ns.*, p. 111) : « Lansalot en Saint-Pol-de-Léon. Il y a lieu
de se défier de cette graphie. Cf. *Lansaloes* en Cornwall
(Oliv., *Mon.*, p. 440) pour *Lansaloet* ». *Lansalut* en Plouézoc'h,
Lansalot en Saint-Pol-de-Léon et *Lansaloet* en Cornwall.
ont certainement le même saint comme éponyme [49].

---

46. Ce cartulaire donne aussi un *Salus*, mais ce nom peut être autre
chose, cf. *Kersalous* dans Ros.

47. Sur cette famille, v. *Soc. émul. C.-du-N.*, 1908, p. 61. On a
écrit par erreur *Saludem*, *Soc. arch. Fin.*, 1910, p. 146. — *Saluden* est
encore nom de famille à Plougourvest, *Soc. arch. Fin.*, IV. p. 36. —
Cf. en 1745 le nom de famille *Le Baillif de Porzsaluden* (*Soc. arch. Fin.*,
1915, p. 133).

48. *Soc. arch. Fin.*, 1912, p. 162, à une altitude de 92 mètres : « l'on
s'explique la dénomination de *Lansaludou*, qu'on lui applique, car, de
là, on peut saluer le clocher de Pouldergat, puis ceux de Ploaré,
Poullan, Confors et Beuzec-Cap-Sizun ». Je ne crois pas que telle soit
l'étymologie de ce nom, car c'est un lieu habité et non une lande ;
le nom est probablement antérieur à la construction de ces clochers
et aucune procession ne passe par là pour *saluer* les clochers. —
J'ai relevé le nom de famille *Saludou* sur la liste électorale de Belle-Ile-en-Mer, 1912.

49. Les *Ns.*, p. 114, s. v. *Sanett*, donnent *Lansolet* en Plougasnou,
c'est une erreur d'imprimerie. — Sur le *Lansonett* du Cart. de Landévenneo, xix, cf. *Lanzonnette* (Ros.), *Landzonette* (C.E.-M.) en Lanvénégen (M.).

LANGANEN EN PLOUNÉVEZ-MOËDEC

M. J. Loth, *Ns.*, p. 17, donne l'article suivant :

CANEN : *Lan-Ganen* en Plounévez-Moëdec (C.-du-N.). — GALLES : *Llanganen* et aussi *Llan-ganten* en Brecknockshire. On peut arriver en Galles, de Canten a Canhen et Cannen, mais il me paraît probable qu'il y a eu ici confusion. Les deux formes existent. A côté de *Lan-ganen*, l'onomastique bretonne présente *Roz-e-ganten* en Ploerdut (Morbihan).

L'on prononce *Langanen*, ce qui indique que nous sommes devant *Lan + Canen*. Les graphies anciennes sont rares. Les registres de baptêmes, mariages et sépultures donnent *Langannan* en 1757, *Langanen* en 1759. Les Archives départementales des Côtes-du-Nord, E 2371, donnent *Langanen* en 1779[50].

Ce doit être le même nom que l'on retrouve dans le village de *Tréganin* en Baud (M.)[51].

---

50. Il n'y avait aucun doute sur l'orthographe, or le cadastre dressé en 1835 donne : plan d'assemblage : *Lanjanen* (forme qu'a copiée la C.E.-M.) ; plan de la section F : *Langanon* ; état des sections et matrice : *Langanen*. — Les *P.T.T.* donnent *Lanjanert*. Le sort de ce pauvre nom est curieux ; il prouve une fois de plus combien il faut se méfier des graphies.

51. *C.E.-M.* et Ros.

CHAPITRE V

SAINTS DIVERS

Le nombre des saints qui ont des chapelles ou des hameaux sous leur seul nom de *Saint-X...*, ou *X...*, est considérable dans le Bas-Tréguier, comme d'ailleurs dans toute la Bretagne. Tous ces personnages et leur culte devaient être étudiés, quels que soient les éléments qui auraient pu permettre de les classer dès l'abord comme des personnages ou des cultes d'époque tardive ; il fallait même étudier les saints romains : c'est qu'en effet souvent le saint romain, ou le saint celtique plus connu, a été substitué à un saint local, dont on peut parfois reconnaître le nom. Souvent aussi le nom populaire du saint est assez différent du nom officiel, sans que l'on ait la preuve d'une substitution ; il faut cependant se demander si les deux noms sont bien ceux d'un même personnage, et il importe d'en être certain avant de dire qu'il s'agit bien d'un saint romain.

Dans de nombreux cas, la solution est facile : c'est le cas de *san Egoulan*, nom populaire de *saint Nicodème ;* on le retrouve un peu partout, traduisant toujours le nom de saint Nicodème ; mais si l'on n'avait pas cette correspondance continuelle, si l'on ne connaissait qu'une seule fontaine dédiée à *san Egoulan*, et dont le nom dans les actes serait *saint Nicodème*, l'on pourrait douter de l'identité des deux noms. Il est fort probable que bien des noms de saints sont interprétés comme des noms de saints bretons, parce que l'on ignore le saint romain primitif et que l'on ne reconnaît plus son nom dans les déformations que les Bretons lui ont fait subir.

Il y a dans la région une série de personnages, pour lesquels il n'y a aucun doute, ce sont des saints romains : *Sant-Alar* en Louargat, dont le nom officiel est *Saint-Eloi*, la chapelle *Sant-Fiec* en Laumeur, en français chapelle *Saint-Fiacre*, l'ancienne chapelle ruinée de *Sant-Viel* en Plouïgneau, en français *Saint-Vital*, la chapelle *Sant-Andréo* en Plouézoc'h, en français *Saint-André*, la . chapelle *Sant-Drian* en Lanvellec, en français *Saint-Adrien*, et enfin les nombreuses statues à *sant Iverzin* ou *Everzin*, en français *saint Averlin*[1], qui sont bien dédiées au saint dont le nom est concurremment donné sous la forme française.

Le même phénomène se retrouve pour des saints bretons. La forme locale du nom est parfois assez différente du nom officiel, et là encore il faut s'assurer que ces deux formes ne cachent pas des personnages différents ; il importe, en effet, de ne pas oublier que souvent des saints bretons bien connus ont été substitués à des saints locaux, et que par conséquent la question de la substitution possible pourrait être posée ici. Parmi ces saints dont le nom local est assez différent du nom officiel, il y a, par exemple, *Saint-Truffer* en Plouégat-Moysan et, sous une forme voisine, en Guerlesquin et en Cavan, c'est *Saint-Trémeur; Sant-Brévara* ou *Brévala* en Botsorhel et Lanvellec est pour *Brévalaire*, autre nom de *saint Brandan*[2]. *Saint-Talbot* en Le Vieux-Marché est pour *Saint-Herbot* ; la chapelle *Sant-Dourven* en Lanvellec est dédiée à *saint Goulven* dont c'est le nom officiel[3].

Il s'agit, dans ces exemples, de déformations du nom officiel ; dans d'autres cas il y a eu remplacement d'un saint par un autre ; plusieurs de ces substitutions seront étudiées dans ce chapitre, d'autres l'ont été à l'occasion des paroisses, pour Plouaret, Plufur, Plouï-

---

1. Sur ce saint, voir mon article *Saint Averlin, sant Everzin*, in *B.C.D.*, 1924, pp. 199 et *seq.*

2. Voir mon article *Brévara, Brévalaire, Brandan*, in *B.C.D.*, 1924, pp. 271 et *seq.*

3. Le plan cadastral de Plouaret, section H, dénomme un chemin qui conduit à cette chapelle « chemin de la chapelle Saint-Urbain ». — En Servel (C.-du-N.), une chapelle dédiée au même saint est portée à la *C.E.-M.* sous le nom de *Saint-Dourien* et à la *Géogr. dép. des C.-du-N.*, p. 597, *Saint Urien*. — En Plounévez-Moédec, la *C.E.-M.* indique une chapelle *Saint-Idual*, au village de *Kerpalu*, chapelle qui est dédiée à saint Tugdual. Beaucoup de ces déformations sont dues aux scribes.

gneau, Plouzélambre en particulier[1]. Les substitutions ont été fort fréquentes : souvent nous sommes condamnés à les ignorer, parce qu'aucun indice n'a subsisté qui permette de les apercevoir. On aurait tort de croire qu'elles aient toujours été faites en choisissant, pour remplacer le saint local primitif, un saint romain d'un nom quelque peu semblable : on aurait tort de croire aussi qu'elles ont toujours été faites pour évincer des saints peu connus : la chapelle Saint-Laurent-du-Pouldour en Plouégat-Moysan est en un lieu-dit *Kerpabu* et était primitivement dédiée à saint Tudual ; la chapelle Saint-Laurent-du-Cloître en Plouégat-Guerrand était primitivement dédiée à saint Gildas ; il s'agit donc là de saints parfaitement reconnus qui ont été victimes d'une substitution.

A côté de ces substitutions où le saint national a été évincé par un saint romain, il y a aussi des exemples où c'est un saint breton qui a évincé son prédécesseur. C'est le cas de saint Gonéry qui, dans les actes du moins, a remplacé saint Connay en Lanvellec, de saint Maudez qui a remplacé l'éponyme de Langonaval en Plouïgneau.

Il fallait donc examiner, sans exception, tous les saints honorés dans le pays, ou ayant fourni des noms de lieu, pour être fixé sur l'identité des personnages et découvrir au besoin des personnages qui auraient disparu ; ce travail exécuté, il s'est agi d'éliminer ceux des personnages qui n'intéressaient pas les débuts de l'histoire du christianisme dans la région. Les saints romains, dont le culte a été introduit très tard dans nos pays, pouvaient être éliminés dès l'abord[2] ; pour les saints bretons, la question était plus délicate ; pour certains, on sait qu'ils ont vécu à une très basse époque ; c'est le cas de saint Herbot, qui n'a certai-

---

1. Voyez dans *Str saints*. p. 32 et *seq.*, la substitution de saint Chéron à saint Garan, comme patron de Cavan, et celle de saint Théodore à saint Tuder, comme patron de Tréduder.

5. Bien que certains auteurs arriérés aient toujours la prétention de retrouver dans les chapelles dédiées à des saints romains, la preuve de l'existence de voies ou d'établissements gallo-romains, ces chapelles ont été élevées très tard dans le moyen âge, au moment des contagions en particulier (saint Sébastien, saint Laurent, par exemple). Ces saints ne sont jamais éponymes de localités en *Plou-*, *Lan-*, *Tré-*, ni même de *Lok-*.

nement pas vécu avant le xii° siècle [6] ; pour d'autres, l'on sait l'origine de la chapelle, c'est ainsi que la chapelle Saint-Jacut en Plestin doit son origine à une possession qu'avaient en ce lieu les moines de l'abbaye de Saint-Jacut-de-la-Mer [7]. Pour d'autres enfin, le grand nombre de leurs chapelles, dispersées partout à travers la Bretagne, la grande extension qu'a prise leur culte, laissent présumer que les chapelles dédiées à ces saints dans notre région sont, elles aussi, dues à l'extension de ces cultes : c'est le cas des nombreuses chapelles dédiées à saint Maudez [8], à saint Tudual, patron de l'évêché de Tréguier ; la chapelle Saint-Cado en Ploumilliau devait être classée aussi dans cette catégorie [9]. Il en est de même de saint Gonéri, saint dont le culte s'est étendu d'une façon considérable, à une époque que nous ignorons, probablement à la suite de l'invention de ses reliques, et culte que les évêques de Tréguier ont particulièrement protégé. Saint Gonéry a une chapelle en Plougras, une autre à la limite de Louargat et Pédernec, qui est devenue une chapelle Sainte-Anne, et on a vu qu'il avait été substitué à saint Connay en Lanvellec, ce qui indique suffisamment combien son culte fut répandu [10]. Saint Gildas, qui avait une chapelle en Plouégat-Guerrand, et qui en a une autre en Tonquédec, au lieu-dit Rubudas, a été laissé de côté pour les mêmes raisons [11].

Beaucoup d'autres saints ont été éliminés. On n'a gardé

---

6. Sur ce saint, voir *supra* au chapitre II, *in fine*.

7. Bulle de 1163 confirmant les biens de cette abbaye. (*Anc. év. de Bret.*, IV, p. 277), *ecclesiam sancti Jacuti de Plegestin*. Noter que sans cette bulle, nous ignorerions que le culte de ce saint en ce lieu est d'importation monastique : aucun document, aucune autre trace n'a subsisté des moines en ce point : noter toutefois un lieu-dit *Coat au manach Saint-Jagu*, dans un aveu du 13 mai 1729 (*Arch. dép. C.-du-N.*, E, 2310). — Je n'insiste pas ici sur le culte de saint Mélar, j'ai dit dans la préface que je ne m'occuperai pas de ce personnage très spécial, qui est du viii° siècle.

8. Ce saint a un *Locmaudez* autour de sa chapelle en Plestin ; par ailleurs toutes ses chapelles sont appelées *Saint-Maudez*, *Crech'-Maudez*. V. *supra*, au chap. II.

9. Voyez *supra* au chap. I.

10. Voyez *supra* au chap. II.

11. Sur la dispersion du culte de saint Gildas, voyez mon article *La topographie du culte de saint Gildas*, in *Mém. Soc. d'hist. et d'archéol. de Bret.*, V, 1921, p. 3 et seq.

ici que ceux dont le culte paraissait ancien dans le pays, parce que rien ne révélait que ces cultes aient pu, à une époque quelconque, avoir été l'objet d'une extension. Il y a un personnage éponyme de *Lok-*, qui a été conservé parce que son culte pouvait sembler être antérieur à la constitution du nom de lieu en *Lok-*; d'autres personnages sont au dehors de la région, éponymes d'une *Lan-*, mais n'en sont pas moins des inconnus. Enfin d'autres ne sont attestés que par la seule chapelle ou le seul nom de lieu qui sera étudié ici; ce nom de lieu, ou la chapelle, est le seul élément qui indique qu'il aurait existé un saint de ce nom. Les formes anciennes font défaut. L'on n'est pas sûr que le terme *saint* contenu dans le nom de lieu soit la forme primitive de ce terme[12] et le second terme qui serait le nom du personnage, si réellement c'est un nom de saint, peut avoir été déformé et ne plus permettre de reconnaître en ce saint, qu'on croit local, un saint qui peut-être est bien connu.

L'on voit par là les difficultés d'une telle entreprise et l'on ne sera pas surpris que cette étude n'apporte presque jamais aucune conclusion sur chaque personnage en particulier, parce qu'on n'a jamais les éléments suffisants pour statuer sur chacun d'eux[13].

---

12. Et cependant aucune confusion avec un autre terme n'était possible : *Nant-*, ne pouvait devenir *Sant-* ; et cela d'autant plus que rien n'invitait à chercher un nom de saint dans ce nom de lieu. — Quand j'ai interrogé les habitants de Plestin sur ce que pouvait être *Saint-Logol*, on ignorait que ce nom de lieu puisse comporter un nom de saint, on n'a pas voulu l'admettre et l'on me proposait une explication par *Zan* = vallée, cette explication n'est pas acceptable : *san*, dans Le Gonidec et dans Ernault, *Gloss. moy. bret.*, p. 590, signifie canal, acqueduc, gouttière, et on ne le trouve nulle part avec le sens de vallée : on ne le rencontre jamais dans la toponymie.

13. J'ai étudié successivement tous les saints romains ou celtiques attestés dans la région, même ceux dont le culte est d'importation récente, comme saint Eutrope. Cette étude offre beaucoup d'intérêt, parce qu'elle permet de voir comment ces cultes se sont développés, sous quelles influences et par quels cheminements. Enfin, l'étude des cultes récents démontre péremptoirement que l'historien ne doit, en aucun cas, faire état des pratiques superstitieuses, même les plus païennes, qui accompagnent le culte d'un saint. Ces pratiques sont assez changeantes, elles viennent se greffer sur des cultes importés de nos jours ; elles ne peuvent jamais permettre de se prononcer sur l'antiquité du culte d'un saint, ni sur l'antiquité d'un lieu du culte. Cf. *Six saints* pp. 37, n. 1, 69, n. 2, 85, et 86, n. 1.

SAINT GUIREC

Ce saint donne son nom à la trêve de *Locquirec*, actuellement paroisse, et à la paroisse de *Perros-Guirec*, anciennes enclaves de Dol, l'une et l'autre ; par conséquent, Perros-Guirec n'est pas une paroisse primitive, et de ce côté l'établissement ne peut être présumé appartenir à la première antiquité.

Locquirec se trouve sur une petite péninsule à la limite du Finistère ; Perros-Guirec est dans les Côtes-du-Nord, à une vingtaine de kilomètres, lui aussi au bord de la mer. Sur la grève en Perros, l'on montre l'oratoire de saint Guirec, bâti sur un petit rocher qui aurait servi d'embarcation au saint pour se rendre de l'Ile de Bretagne ou d'Irlande, en Armorique ; le rocher se serait arrêté en ce point[14]. La vie latine, aujourd'hui perdue, mais qui a été reproduite par Albert Le Grand, ignore la présence de ce monument, cette tradition et tout le culte à Perros. Elle dit que saint Guirec serait

---

14. Le rocher est entouré par les eaux à chaque marée. Ce culte, sur un si petit rocher, quelques mètres carrés à peine, mérite l'attention ; s'il n'y a pas quelque réalité sous la légende, on se demande comment un culte serait venu s'accrocher sur cette pierre. Le saint ne l'habita-t-il pas comme pratique d'ascétisme ? — De nombreuses gravures de ce petit monument ont été publiées, ALBERT LE GRAND, édit. 1901, p. 46. Cf. DE FRÉMINVILLE, *Antiq. des C.-du-N.*, p. 86 ; *Bibliothèque armoricaine*, II, 1852, p. 201. — En dehors de la pratique bien connue, des jeunes filles qui viennent piquer des épingles dans la statue, Sébillot a raconté que l'on allait prendre de l'eau à la fontaine du saint et qu'on la jetait sur la mer, pour apaiser les tempêtes (*Légendes, croyances et superstitions de la mer*, Paris, 1886, II, p. 477) ; cf. une histoire racontée par N. QUELLIEN, *Contes et nouvelles du pays de Tréguier*, Paris, 1898, p. 90, où il est dit qu'un innocent se servait de l'eau de la fontaine de saint Guirec de la même façon que les femmes des marins, qui répandent de l'huile sur les flots pour les apaiser. — Le *Rép. archéol. des C.-du-N.*, p. 297, mentionne en Perros un menhir dit *Peulvan sant C'hirek*. — D'après Albert Le Grand, Locquirec aurait détenu les reliques du saint, c'est probablement une invention gratuite de sa part. — En 1830, l'abbé Cleo'h, vicaire de Lanmeur, avait cru retrouver à Locquirec les ruines du petit monastère de saint Guirec, DE KERDANET, édit. d'*Albert Le Grand*, 1837, n. p. 615. Locquirec est un ancien établissement gallo-romain. Il eût fallu une étude très sérieuse pour discerner l'époque des ruines découvertes par l'abbé Cleo'h.

venu de l'Ile de Bretagne avec saint Tudual, aurait fondé
un monastère à Locquirec, puis elle associe saint Guirec à
l'œuvre de saint Paul-Aurélien ; c'est là un groupement de
personnages opéré par un hagiographe qui ne savait rien
du saint dont il voulait écrire la vie.

A ces deux établissements côtiers, correspond dans
l'arrière-pays un village appelé *Le Guirec* en Ploubezre,
dans la frérie de *Ruguirec*, avec une chapelle dédiée à saint
Jacques et saint Philippe [15]. L'on remarquera, à ce sujet,
un phénomène bizarre de substitution : saint Jacques a été
substitué à saint Guirec, en Ploubezre, à Locquirec et à
Perros-Guirec ; une telle coïncidence est chose curieuse.
A l'époque d'Albert Le Grand, Locquirec avait encore comme
unique patron saint Guirec ; mais son église relevait des
commandeurs du Palacret, qui étaient seigneurs et fondateurs, et précisément l'ordre de Malte avait placé dans
l'église la statue de saint Jean, patron de l'ordre : cette
statue y était déjà en 1720 [16]. Les Chevaliers auraient pu
introduire aussi à Locquirec le culte de saint Jacques, saint
qui leur était cher [17], mais ils n'avaient aucun droit, ni en
Ploubezre, ni en Perros-Guirec, et par conséquent cette
substitution générale de saint Jacques à saint Guirec n'est
pas leur œuvre, et on ne peut l'expliquer.

A l'extrémité est des Côtes-du-Nord, non loin du cap
Fréhel, sur la côte en Plévenon, il existe un hameau de

---

15. *Arch. dép. C.-du-N.*, G. *Ploubezre* ; (dans ce dossier il y a une
layette *Chapelle Saint-Jacques Saint-Guirec*, qui est vide). — DU MOTTAY,
Icon. et hag., p. 44, *Géogr. dép. C.-du-N.*, p. 592. — La C.B.-M. donne
Le Guirec.

16. GUILLOTIN DE CORSON, *Les Templiers et les Hospitaliers*, p. 37. —
Sur le culte de saint Jacques à Locquirec, voyez les récits donnés
par LE BRAZ, *Les saints bretons d'après la trad. popul.*, in *Ann. de
Bret.*, XI, 1896, pp. 180-181.

17. De nombreuses chapelles à ce saint ont été élevées par les
Chevaliers, GUILL. DE CORSON, *op. cit.*, pp. 90, 107, 143, 260, 273,
274, 275. — A noter en Bannalec (F.), la chapelle Saint-Jacques, dont
saint Jean est le patron (*B.C.D.*, 1902, p. 283), et qui, elle aussi, doit
être l'œuvre des Chevaliers. — Cette substitution générale de saint
Jacques à saint Guirec aurait pu paraître le résultat d'une injonction
provenant d'une autorité supérieure ; ce n'est pas le cas, on l'a vu ;
cette substitution est d'ailleurs récente et, si on avait en l'espèce obéi
à un ordre de l'évêque de Tréguier, nous le saurions.

Saint-Guireu ou *Saint-Guireuc*. De mémoire d'homme, l'on n'a jamais connu de chapelle en ce lieu".

Albert Le Grand indique que le saint portait aussi le nom de *Gudvroc*. Est-ce lui qui a inventé ce détail, ou l'a-t-il trouvé dans la vie latine, on l'ignore ; il ajoute que *Locquirec* se serait jadis appelé *Land-Gudvroc*, ce qui

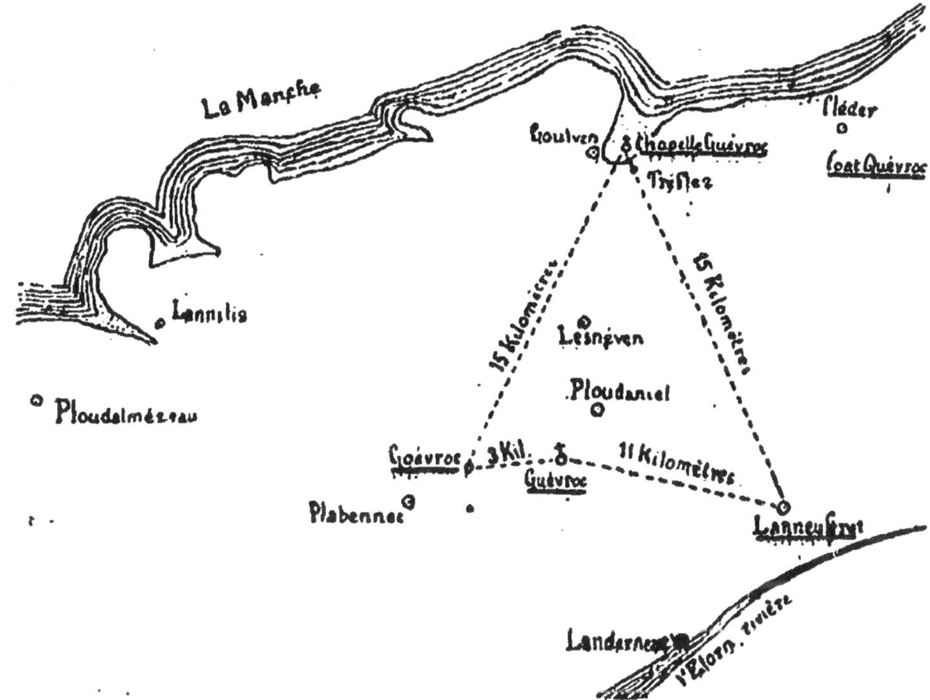

semble bien une invention de sa part. Il existait une chapelle *Saint-Gudvroc* sur la grève de Goulven en Tréflez (F.) ;

----

18. *Ns.*, p. 57. — Les *P.T.T.* donnent Saint-Guireuc. — Une charte de 1181 (*Anc. év. de Bret.*, VI, p. 136) mentionne *in episcopatu Brivcensi ecclesia de Plorhan cum omnibus decimis, capella sancti Guirgel, cum burgo et minihi et dominio de Carivel.* La *C.B.-M.* indique un *Saint-Quéreuc* en Erquy (C.-du-N.), rien ne prouve que ce soit le *sanctus Quirocus* de la charte et que ce saint soit notre *Kirec*. — Sur le nom de saint Kirec ou Guhec, voyez *Nx saints*, p. 79 ; en faveur de la forme *Guirec*, noter le *peulvan sant Chirek*, cité supra, et comparez saint Gonéry, forme dérivée d'un saint qui est appelé partout *Konori*.

la chapelle était dans les sables et avait une fontaine dans
laquelle on descendait par un escalier de treize marches[19].
Le même saint Guévroc avait en arrière de cette chapelle
côtière, une chapelle dans le haut pays, en Ploudaniel (F.),
canton de Lesneven[20]. La carte d'État-Major indique en ce
point un lieu-dit *Guevroch*. Cette seconde chapelle est connue
de la vie écrite : Albert Le Grand raconte, peut-être d'après
la vie latine, que saint Guirec se serait retiré en cet endroit
pour se délivrer des soucis de sa charge; mais l'hagiographe
ignore la chapelle en Tréflez[21]. L'on retrouve dans cette
région d'autres lieux qui rappellent le nom du saint : en
Cléder (F.), à 13 kilomètres est de Trédrez, et un peu en
arrière de la côte, il y a un bois appelé *Coat Quévroc*
(C.E.-M.) ; à 3 kilomètres ouest de l'ancienne chapelle en
Ploudaniel, se trouve un village de *Goevroc* (*Ns.*, p. 57 ; la
carte d'État-Major donne *Gouévroc*). Enfin, l'église de Lan-
neuffret, à une dizaine de kilomètres est de la même
chapelle en Ploudaniel, était dédiée à saint Guévroc[22]. Tout
le culte de ce personnage est groupé dans la région de
Lesnéven : le nom de Guévroc ne semble pas se retrouver
au dehors.

Nulle part la toponymie ne permet de vérifier que Guévroc
soit le doublet de Guirec[23]. Guirec a sa région, le Bas-
Tréguier, Guévroc la sienne, le Bas-Léon. Seule la vie
donnée par Albert Le Grand nous dit que ces deux noms
cacheraient un même personnage.

---

19. *Soc. arch. Fin.*, III, 1875, p. 162, et 1908, p. 308. — La chapelle
est portée sur la carte de Cassini.

20. *Soc. arch. Fin.*, 1905, p. 191.

21. Si l'auteur de la vie latine (ou Albert) avait su l'existence d'une
chapelle en Tréflez sur la grève, nul doute qu'il aurait fait voyager
son saint par là : mais les hagiographes ne constituaient pas, comme
nous, des répertoires de topo-hagio-onomastique.

22. *Soc. arch. Fin.*, 1909, p. 37. — Saint Guévroc aurait remplacé
l'éponyme qui est un personnage tout différent. v. *Ns.*, p. 40, s. v.
Kuffret, et p. 182, s. v. *Geffret*. — Un testament de 1684 comporte un
legs à saint Quévroc, patron de l'église de Lanneufret, MÉVEL, *Notice sur
Trémaouézan*, Brest, 1924, in-12, p. 183.

23. Pour être certain que deux noms désignent un même personnage,
il faudrait trouver les deux noms coexistant en plusieurs endroits
éloignés les uns des autres. V. pour *Garan Cavan*, *Six saints*, pp. 28 et *sq.*

Cette vie fait de saint Guirec un saint léonard. Il serait venu avec saint Tugdual et aurait fondé le monastère do Locquirec, mais tout le reste de sa vie écrite se passe dans le Léon ; il réside au lieu de sa chapelle en Ploudaniel, il est l'ami de saint Paul-Aurélien, il fonde l'église du Creisker au chef-lieu du diocèse [24] et il meurt à Landerneau. Il est probable que la vie latine imitée par Albert Le Grand comportait déjà l'identité du personnage du Bas-Tréguier et du personnage léonard. Albert, qui, en général, invente peu, et n'a pas grande audace, n'aurait pas inventé l'identification. Mais nous ne connaissons pas la vie latine et nous ne savons pas si l'invention n'a pas été l'œuvre d'Yves Le Grand de Kérigonval, dont Albert a continuellement utilisé les travaux. Il se peut très bien que le Léon ait possédé un saint Guévroc, objet d'un culte et ayant sa liturgie, et qu'un jour ou l'autre on l'ait identifié au saint Guirec du Tréguier. Il est fort possible, toutefois, que les deux noms désignent le même personnage : *Guévroc* serait le surnom formé sur *guevr* = ambre [25], beaucoup de saints ont ainsi un double nom ; rien ne permet de trancher la question ni dans un sens ni dans l'autre.

Que décider sur ce personnage ? Il ne fournit son nom à aucune localité en *Plou-*, *Lan-*, *Tré-* ; il a un *Lok-* et ce nom de lieu en *lok* est certainement postérieur au x⁰ siècle, comme tous les *Lok-*. En dehors de cela on ne sait rien. La vie écrite n'a aucune valeur, l'on ne sait même pas s'il est vrai, comme le dit Albert Le Grand, que les deux noms Guirec et Guévroc désignent le même saint. Il est impossible de dire à quelle époque ce personnage a vécu, ni de savoir si son culte, tel qu'il se trouve représenté, est ancien.

---

24. Détail curieux, qui a dû être emprunt à Yves Le Grand, dont il sera question plus bas. Peut-être saint Guévroc avait-il jadis une chapelle ou un autel dans cette église, ce qui aurait déterminé cette légende. — Un vitrail moderne au-dessus du maître autel représente le saint avec l'inscription : S. KIREC.

25. *Vs.*, p. 57. — Sur ces doubles noms, v. *Six saints*, pp. 28-29.

CHAPELLE GWENNOJEN EN SAINT-MICHEL-EN-GRÈVE

Il existe sur le territoire de Saint-Michel une toute petite chapelle, connue sous le nom breton de *Chapel Gwennojen*. On l'appelle aussi à l'occasion *Santes Jénovéfa*. Elle est désignée dans le actes et au cadastre sous le nom de chapelle *Sainte-Geneviève*[26]. L'on raconte dans le pays que cette chapelle aurait été élevée par les habitants de Plouzélambre, en exécution d'un vœu qu'ils auraient fait, pour le cas où la peste n'entrerait pas dans leur paroisse. Et, précisément, l'on fait remarquer que *Gwennojen* signifie *sentier*. La peste se serait arrêtée à ce sentier. Cette explication ne paraît pas fort solide : la chapelle ne se trouve pas à la limite de Plouzélambre, et il n'y a aucun sentier qui constitue une limite quelconque en ce point.

Gwennojen est sans rapport avec le nom de *Geneviève*, en breton *Jénovéfa*[27]. Les noms de *Jénovéfa* et de *Geneviève* ont toujours été bien connus en Bretagne, par suite des nombreux mystères sur la vie de sainte Geneviève[28], et l'on ne saurait expliquer une forme divergente comme *Gwennojen*. Au contraire, tout semble indiquer que l'on a organisé

---

26. Jollivet, *Les Côtes-du-Nord*, Guingamp, 1853-1861, 4 vol. in-8°, IV, p. 138, et du Mottay, *Géogr. dép. des C.-du-N.*, p. 663, signalent cette chapelle comme ayant eu, derrière les boiseries, un ancien autel du xii° siècle. Cet autel a été étudié par l'abbé Daniel, dans la *Bibliothèque armoricaine*, collection publiée par Le Maout, Saint-Brieuc, 1851-53, II, p. 759 ; le fait est à noter. Les archéologues ont pu se tromper de quelques siècles, mais cela prouverait que la chapelle est ancienne ; elle porte la date d'une réfection en 1767. — Dans un acte du 23 août 1750 (*Arch. dép. C.-du-N.*, E, 2722), il est question d'une issue, nommée *issue de Guenoson*, en la frérie de *Guénoson*, paroisse de Saint-Michel, à proximité de la dite chapelle.

27. Le Gonidec, *Dictionn. breton-français*, in fine, p. 635 ; Grégoire de Rostrénen, *Dictionn. françois-celtique*, Rennes, 1732, p. 405 : « Geneviève = Jenovefa, diminutif Fañk » ; Ernault, *Gloss. moy.-bret.*, p. 256. — Sur gwennojen = sentier, v. Id., p. 429.

28. Le vieux Conan, tisserand à Saint-Michel-en-Grève, en avait fait une traduction, Le Braz, *Théâtre celtique*, p. 178. Le culte de sainte Geneviève existe en Bretagne ; dans le Bas-Tréguier, on peut citer une chapelle, en Ploujean (F.), désignée en 1584 sous le nom de *Sainte-Genoffefe* (*Soc. arch. Fin.*, 1912, p. 40).

dans cette chapelle le culte de sainte Geneviève pour y remplacer le culte d'un autre saint. Le nom seul de ce saint aurait subsisté ». L'on dit *Chapelle Gwennojen*, comme l'on dit *Chapelle Christ*, *Chapelle Blévara*, etc., et il semble fort probable que le saint primitif était un saint et non pas une sainte ».

SAINT-IGNACE EN PLOUARET

La carte d'Etat-Major indique en Plouaret, à 3 kilomètres au nord-est du bourg, un village du nom de *Saint-Ignace*. L'on prononce en breton *Sant Inac*, *Crec'h sant Tinac* ou *sant Tinec*, et non pas *Sand-Inac* ; il semble donc que le nom aurait commencé par une consonne ; toutefois la prononciation bretonne a pu subir l'influence du nom français *Saint-Ignace*, le hameau est assez important et le nom français fréquemment employé. Il a existé un nom breton *Tignac*, puisqu'il y a un *Mestignac* en Tré-.maouézan (F.) », et un lieu-dit *Tugnac* en Pleugriffet (M.) (*C.E.-M*, et Ros.).

---

29. Sur ce nom, cf. ? saint *Genevée*, *Gennon* ou *Genoveus*, évêque de Dol au VII° siècle, qui a une statue à Saint-Martin de Lamballe (DU MOTTAY, *Icon. et hag. bret.*, p. 36) ; cf. DUINE, *Le schisme breton*, in *Ann. de Bret.*, XXXI, nov. 1915, p. 460, et la note philologique de M. J. Loth. — Les noms de famille et les noms de lieu ne donnent aucune indication sur ce nom ; j'ai seulement relevé *Guénoden*, reg. de naissances, Brasparts (F.), 1807-1809, que je n'ai jamais retrouvé ailleurs.

30. LUZEL, dans son *Journal de route* (*Ann. de Bret.*, XXVI, 1910-11, p. 133), signalait « la vieille chapelle de Gwenoden, appelée aujourd'hui Gwenojen et Geneviève, du roman, je crois ».

31. J. LOTH, *Les langues bretonne et romane en Armorique*, in *Rev. cell.*, XXVIII, 1907, p. 375, note aussi un *Lanzignac* en Lan-délnau (F.) ; *Lanzignac* ne peut être que *Lan* + *Signac* ou *Zignac* ; *Sinlac* seul pourrait être : *l'nlac*, comme *Zunan* en *Rlantec* = *Iunan* (*Ns.*, p. 67) ; en composition, cette transformation de l'initiale semble difficile, et *Lanzignac* semble bien n'avoir aucun rapport avec *Unlac* ou *Tunlac*. — *Saint Unlac* donne son nom à une commune d'Ille-et-Vilaine ; ce saint Unlac a une vie dans GARABY, p. 478. Cf. DOM PLAINE, *La vie et le culte de saint Unlac*, in *Semaine religieuse de Rennes*, 1875-76, pp. 616-619. — Il ne paraît pas qu'on ait ici le nom de *Saint-Igneur*, paroisse (I.-et-V.), cf. *Ns.*, p. 134 ; une désinence en -*euc*, zone française ne saurait correspondre à une désinence en -*ac*, zone bretonne. Cf. ? *Saint-Denac* en Saint-André-des-Eaux (L.-I.) (*Ns.*, p. 81), *Saint-Denec* en Larret (F.), *Creflulac* en Saint-Mayeux (C.-du-N.) (*C.E.-M.*).

En l'absence de toute forme ancienne, il est délicat de tenter une hypothèse. Il semble bien cependant qu'il ne s'agit pas de saint Ignace, lequel a pourtant quelques chapelles en Bretagne ".

SAINT-CONNAY EN LANVELLEC

Il existe en Lanvellec un village du nom de *Saint-Connay;* l'on prononce en breton *Sant Conné* ou *Couné ;* le village comporte une chapelle qui, dans les actes, est connue sous le nom de *Chapelle Saint-Gonéry.* Le Braz parle de cette chapelle de « Saint-Gonnéry en Lanvellec, que l'on appelle en breton, par abréviation, *Sant Kané,* et qui, moyennant une modeste offrande de beurre, préserve de toute épidémie les bêtes à cornes » ". Le plan cadastral de Lanvellec, dressé en 1818, et celui dressé en 1848, portent *Saint-Connay,* ainsi que tous les cadastres des communes voisines qui mentionnent la *rivière de Saint-Connay.* Les registres de baptêmes, mariages et sépultures, 1720, 1727, écrivent *Saint-Gonnéry.*

---

32. Il est devenu le patron officiel de *Ploujgneau,* à 20 kilomètres de là (v. *supra* notre article sur Ploujgneau), le culte de ce saint existe en Bretagne : chapelle privative au Chastel en Lanilouvez (F.) (*Soc. arch. Fin.,* 1907, p. 206) ; en Gesson (C.-du-N.), fontaine *Saint-Ignace* (HABASQUE, *Notions sur les C.-du-N.,* III, p. 2, n.) ; la C.E.-M. indique un lieu-dit *Saint-Ignace* en Plouvara (C.-du-N.) ; et en la même paroisse la chapelle de Seigneaux, dédiée à saint Jean (*Géogr. dép. C.-du-N.,* p. 435) ; enfin, en Saint-Aignan (M.), la C.E.-M. et Ros. mentionnent une chapelle *Saint-Ignace ;* à côté du nom de *Saint-Aignan* (v. Ns., p. 67), *Saint-Ignace* semble troublant : la chapelle est dans la forêt, à l'extrémité ouest du territoire, alors que le bourg de Saint-Aignan (ancienne trève de Cléguérec) est à l'extrémité est ; sur le nom de saint Aignan, en breton *Sant Ignan,* cf. *Kérignant* en Quéven et *Kérignen* en Pontscorff (Ros.).

33. *Les ss. bret. d'après la trad. pop.,* in *Ann. de Bret.,* XIII, 1897, p. 114. — Le pardon a lieu en juillet. — JOLLIVET, IV, p. 125, indique *Saint-Connay ;* la *Géogr. dép. des C.-du-N.,* p. 658, donne *Saint-Gonnéry ;* les *P.T.T.* donnent *Saint-Connéry,* selon la prononciation bretonne du nom de ce saint. Une pièce de 1763 (*Arch. dép. C.-du-N.,* E, 974, 98) parle du *Moulin de S. Connolr* en Lanvellec : c'est l'ancienne graphie française « Je fuisois ».

Les deux noms *Conné* et *Gonéry* désignent des personnages différents. Inutile d'insister sur l'explication de M. Le Braz, qui voyait dans *Conné* une abréviation populaire de *Gonéry*. Il est certain que dans tout le Tréguier l'on dit *sant Conéri* et non pas *Gonéri* ; c'est ainsi que l'on prononce en Plougras, à une dizaine de kilomètres de Saint-Connay, où se trouve une chapelle très fréquentée de saint Gonéry ; mais on n'y connait pas l'abréviation *Conné* ; en outre, le saint n'y a pas la même spécialité, puisqu'il y guérit les humains de la fièvre[34].

Le nom de saint Conné est attesté par ailleurs. On le retrouve dans le nom de famille *Langonné*, que M. J. Loth signale comme existant dans la région de Plabennec. Ce nom représente un ancien *Conoé*[35] qui a pu donner, à la fois et dans le même déalecte, des formes en -é et en -o[36] ; ce saint Connay est ainsi l'éponyme de *Trégonneau*, paroisse du canton de Bégard, et de *Langonneau* (C.E.-M.), village en Pédernec (C.-du-N.). Langonneau est à 20. kilomètres à l'ouest de Saint-Connay et Trégonneau à 8 kilomètres à l'ouest encore de Langonneau. Ces trois établissements sont situés sensiblement sur une ligne est-ouest et dans la même

---

34. Aucun rapport avec *saint Connec*, ou avec l'éponyme de *Langonnet* (*Ns.*, pp. 25 et 26) ; la finale -ec ou -et ne pouvait, en zone bretonne, devenir une finale -é. Ce qui est curieux c'est que l'on a tenté d'identifier aussi saint Connec avec saint Gonéry ; l'église paroissiale de Saint-Connec (C.-du-N.) est sous le patronage de saint Gonéry (*Géogr. dép. C.-du-N.*, p. 801) ; la tradition populaire, cependant, fait toujours un personnage distinct de saint Connec, puisqu'elle le dit frère de saint Gonéry, dans une légende rapportée par ROBERT OHEIX, *Les saints inconnus*, in *Bretagne et Bretons*, Saint-Brieuc, 1886, in-12, p. 27.

35. *Ns.*, pp. 26-27.

36. Cf. *Kergounneau* en Plogoff (F.) (*P.T.T.*). — Sur la finale -oé, v. *Six saints*, pp. 53-54. Il existe un *Lesconnais* (C.E.-M.) en Botsorhel (F.) qui, très certainement, comporte le même nom, mais porté par un laïc, et un *Rugunay* sur la côte en Locquirec (C.E.-M.) ; ce dernier, si l'on pouvait être sûr qu'il a saint Connay pour éponyme, pourrait être l'établissement côtier du culte de ce saint. Quelques *Ru-*, dans la région sont suivis d'un nom de saint : *Rubudas* (C.E.-M.), près d'une chapelle Saint-Gildas en Tonquédec, *Rubunet* (C.E.-M.) en Pluzunet, *Ruguirec*, près la chapelle Guirec en Ploubezre (C.-du-N.). — Noter un *Trégonneau* en Montoir-de-Bretagne (L.-I.) (QUILGARS).

région naturelle, assez en arrière de la mer, sans être cependant dans la montagne.

Pour ce saint, nous savons qu'il appartient aux premiers débuts du christianisme dans le pays, puisqu'il est éponyme d'une *Lan-* et d'une *Tré-*. La chapelle Saint-Connay est certainement de la même époque, il s'agit d'un culte qui n'a pas eu de développement. A part l'élément topographique fourni par la présence de ces trois établissements, Langonneau, Trégonneau et Saint-Connay, on ne peut rien savoir de plus sur ce personnage.

SAINT-SOURON EN PLOUGONVEN

La carte d'Etat-Major indique en Plougonven, à 3 kilomètres au sud-ouest du bourg, une *Chapelle Saint-Souron*. La chapelle est portée sous le même nom, au cadastre dressé en 1838, section K, n° 113. L'on prononce actuellement *Sourin* ou *Souron*, le passage dune de ces finales à l'autre est assez fréquent en breton, l'exemple de *Gourmelin-Gourmelon* est bien connu.

La chapelle appartenait à la paroisse ; il en est souvent question dans les registres de délibérations du général de Plougonven. Le fait que la chapelle appartenait à la paroisse est un détail important. Les chapelles dédiées à des saints d'importation récente sont en général des chapelles privatives, élevées par des seigneurs en l'honneur d'un saint qui portait leur nom. La chapelle fut vendue comme bien national le 24 thermidor an III. M. Louis Le Guennec a retracé l'histoire de ce petit monument qui avait été rebâti au xvii° siècle ; il était en ruines en 1895 et ne possédait plus de statue du saint ".

Le nom de ce saint offre des formes absolument déconcertantes. L'on prononce actuellement *Sourin* ou *Souron* ; le cadastre donne *Souron*, la vente comme bien national donne *Souran*. L'on trouve *Souron* en 1680. Une inscription sur une fenêtre portait :

ROHANTE : FABE : DE : S' : SURMIN : 1739

---

37. *Notice sur Plougonven*, Morlaix, 1922, in-12, pp. 110, 135 et 232.

Surmin ou *Sulmin* est une seconde forme de ce nom : l'on trouve *Sulmin* au xviii° siècle. Il semble impossible de rétablir la forme primitive du nom de ce saint.

On avait identifié ce personnage avec un saint du calendrier, et c'est ainsi que dans quelques actes, la chapelle est appelée *Saint-Saturnin* [38].

Il faut ajouter que M. Anatole Le Braz, passant par là vers 1890, a cru entendre *saint Zultas*, et il mentionne en Plougonven : « La chapelle de saint Zultas que l'on invoque pour la fièvre [39]. » Ce nom a peut-être été confondu par l'auteur avec celui de saint Weltas, Gildas ; quoiqu'il en soit, saint Gildas n'avait pas de chapelle en Plougonven ; et il s'agit bien de saint Souron qui, en effet, est encore invoqué pour obtenir la guérison de la fièvre.

L'on trouve autour de Saint-Souron, des débris de tuiles romaines, et M. Louis Le Guennec m'écrivait à ce sujet : « Il se peut qu'un saint soit venu s'établir là, dans des ruines gallo-romaines, à la lisière de la forêt de Disquéou, et à deux pas du ruisseau. La situation est tout à fait bien choisie pour un ermitage [40]. »

SAINT-ENER EN GUERLESQUIN

Saint Ener a une chapelle sur le territoire de Guerlesquin. M. J. Loth a consacré à ce saint la notice suivante (*Ns.*, p. 38) :

ENER (saint) : en Guerlesquin (Fin.). — GALLES : *Ynyr Gwent*, tige d'une famille de saints (Rees, *Essay*, 233). — *Ener* et *Yner* représentent vraisemblablement *Onorius* (*Honorius*).

Le cadastre porte *Saint-Ener*, section de *Saint-Ener*, et deux garennes jouxtant la chapelle sont données sous le nom de *Goarem Sant Dener* (n°° 9 et 10) [41]. L'on prononce

---

38. Sur Saint-Saturnin, dans l'hagiographie celti₄ue, v. DUINE, *Memento*, n° 33, p. 70.

39. *Les saints bretons d'après la trad. popul.*, in *Ann. de Bret.*, XI, p. 173.

40. Il existe en Cornouaille un nom de famille *Souren* ou *Sourin* (Fouesnant, liste élect. 1912) ; j'en ignore les formes anciennes.

41. Sur la copie du cadastre utilisée par M. J. LOTH, *Ns.*, p. 36, s. v. Edern on a transcrit par erreur *Goarem sant Edern*.

Sand-Ener, et par conséquent il n'y a aucun doute, le nom commence par une voyelle. Le nom se retrouve en Galles, et comme il représente vraisemblablement une forme latine *Honorius*, nous sommes devant un de ces nombreux Bretons de l'Ile qui portaient un nom latin. Ce saint a encore donné son nom à *Lannéner* (*C.E.-M.*) en Plounévez-Lochrist, dans le Haut-Léon (F.), à quatre ou cinq kilomètres de la côte ; le même nom porté par un laïc est entré dans *Koréner* en Saint-Sève (F.), canton de Morlaix (*C.E.-M.*) [42].

Dans la chapelle Saint-Ener, le saint est représenté en costume d'abbé ou d'évêque crossé et mitré ; le pardon, qui est très fréquenté a lieu le troisième dimanche d'août ; jadis il y en avait un autre le premier dimanche de mai. « On conduit à saint Ener les petits enfants et on les couche dans ce qu'on appelle le lit de saint Ener, une pierre creuse en dehors de l'église ; ou bien on revêt à domicile les enfants d'une chemise trempée dans la fontaine du saint, le tout pour fortifier l'enfant, et le faire marcher plus tôt. Les grandes personnes, pour obtenir quelque faveur, tiennent à se rendre à Saint-Ener en grand silence, avant le lever du soleil. » La chapelle est mentionnée en 1520, elle porte la date de 1597 [43].

Tout près de là, en Botsorhol, on raconte sur le saint un conte fantaisiste, d'après lequel il aurait joué un mauvais tour au diable dans une garenne dite Goarem Coat losk [44].

L'église de Guerlesquin est sous le patronage de saint *Ténénan* : comme Gaultier du Mottay a confondu saint Ténénan-Tinidor et saint Diner (l'éponyme de l'ancienne

---

42. LA PASSARDIÈRE, *op. cit.*, in *Écho paroissial de Brest*, 6 sept. 1908, cite aussi *Keréneur* en Ploudalmézeau (F.), et le nom de famille *Bodéner*. Je n'ai jamais rencontré ce nom de famille dans mes relevés, il doit y avoir une erreur de lecture pour *Bodénès*, nom de famille très répandu.

43. *Soc. arch. Fin.*, 1913, p. 84 ; *B.C.D.*, 1911, p. 110. — La chapelle est portée à la *C.E.-M.*

44. La chapelle a toujours été désignée sous le nom de *Chapelle Saint-Ener en Loc*, ou *en Loc'h* (Arch. dép. Fin., 78 G. Guerlesquin, pièces et comptes depuis 1737). — On trouvera un dessin de la chapelle et de la statue de saint Ener par M. Louis Le Guennec, dans *La Bretagne touristique*, juin 1923, p. 140.

Plouediner : Plebs Denarii de la *vita sancti Goerznovei*⁰), on a cru que saint Ener était le même que saint Ténénan⁴⁶. Il est inutile d'insister sur cette hypothèse ; les deux saints sont des personnages tout à fait différents.

Quant à saint Ténénan, il n'offre aucun intérêt pour l'étude des débuts du christianisme en Armorique ; c'est un saint de très basse époque ; il a remplacé à Plabennec (F.) l'ancien patron éponyme de la paroisse⁴⁷ ; il est patron de la Forêt près Landerneau, qui n'est pas une paroisse ancienne, mais était un prieuré-cure ; et il est patron de l'église de Guerlesquin ; mais Guerlesquin n'apparaît pas comme une paroisse ancienne, son nom, la configuration de son territoire suffisent à le prouver. Par ailleurs, ce saint n'a donné son nom à aucun *Plou-, Lan-, Tré-, Lok- ;* ces diverses constatations autorisent à le considérer comme un personnage qui, lui ou son culte, n'a pénétré en Bretagne qu'à très basse époque.

SAINT LAVAN

Il existait jadis en Ploulec'h, non loin de la côte du Léguer, une chapelle dédiée à saint *Lavan ;* elle est portée sous le nom de *chapelle Saint-Lavan* au cadastre (A, 43 et sq.) et sur la carte d'État-Major. L'on prononce en breton *sant Lavan ;* les registres de baptêmes, mariages et sépulture la citent : *Saint Lauen* 1725, *saint Lavent* et *Laven* 1726, *saint Lavant* 1791. La chapelle était ancienne, Gaultier du Mottay dit qu'elle comportait quelques restes du xvᵉ siècle⁴⁸ ; elle est actuellement abandonnée, il ne subsiste même qu'une partie des-ruines et la statue du saint a été transportée chez

---

45. *Icon. et hag.*, pp. 81-82. — Saint Diner est un tout autre personnage, v. *Ns.*, p. 33.

46. *Soc. arch. Fin.*, 1913, p. 33. — Sur saint Ténénan, v. Duine. *Memento*, nᵒ 54, p. 78.

47. Plabennec est écrit, jusqu'au xviiiᵉ siècle, *Ploabennec* et *Guicabennec ;* c'est *parochia abennoca* dans la *villa sancti Goeznovei* (La Bonderie, *Hist. de Bret.*, I, p. 339). — Sur le nom, cf. *Lezabannec* (C.-du-N.) en Port-Launay (F.).

48. *Répert. archéol. C.-du-N.*, p. 283.

M. Yves-Marie Maguer, à la ferme du hameau de Saint-Lavan.

· En Plounévez-Moëdec, il existe une chapelle dédiée conjointement à *saint Lavan* et à saint Laurent. Le cadastre écrit *Saint-Lavant* (B, 985), la carte d'État-Major *Saint-Laurent*. Cette chapelle tombe aussi en ruines, la toiture est effondrée, mais la maçonnerie est assez bien conservée et a gardé un joli campanile ". Il est fait mention de cette chapelle dans une pièce de 1780 des Archives départementales des Côtes-du-Nord, E 2371.

Saint Lavan a été signalé pour la première fois par l'abbé Tresvaux, dans ses notes de la réédition des vies des saints de Dom Lobineau. Tresvaux, I, 1830, p. 180, n. 1, l'a identifié avec le disciple de saint Tudual, auteur de la *I* *vila Tuduali*.

S. Loeman, Loevan ou Lavant est honoré d'un culte public dans quelques paroisses de l'ancien diocèse de Tréguier... Il a une très jolie chapelle à Plounévez-Moëdec, et une autre à Ploulec'h, avec une croix appelée la *Croix de S. Lavant*, devant laquelle s'arrêtent les nombreux pèlerins qui vont visiter le Guéaudet. On célèbre sa fête le second dimanche d'août.

Kerdanet s'est emparé de cette note qu'il reproduit dans son édition des *Vies d'Albert Le Grand*, 1837, p. 787 ; il ajoute une confusion avec l'éponyme de Tréflaouénan dans le Léon, et transcrit en breton le nom de la croix de saint Lavant : *Croaz sant Lavan*.

Garaby a transcrit cette notice (*Vies des saints de Bret.*, 1839, p. 105). Jollivet a répété les renseignements fournis par Garaby (*Les C.-du-N.*, IV, 1859, pp. 54 et 104). Gaultier du Mottay a fait de même (*loc. cit. et Icon. et hag.*, 1869, p. 56), en ajoutant toutefois une description de la statue en Ploulec'h : le saint est représenté en abbé, tête nue, une crosse à la main gauche, un livre dans la main droite ".

---

49. J'apprends par la petite revue *Arvoriy*, oct. 1924, p. 221, que la chapelle a été restaurée et que le pardon y a été célébré à nouveau le 7 septembre 1924.

50. On a là un exemple très curieux de la façon dont les hagiographes se copient les uns les autres. Il se forme ainsi des traditions littéraires très puissantes ; j'ai suivi l'évolution d'une tradition littéraire semblable concernant saint Nérin et saint Kirio, dans mes *Six saints*, pp. 65 et 71.

H. L.

L'identification de Tresvaux entre *Loevanus* ou *Louénan*, personnage qui rédigea la *I° vita Tuduali* et notre saint *Lavan* doit être rejetée ; on doit rejeter de même toute identification avec un certain *Lowenanus* donné comme compagnon de saint Paul-Aurélien, dans la vie latine de ce dernier. *Louénan* est un dérivé avec le suffixe *-an de Louen* que l'on trouve dans les chartes [51], et *Louénan* n'aurait pu donner *Lavan*. *Lowenanus* a d'ailleurs subsisté assez longtemps dans l'onomastique bretonne, on trouve *Louenanus* en 1247 et 1309, dans le Cartulaire de Quimper [52].

M. J. Loth avait émis une autre hypothèse dans les deux articles suivants (*Ns.*, pp. 78-79) :

LAVAN (saint) : chapelle en Plounévez-Moëdec (Inventaire sommaire. [Arch. dép. C.-du-N., E] 2703) : v. *Levan.*

LEMAN (saint), ou mieux saint LEVAN : *prioratus de trinitate de Bodleuc de sancto Lemano* (Cart. Morb., p. 227). Il est à peu près sûr que le *Saint-Lavan* cité plus haut est pour *saint Levan.* Je crois aussi que *sancti Leviani* (*Anc. év. de Bret.*, IV, 278 en 1163) doit plutôt être lu *Lemani*, à moins que ce ne soit un saint différent : il y a en effet, dans les anciennes litanies, un *saint Loulau* qui a pu évoluer en *Levlaw* et en *Leau.*

Le prieuré de *sancto Lemano* dont s'agit, est actuellement le village de *Saint-Léau* en Plumieux (*C.E.-M.* et *P.T.T.*), dans les Côtes-du-Nord, non loin de la *Trinité-Porhoet* et de *Bodieu*, hameau de Mohon, cités dans la même charte des

---

51. Cf. *Chresto.*, p. 99. — Il y a un doublet, *Louan* ; cf. *Kerlouan* (F.) et *Saint-Louan* en Riantec (M.), en 1505, devenu *Saint-Léon* (*Ns.*, p. 83) ; *Poullaouen*, paroisse du Finistère, est *Plebs Louani, Ploe Louan* au XIV° siècle (*Monuments originaux de saint Yves*, Saint-Brieuc, 1897. In-4°, et *B.C.D.*, 1912, p. 93), *Ploelouen* en 1330 (LONGNON, *Pouillés de Tours*, p. 802). Cf. *Trélouen*, Cart. de Beauport, 1260, *Rev. cell.*, VII, p. 72, et *B.C.D.*

52. Ch. 75 et 161, pp. 118 et 158 ; cf. l'évêque de Bol, *Lowenanus*, fin du IX° siècle, à qui fut dédiée la *vita metrica* de saint Samson. — Quant à *Treflaouénan* (F.), il n'a pas *Lowenanus* pour éponyme, mais *Laouénan*, nom qui a fourni des noms de familles (parfois sous la forme *Lavenant*) et des noms de lieu ; ce nom signifie roitelet ; cf. *L'Eostic* = rossignol, déjà nom d'homme sous la forme *Aostic* dans le Cartul. de Redon (*Chresto*, p. 106) ; v. ERNAULT, *Gloss moy.-bret.*, p. 375. — *Plouénan* (F.), n'a aucun rapport avec *Lowenan*, c'était *Ploe-Renoan* en 1330 (*Ns.*, p. 137). — Albert Le Grand transcrit *Lowenanus* sous la forme *Loevan* et Lobineau sous les deux formes *Loévan* et *Loenan* (vie de saint Tudual).

Anciens Evéchés de Bretagne, IV, p. 278. Ogée écrit *Saint-Lau*, et ses continuateurs *Saint-Léau*. La graphie *Lemano* est une erreur pour *Leniaro* ou *Leviano*, qui l'un ou l'autre peuvent seuls expliquer une forme moderne *Leau*. Rosenzweig fournit d'ailleurs, dans le même *Cartulaire du Morbihan*, p. 227, un autre exemple de *Lemano*, mais une autre charte de 1251, dans les *Anciens Evéchés de Bretagne*, IV, p. 284 et 296, donne *sancto Leviano* ; Longnon (*Pouillés de Tours*, p. 354), lit *Leniavi* ou *Lemani* en 1330, et identifie ce lieu avec *Saint-Léau* en Plumieux. Quoiqu'il en soit de saint Léau[53], ces remarques suffisent pour montrer que ce personnage qui est un saint *Levianus* ou *Leniavus*, n'a aucun rapport avec notre saint Lavan.

Il faut donc faire de saint Lavan un personnage indépendant de ceux auxquels on avait voulu l'identifier. L'on notera la topographie très nette de son culte : une chapelle côtière en Ploulec'h, et une chapelle dans l'arrière pays en Plounévez-Moëdec.

A Plounévez-Moëdec, on a tenté de lui substituer saint

---

53. C'est d'ailleurs un personnage très complexe et dont on a fait un évêque de Lexobie, ce qui précisément pouvait nous ramener au disciple de saint Tudual. Parmi les corps saints emmenés hors de Bretagne, au moment des invasions normandes, se trouvait « celui de saint Lévian, ancien évêque de Lexobie, qui reposait, croit-on, à Plumieux ; ce qui fait penser que saint Lévian ou Léau était enterré à Plumieux, c'est qu'il y avait dans cette localité, avant 1789, un prieuré de Saint-Léau » Dom PLAINE, *Les invasions des Normands en Armor., et la transl. des ss.*, § 2, in *Soc. arch. Fin.*, 1899. — F. Lot, *Date de l'exode des corps ss. de Bret.*, Ann. de Bret., XV, 1899, p. 61, donne *saint Lexiau*, c'est le même personnage. Il faut lire *Leviau*, d'après MERLET, *Les origines du monastère S. Magloire de Paris*, in *Bibl. école des chartes*, LVI, 1895, p. 246 et n. 6. — Au sujet du saint Lévian, évêque de Lexobie, il est à noter qu'Albert Le Grand ne le nomme pas dans son *Catalogue des évêques de Lexobie* (*Vies des ss. de Bret.*, éd. 1901, p. 253* et seq.. L'on trouvera la vie de ce saint Lévien, dans GARABY, *op. cit.*, p. 490 (analysée par DU MOTTAY, *Icon. et hag.*, p. 58). Garaby ne dit pas qu'il ait été évêque de Lexobie, mais signale une chapelle de ce saint en Trédarzec, avec statue du saint mitré et crossé. — Sur saint Leman, cf. la paroisse de *Saint-Levan* en Cornwall, non loin du cap Land's End.

Laurent ; de ce fait la chapelle porte en même temps les deux noms de saint Lavan et de saint Laurent[54]. Saint Lavan est inconnu en dehors de ces deux chapelles.

SAINT LOHA

Saint-Loha est le nom d'un ancien manoir en Plounévez-Moëdec (cadastre, B 1039, et *C.E.-M.*), cet ancien manoir se trouve à un kilomètre environ de la chapelle Saint-Lavan dont il vient d'être question ; il s'agit donc de deux lieux différents ; la carte les mentionne séparément et Jollivet[55] indique deux villages distincts, Saint-Loha et Saint-Lavant ; il ajoute que Saint-Loha était avant la Révolution, le siège d'une moyenne et basse justice: c'était la seigneurie de Saint-Loha, dont les Archives départementales des Côtes-du-Nord détiennent de nombreuses pièces (E, 2371-2703). Les registres de baptêmes, mariages et sépultures de Plestin, en 1592, mentionnent *Guy de Quilidien, seigneur de Sainct Lauc'ha ;* l'on notera cette graphie qui marque que le nom comportait une aspirée. Encore de nos jours on fait sentir l'*h* de *Loha*[56].

En Plounérin, paroisse limitrophe de Plounévez-Moëdec, il existait une frérie de *Lohan ;* il en est fait mention dans

---

54. Le nom de *Lavan* se retrouve dans *Kenllaman* et *Haclaman* (*Chresto.*, p. 144) ; toutefois, il y a *lavan* = lavande, qui entre peut-être dans *Botlavan* et *Kerlavan*, lieux nobles du Léon (ERNAULT, *Gloss. moy. bret.*, p. 354). Cf. et. *Kerlavan* en Plouénan, *Botlavan* en Ploudiry (F.), *Kerlaven* en Ploumilliau (C.-du-N.) (*C.E.-M.*), *Lava* en les Brulais (I.-et-V.).

55. *Les Côtes-du-Nord*, IV, p. 162.

56. A. DE COURSON, *Pouillés de Bret.*, publiés à la suite du Cartul. de Redon, p. 662, donne, dans une liste des prieurés de l'évêché de Tréguier, celui de « Saint-Loha en Plounévez-Moëdec ». Or, Saint-Loha est un manoir, je n'ai vu nulle trace d'un prieuré; peut-être De Courson a-t-il vu là l'*ecclesiam sancti Leohandi*, dont il est question dans une charte de 1170 pour l'abbaye de Bégard (*Anc. év. de Bret.*, VI, p. 133) ; mais l'on n'a de cette charte qu'une copie faite elle-même d'après une copie exécutée en 1304, les noms propres sont complètement défigurés. Il est impossible d'en faire état, et l'identification entre *Saint-Loha* et *sancti Leohandi*, pour ce seul motif ne doit pas être tentée.

une pièce de 1537 conservée dans les archives de M. René Le Guen, au bourg de Plounérin : « *trêve de Trélohan* ». Les registres de baptêmes, mariages et sépultures de Plounérin la citent aussi « *frérie de Trefloc'han* », 1728. Ce n'est pas un nom de village, mais le nom du territoire de la frérie ; c'est sur cette frérie que se trouve la chapelle Saint-Kirio. La finale -*an* ne doit pas surprendre ; ce n'est qu'une variante constante dans la prononciation et l'écriture du trécorrois [57]. L'on notera la graphie *Trefloc'han* où l'aspiration est nettement marquée au milieu du second terme.

Enfin, en Ploulec'h, où nous avons trouvé la chapelle de Saint-Lavan, il a existé aussi un lieu-dit *Saint-Loha*. Anatole de Barthélémy cite d'après un rentier de Coëtfrec du XVe siècle « les moulins de Saint-Loha en la Vieille-Cité ». Or, la Vieille-Cité, c'est le Coz-Yéodet en Ploulec'h, non loin de la chapelle Saint-Lavan [58].

Voilà qui est très troublant. Les deux noms se retrouvent côte à côte, et en Ploulec'h et en Plounévez-Moëdec. En Ploulec'h comme en Plounévez, la chapelle est sous le nom de saint Lavan. La seigneurie de Saint-Loha en Plounévez est auprès de la chapelle Saint-Lavan ; la chapelle relevait de cette seigneurie et, en 1786, le seigneur de Saint-Loha fournit les cloches à la chapelle de Saint-Lavan, qui est dite la « chapelle du château de Saint-Loha » [59]. Seraient-ce deux saints qui auraient émigré ensemble de la côte de Ploulec'h, pour venir habiter non loin l'un de l'autre dans l'arrière-pays, en Plounévez-Moëdec ; il ne semble pas. Il semble plutôt qu'on aurait là les deux noms d'un même personnage, la chapelle portant, en les deux paroisses, un nom plus ancien, gardé grâce au culte, le hameau détenant l'autre nom. Le fait est curieux. Il rappelle l'exemple de Garan-Cavan, double nom d'un même saint, pour lequel la forme Garan paraît avoir été la forme savante [60].

---

57. Cf. *ama, aman* = ici.

58. *Notice sur l'archidiaconé de Pougastel*, in *Revue de Bret. et Vendée*, XXXIV, p. 315. — Je n'ai trouvé aucun souvenir de ce nom de lieu au cadastre de Ploulec'h.

59. *Arch. dép. C.-du-N.*, E. 2371.

60. Voyez *Six saints* p. 27

Quant au nom de *Lohan*, il n'est pas inconnu en Bretagne. L'*h*, qui est certaine, oblige à le distinguer nettement du nom de *Louan*, bien connu aussi. On le trouve à la fois sous les formes *Lohen* et *Lohan*, et il n'est pas différent du *sancte Lohenr* des litanies de saint Vouga ; comme nom laïc, il est l'éponyme de la commune de Rosnoën, qui est écrite *Roslohen* dans le cartulaire de Landévennec (XXX) ; il y a aussi un *Leslohen* (C.E.-M.) en Tréboul (F.)[61].

SAINT-JUNAY EN PLOUNÉRIN

Il existe en Plounérin un village de *Saint-Junay*, indiqué au cadastre, sur la carte d'Etat-Major et dans Jollivet. L'on prononce en breton *Sant Juné*, exactement la même prononciation qu'en français. Je n'ai relevé aucune mention ancienne de ce lieu, seulement aux registres de baptêmes, mariages et sépultures de Plounérin en 1729, 30 août, mention du village du *Petit-Saint-Junay*.

Il faut rapprocher ce nom de celui du saint honoré dans la chapelle de *Saint-Unet* en Laurenan (C.-des-N.), zone française, canton de Loudéac. L'on prononce *Uné*, sans faire sentir aucunement le *t* final ; la preuve d'ailleurs que le *t* n'existe pas dans la prononciation c'est que le nom s'écrit aussi *Saint-Unoy*. Il n'y a donc aucun doute, il s'agit

---

61. Cf. *Pratlohan* en Pleublan (C.-du-N.) (C.E.-M.), *Kerlohan* en Moustoiras et en Plumélian (M.) (Ros.), *Le Lohan* en Le Quillio (C.-du-N.) (C.E.-M., P.T.T.) en Plaudren, en Monténeuf (M.) (Ros.), en Loctudy (F.) (C.E.-M.). Se méfier cependant, car il peut y avoir d'autres noms : *Lohanven* en Plougoumelen est *Luhanven* en 1018, *Luhnaguen* en 1540 ; *Le Luhan* en Saint-Nolff (M.) (Ros.) ; cf. la paroisse de *Leuhan* (F.) (Luhan dans le Cart. de Landév., XVII). — Le nom de lieu *Lohennec* en Sizun, un autre en Plœiber-Christ (F.) (un sieur de *Lohennec* comparaît à la montre de 1534), et le nom de famille *Le Lohenec* (Le Faouët, bapt., mar., sép., 1511-1547, et Durye, *Invent.*, p. 59) est certainement un adjectif formé sur un substantif qui nous échappe. — Il existe un *Saint-Doha* en Merdrignac (C.-du-N.), zone française (P.T.T. et C.E.-M.). J'ignore les formes anciennes et n'oserais en faire état.

d'une ancienne forme *Junaé*, sans rapport avec les noms *Junet, Junec* [62].

Les habitants du village de Saint-Junay, ne savent rien de ce saint ; ils n'avaient même pas remarqué que le nom de leur village comportait le nom d'un saint.

SAINT-LOGOT EN TRÉMEL

Il existe dans la paroisse de Trémel, ancienne trève de Plestin, un hameau du nom de Saint-Logot, situé à environ un kilomètre nord-est du petit village de Trémel. L'on prononce *Sant Logot*. L'ancien cadastre de Plestin-Trémel donne *Saint-Logat*, et le cadastre séparé de Trémel, dressé en 1848, donne *Saint-Logot*, section C, n° 49. Telle est bien la forme ancienne du nom. On la retrouve dans les registres de baptêmes, mariages et sépultures de la trève de Trémel, à la fin du XVIIe siècle, où est mentionné à plusieurs reprises *le village* ou *le convenant Saint-Logot* [63]. Un rôle des fouages de 1600 pour Plestin mentionne *Saint-Logot* [64]. M. J. Loth a

---

62. *Saint-Unoy* en Laurenan (*C.-B.-M.*) est une vieille graphie française. — Ajoutons qu'il ne s'agit pas de sainte Jeune, sœur de saint Envel, honorée en Plounévez-Moëdec, paroisse limitrophe, et qui avait une chapelle en un autre endroit de Plounérin, portée au plan cadastral (dressé vers 1848), *Chapelle Saint-Jeune Récho*, et indiquée à l'état de section, E 931. *La vieille chapelle*, distincte d'une autre chapelle, E 1259, *Chapelle Saint-Jean Réchou* ; ces deux chapelles sont au village du Réchou, ancienne possession des Templiers désignée sous le nom de *Le Rachou* dans la charte de 1160. (*Anc. Év. de Bret.*, VI, p. 137, cf. *Arch. dép. C.-du-N.*, B. 852). — Cassini donne *Saint-Junais* et la chapelle *Saint-Jean* en Plounérin. — Pour être complet sur Plounérin, je signale une erreur d'impression qui, dans les *Ns.*, p. 27, s. v. *Gonvalc'h*, a fait écrire *Plounérin*, où il faut lire *Plourin-Léon* (F.) ; il n'y a pas de *Saint-Gonvalc'h* en Plounérin ; mais à la limite de Plourin-Léon et de Landunvez, il y a un village de *Saint-Gonvalc'h* (*C.-B.-M.*).

63. 27 février 1692, 19 février, 5 et 9 mai, 6 sept. 1693. — *Saint-Logot* est donné par la *C.-B.-M.*

64. *Arch. dép. C.-du-N.*, E. 999.

cité ce saint dans ses *Ns.*, p. 81, et il propose comme étymologie *log* : gallois *lwg*, brillant. Cette étymologie ne doit pas nous surprendre. La vie latine de saint Samson, parle d'un *Juniávus* ou *Winnavius nomine qui et ipsa lingua britannica apud illos lux vocabatur* ". Ces deux noms auraient le même sens.

Il ne peut y avoir de doute, il s'agit bien d'un saint ; les hypothèses qui tendraient à voir dans ce nom de lieu une déformation d'un ancien nom de lieu en -*logod* : souris, ne sont pas possibles ". On ne sait rien sur ce saint ; il n'y a aucun souvenir de chapelle en cet endroit ; qui plus est les paysans ne se rendent pas compte que le nom de ce hameau comporte le nom d'un saint. Le nom de lieu n'a pour eux aucune signification, ils ne cherchent pas à l'interpréter. *Raison de plus pour décider que ce nom de lieu complètement figé est ancien et qu'il ne s'agit pas d'un saint fabriqué par les paysans.*

SAINT-DÉRÉNO EN PLOULEC'H

Un petit hameau en Ploulec'h, à quelques cent mètres à l'est de la route de Morlaix à Lannion, porte le nom de *Sant Déréno*. Le cadastre donne, au plan d'assemblage, *Saint-Déréni*, aux parcelles on trouve : C. 118, *Liors Sant Dérénot*, C. 119, *Sant Dérénot*, maison, sols... L'on prononce, *Sandéréno*. Les habitants racontent qu'il y aurait eu jadis une chapelle à cet endroit, mais on n'en voit plus aucune trace. Comme toute cette partie de territoire était comprise dans des possessions relevant des Chevaliers de Saint-Jean-de-

---

65. c. 46, p. 42, édit. Fawtier ; I, c. XV, édit. Dom Plaine.

66. Il existe en Plestin un hameau de *Collogot* (= * Coat Logod), déjà sous cette forme dans des pièces des XVII° et XVIII° siècles (*Arch. dép. C.-du-N.*, G, Plestin, et E 1002, 1196 et 2203) ; ce hameau est à 8 kilomètres environ de Saint-Logot. Collogot est constitué avec le mot *Logod* = souris, qui a servi à former un nombre considérable de noms de lieu ; cf. *La Sourissate* et *La Mulotière* en zone française (Ros.). — Sur le nom de lieu *Saint-Logot*, v. *supra*, même chapitre, la n. 12.

Jérusalem ", il se peut que le peuple ait commis quelque confusion. Quoiqu'il en soit, à Pontol bihan, c'est-à-dire à 500 mètres de Saint-Déréno, les Chevaliers, qui possédaient tout Pontol, avaient construit une petite chapelle Saint-Jean qui subsiste toujours.

Il est impossible de savoir quel peut être ce personnage ; l'on se demande si ce ne serait pas un saint romain dont le nom n'est plus reconnaissable et dont les Chevaliers auraient importé le culte en ce point.

Comme le nom commence par un *D* dans l'écriture, il est fort probable que la forme sincère commence par une voyelle, et que l'on doit rétablir *Ereno*.

PRIMEL EN PLOUGASNOU

Primel est le nom d'un petit promontoire en Plougasnou (*C.E.-M.*), tout près du village de Trégastel ; il y a à Primel une chapelle ruinée sans caractère, elle était dédiée à sainte Marthe et on l'appelait *Chapel ar Belek* ". *Primel* est un nom de saint, c'est le patron primitif de la chapelle. D'ailleurs le souvenir du saint n'est pas effacé, et le peuple raconte que saint Primel serait venu de l'Ile de Bretagne avec saint Mériadec, honoré jadis, tout près de là, dans la trève de Saint-Jean-du-Doigt ".

Ce saint est bien connu ; l'auteur de la *Vita Corentini* l'a

---

67. *Pontaul* est mentionné dans la charte de 1160 énumérant tous les biens des Hospitaliers en Bretagne (*Anc. év. de Bret.*, VI, p. 137) ; cf. GUILLOTIN DE CORSON, *op. cit.*, p. 42. — La *C.E.-M.* donne *Saint-Devène*, qui est une cacographie, c'est la première que nous notons sur cette carte ; JOLLIVET, IV, p. 63, et les CONT. D'OGÉE, s. v. Ploulec'h, donnent Saint-Déréno. — Sur le nom, cf. ?? *Saint-Drédéno* en Saint-Gérand (M.) (ROB., *C.E.-M.* et *Ns*, p. 34).

68. Chapelle différente de la chapelle Sainte-Barbe, v. *Soc. arch. Fin.*, 1913, p. 24, et H. DE KERBEUZEC [Duine], *Cojou Brei*, Paris, 1896, in-8ᵃ, pp. 6, 7.

69. Cf. ANATOLE LE BRAZ, *Au pays des pardons*, Paris, 1900, in-12, pp. 172 et 262. « Primel et Mériadec seraient venus ensemble sur un rocher..... »

fait intervenir dans l'histoire de saint Corentin, parce qu'il avait une chapelle en Quimper, dans la ville épiscopale. Primel, est le patron éponyme de *Primelin* (F.), dans le Cap-Sizun. Primelin est le doublet avec le suffixe *-en* ou *-in* bien connu par les exemples : *Convel : Plougonvelin, Harn : Hernin, Pluherlin*, etc. ; ces doublets sont l'indice qu'il s'agit d'un saint ancien, au surplus Primelin est une paroisse ancienne ; la forme actuelle est une forme figée : on prononce *Privelin*, et l'on a d'ailleurs cette graphie dès le xvᵉ siècle ⁷⁰. Le nom du saint se prononce aussi *Prevel* ⁷¹.

Saint Primel avait une chapelle dans la ville de Quimper. c'était le siège d'une des sept chapellenies de la ville épiscopale ⁷².

En Pleuven (F.), il existe un *Menez sant Prémel* (*Ns.*, p. 108); ce saint serait aussi le patron de Saint-Evarzec ⁷³. En Saint-Thois (F.), canton de Châteauneuf-du-Faou, il existe une chapelle Saint-Primel, près du village de *Kerprimel* ; le saint y était prié pour les maux de tête et pour la fièvre ⁷⁴. La carte d'Etat-Major écrit *Kerprimel* et *Saint-Privel*.

Le nom est un vieux breton *Prit-Mael* (*Ns.*, p. 108). ; la forme *Primel* est une forme graphique figée, l'on prononce partout *Prevel* ou *Privel* ⁷⁵. En Plougasnou, au contraire, la

---

70. LONGNON, *Pouillés de Tours*, p. 309.

71. *Soc. arch. Fin.*, 1899, p. 424.

72. *Soc. arch. Fin.*, 1903, p. 133 ; *B.C.D.*, 1908, p. 192 ; 1909, p. 22.

73. *Icon. et hag. bret.*, p. 72.

74. *Soc. arch. Fin.*, 1910, p. 169. — Sur ce saint, voyez les notes à ALBERT LE GRAND, édit. *Kerdanet*, p. 800, et édit. 1901, p. 683 ; DUINE, *Memento*, n° 180, p. 157 ; GARABY, p. 114, a donné une vie de ce saint d'après les renseignements fournis par la vie de saint Corentin.

75. Ce nom existe comme nom de famille sous la forme *Premel* (que l'on prononce *Prevel*) en Le Folgoët, en Ploudaniel. *Primel* en Plouguerneau (F.) (listes élect. 1902) ; mais on ne le retrouve pas en dehors de cette région du Bas-Léon. Dans cette même région, il existe en Le Bourg-Blanc (F.), un lieu-dit *Primel* (C.E.-M.) qui emprunte probablement son nom au nom de famille et non pas au nom du saint. — Ce nom d'homme a existé en Haute-Bretagne, où il a donné naissance au nom de lieu *la Primelais* (C.E.-M.), en La Chapelle-Bouexic (I.-et-V.).

forme parlée est la même que la forme savante, c'est *Primel*.
Il y a là un fait curieux ; si l'on avait l'explication de ce
fait, il y aurait probablement là un élément important sur
l'histoire de ce culte en ce point [76].

Le saint est nettement un saint cornouaillais. Primel en
Plougasnou est un écart domnonéen du culte de ce saint ;
de tels écarts isolés sur la côte de Domnonée ne sont pas
rares : le culte de saint Mériadec sur le territoire de la même
paroisse de Plougasnou, alors que ce saint est très honoré
dans le Vannetais, est du même genre. On en citerait bien
d'autres exemples, mais la difficulté est de s'assurer que ces
cultes soient de la même époque [77]. L'interprétation de ce
fait est donc chose délicate. On a vu que saint Primel.
éponyme d'une paroisse dont le nom comporte le suffixe *-in*
était un saint ancien.

PERGAT EN LOUARGAT

Pergat est le nom de deux hameaux situés en Louargat :
Pergat bras. Pergat bihan [78]. Ce village est bien connu des
archéologues qui y signalent un menhir de 10 mètres de
hauteur. Il n'y a en ce point aucune chapelle : le nom est
cependant celui d'un personnage qui a une place dans

---

76. Cela laisse supposer que le culte officiel a subsisté longtemps,
ou bien que le culte serait récent ; mais ces phénomènes sont si
complexes, le nom populaire a pu disparaître, que l'on n'oserait faire
trop état de ce fait. Le nom populaire a pu d'autant plus facilement
disparaître que Primel est devenu une station balnéaire, et que son
nom est continuellement répété d'après la forme écrite.

77. Saint Mériadec donnait son nom au village de Saint-Jean-du-
Dolgt, ancienne trève de Plougasnou, avant que les reliques de
saint Jean n'aient été apportées en ce point ; mais je pense que le
culte de ce saint ne remonte pas à la première antiquité. — Saint Efflam
a plusieurs établissements sur la côte vannetaise, et un établissement
en Plestin ; saint Tudy, bien connu sur la côte de l'Océan, a une
chapelle en Ploézal (C.-du-N.), sur la rivière de Pontrieux (C.E.-V.
N.., pp. 122-123).

78. Cadastre, OoÉE ; la C.E.-M. écrit *Pergal*, la *Géogr. dép. des
C.-du-N.*, p. 468, écrit *Perga*, le *Répertoire archéol. des C.-du-N* écrit
Pergat. — Cf. un lieu-dit *Pargat* en Plorec (C.-du-N.), arr. de Dinan,
zone française (GONT. D'OoÉE).

l'hagiographie bretonne, un des manuscrits de la *IIIe vita Tuduali* ayant transformé en *Pergatus*, saint qui a un culte. le nom de *Pebrgatus* que donnent les autres manuscrits, ou *Pebrecatus*, forme fournie par les manuscrits de la *IIe vita*. Pébrégat y est donné comme archidiacre, il joue un rôle d'intrigant, et bien que la *IIe vita* laisse entendre qu'il se repentit, il est loin d'être peint sous les traits d'un personnage digne d'être canonisé ".

Saint Pergat est le patron de Pouldouran (C.-du-N.), dans le canton de La Roche-Derrien ; il n'est pas l'éponyme de cette paroisse qui, d'ailleurs, n'est pas une paroisse ancienne, elle a un territoire tout petit, à cheval sur une vallée, le bourg lui-même étant dans la vallée. Le saint honoré à Pouldouran est-il le même personnage qui intervient dans la *vita Tuduali* ? Philologiquement, c'est possible ; c'est tout ce que l'on peut dire.

---

79. Sur ce personnage, v. Duine, *Memento*, n° 127, p. 140. — Noter le nom do lieu *Pébrégat* en Pommerit-le-Vicomte (C.-du-N.), canton de Lanvollon, évêché de Tréguier, zone bretonne (C.B.-M. et Cont. D'Ogée). — Sur *Pergat*, v. *Ns.*, pp. 12 et 136 ; à Pouldouran, un recteur avait momentanément remplacé saint Pergat par saint Pierre-ès-Liens, le nom latin *Petrus ligatus* lui rappelant un peu *Pergatus* (Du Mottay. *Icon.*, p. 70, n. 2).

CHAPITRE VI

REMARQUES GENERALES SUR LES SAINTS

L'on a vu les difficultés que l'on rencontre continuellement lorsque l'on veut tenter de rétablir la forme primitive d'un nom de saint, ou lorsque l'on veut dégager le nom de saint qui entre en composition dans un nom de lieu. Les mêmes difficultés surgissent quand il s'agit de dire si c'est le même nom que présentent divers noms de lieu semblables. Les difficultés sont encore plus grandes lorsque passant des noms aux personnages, l'on veut rechercher si c'est le même personnage que désignent des noms identiques[1].

Autrement dit, il y a d'abord un problème philologique qui consiste à dégager le nom primitif d'un saint, ou l'éponyme d'un lieu, et à dire si c'est le même nom que comportent tels autres lieux. Si l'on a l'heureuse chance de posséder des formes anciennes, ce qui est rare, le problème en ce cas peut être résolu. Le second problème est plus délicat, c'est le problème historique, il s'agit de décider si ces noms semblables ont été le nom d'un même personnage: on n'a jamais, pour les époques anciennes, d'éléments suffisants pour fournir la solution certaine de ce second problème ; pour la plupart des cas, l'on peut tout au plus dégager des probabilités.

De fait, il n'est pas sorti beaucoup de lumière de ces longues recherches sur chacun des personnages. Les monographies ne font ressortir que les difficultés continuelles qui hérissent le moindre des problèmes. La nuit presque complète règne sur chacun de ces individus, des noms ont subsisté, presque rien autre.

---

1. Cf. J. Loth., *N*., p. 141

On est loin d'avoir vérifié les systèmes établis par tant d'auteurs qui ont raconté le rôle de ces personnages, les ont groupés autour de saints qu'ils considéraient comme plus importants, et ont ainsi écrit une histoire des premiers siècles du christianisme en Bretagne. Un seul point subsiste: ces saints oubliés ont donné leur nom à des lieux du culte, à des chapelles, à des paroisses. Ils ont donc, eux ou leur culte, eu une importance dans la vie religieuse du pays. En dehors de ce fait, aucun élément dans la monographie isolée n'a permis de dire ce qu'a été chacun de ces personnages ; on est très certainement condamné à ne jamais pouvoir connaître chacun d'eux en particulier. La monographie ne peut aboutir ; mais si, passant au général, l'on extrait de ces études spéciales à chaque saint, quelques détails qui sont communs à plusieurs, si l'on étudie l'ensemble de ces saints, en profitant des éléments que fournissent les monographies isolées, en s'aidant des indications qu'offre la situation respective des lieux du culte et la géographie ecclésiastique ancienne, l'on pourra faire un pas que l'on ne pouvait espérer faire avec la monographie. Ce sera le but des chapitres qui vont suivre.

Parmi les saints qui ont été étudiés ici, quelques-uns, tirés par nous des noms de lieu, demeurent tant soit peu hypothétiques. Mais l'on aurait tort de croire que parmi les autres, ceux qui possèdent un culte, il existerait des saints créés faussement par le peuple. Autant le peuple breton est enclin à canoniser des personnages, soit à cause des vertus qu'il a connues de ces personnages, soit à cause de miracles posthumes, et là il s'agit d'une canonisation populaire, autant il est éloigné de créer des saints là où il n'y en a pas. Quand il le fait, c'est qu'il veut désigner une statue nouvellement trouvée, parce que dans son esprit une statue ne peut être que d'un saint [2] ; en dehors de ce cas, l'on peut

---

2. Pour le paysan, statue = saint, car il ne connaît de statue que de saints. Dans l'ancien manoir de Kerbourdon en Plestin, le tenant d'un écusson sculpté sur une cheminée passe pour être le saint de Kerbourdon ; de même l'on raconte que, lorsqu'on érigea la statue de Corbière à Morlaix, les vieilles paysannes croyaient que c'était un saint et se signalent en passant devant. Dans la plupart des églises, les statues gisantes d'anciens chevaliers sont considérées comme des saints ; dans la chapelle Saint-Eutrope en Plougonven (F.) (Le Braz,

dire que la Bretagne n'est pas le pays des saints apocryphes.
Nos Bretons n'inventent pas de saints ; en particulier, ils
ne créent pas des personnages en décomposant les noms
de lieu[1]. Dans ces conditions, l'on peut dire que
tout saint donné comme tel par la tradition ou par les noms
de lieu, doit être considéré comme étant réellement un saint.
Le doute ne peut exister que pour les saints que nous suppo-
sons, nous, après avoir extrait leurs noms de nom de lieu
où leur qualité de saint n'est pas suffisamment établie[2].

Les ss. bret. d'après la trad. pop., in *Ann. de Bret.*, XI, p. 173.
Cf. HABASQUE, *Notions sur les C.-du-N.*, I, p. 409, les mères étendaient
les enfants chétifs sur la pierre tombale d'un abbé, dans les ruines de
l'abbaye de Beauport. Cf. DRISE, *Invent.*, p. 279, n° 11, et FRÉMINVILLE,
Antiq. du Fin., pp. 75-76 : les statues romaines que l'on trouve à
Corseul (C.-du-N.), et que les paysans savent être païennes, sont
appelées par lui des *saints méchants*. SÉBILLOT, *Le folklore de France*,
Paris, 1904-1907, in-8°, II, p. 214. — Le fait n'est pas spécial à la
Bretagne, Bulliot raconte qu'une statue romaine découverte en pays
éduen, fut prise pour celle d'un ancien évêque ou d'un saint, et qu'un
pèlerinage s'organisa, *La mission de saint Martin*, in *Mém. Soc. Éduenne*,
XIX, p. 129.

3. Cf. *supra* Saint-Logot, Saint-Junay, et dans *Six saints*, p. 43,
Saint-Carré : les paysans ne se rendent même pas compte que le nom
de lieu comporte le nom d'un saint. — Les Grecs, en particulier,
avaient l'habitude de créer des héros pour expliquer les noms de lieu :
ils avaient la manie des étymologies et des légendes de héros
éponymes ; rien de semblable en Bretagne.

4. Les seules erreurs que commet le peuple consistent à trans-
former un saint en sainte : plusieurs exemples ont été relevés par
M. J. LOTH, *Ns.*, *passim*. Il faut toutefois remarquer que ce sont
généralement des erreurs de graphie, et que la forme parlée du
nom n'a pas varié : les erreurs n'ont pas été faites par le peuple :
ainsi en Pleslin, la carte de Cassini et la première carte d'État-Major
donnent *Saint-Honoré*, nom d'une chapelle ruinée dédiée à *sainte
Hénora* ; le premier plan cadastral levé en 1814 donnait *Sainte-Honore*,
forme française du nom de la sainte (sainte Honorée) ; si la sainte
n'avait pas eu des statues et une tradition solide, la graphie donnée
par les cartes aurait pu s'imposer. — Dans quelques rares cas, il
semble que le peuple ait créé des saints avec le nom du lieu : sainte
Noyale paraît avoir été primitivement *la sainte de Noyale* (*Ns.*, p. 99).
— Ajouter, je l'ai déjà dit, que nous considérons assez souvent comme
des saints celtiques, des saints romains dont le nom n'est plus reconnaissable, ceci pour des personnages qui ne sont pas éponymes de
Plou-, *Lan-*, *Tré-*, *Lok-*, puisqu'à l'époque de ces noms de lieu, l'hagio-
onomastique est entièrement bretonne.

Il n'est pas utile de revenir ici sur la question des groupements de personnages autour d'un saint plus important que l'on considère comme ayant été le maitre des autres. Ce sont là des légendes topographiques ou des essais de classification tentés par les historiens, et qui n'ont aucune valeur[5]. A ce sujet, l'on remarquera que ces divers groupements ne tiennent pas compte de la chronologie qui doit être établie entre les différents personnages du fait que les uns, éponymes de *Plou-*, *Lan-*, *Tré-*, sont anciens, et les autres, éponymes de *Lok-*, sont de dates plus récentes.

Peu de personnages ont été étudiés ici ; le choix qui a été fait, après bien des recherches, a permis d'éliminer un grand nombre de saints armoricains dont l'étude prouvait qu'ils n'étaient pas de la première époque. Ceux qui ont été conservés, parce qu'ils sont des premiers siècles de l'organisation chrétienne en Armorique, ont tous des noms brittoniques ; il n'y a pas parmi eux de saints dont le nom révèle une origine irlandaise.

Les saints à noms irlandais, ou que des documents dignes de foi nous disent irlandais, sont en général d'une époque assez tardive : ils sont éponymes de *Lok-*, tels saint Renan, qui donne son nom à un *Locrénan* en Plestin et à plusieurs *Locronan* (Saint-Renan, chef-lieu de canton dans le Finistère, est en breton *Locronan*) ; ce saint est connu aussi en Irlande, où il a une vie latine, absolument différente de la vie armoricaine ; il n'y a pas lieu d'insister sur saint Brandan, éponyme de *Loc Brévalaire*, sur sainte Brigitte, éponyme de nombreux *Loperhet*, sur saint Senan, saint Ténénan et saint Tinidor, lesquels n'ont ni chapelle, ni nom de lieu ; tous ces cultes sont de très basse époque[6]. A côté

---

5. V. *Six saints*, pp. 87 et *seq.* ; d'ailleurs, certains groupements réunissent des saints bretons et des saints romains.

6. Sur saint Brandan, voyez mon article *Saint Brevara, Brévalaire ou Brandan,* in *B.C.D.*, 1924, p. 271 et *seq.* — Saint Ténénan est patron du Guerlespin : v. *supra* l'article sur saint Ener. — Saint Tinidor n'a jamais eu de *Lan-Tinidor* ; la vie latine de saint Ténénan (LA BORDERIE, *Hist. de Bret.*, I, p. 496), a inventé ce nom, qui selon elle aurait été l'ancien nom de Landerneau. De la même façon, Albert Le Grand nous raconte dans la vie de saint Guirec, que Locquirec se serait d'abord appelé *Land-Guérroc*. — Ajouter qu'il n'est pas établi que Ténénan et Tinidor soient des Irlandais. J. LOTH, *N.s.*, pp. 118 et 120, explique leurs noms par le gallois.

de ces personnages, qui eux très certainement sont des Irlandais, on a des saints dont on a fait des Irlandais, parce que l'on ne savait rien sur eux[7], ou parce qu'on leur a prêté la *vita* d'un saint irlandais[8] : ce sont là des légendes d'origine littéraire, qui n'ont d'ailleurs jamais été connues du peuple, de même que certains saints irlandais qui n'ont eu aucun culte en Bretagne et sont seulement cités dans les recueils hagiographiques[9].

L'on peut conclure : le culte que reçoivent en Bretagne, les saints que l'on sait véritablement avoir été des Irlandais, ne remonte pas à la première époque ; quant aux saints que l'on dit être des Irlandais, beaucoup ne le sont pas : leur nom atteste une origine brittonique ; enfin, au fond de tout cela, il y a une grosse part d'emprunts littéraires.

Au surplus, ces saints irlandais sont peu nombreux : il ne pouvait être question d'étudier ici ces personnages, puisqu'ils sont de basse époque ; mais il faut retenir la constatation, générale d'ailleurs à toute la Bretagne, à savoir qu'il n'y a pas de saints irlandais dans les premiers siècles du christianisme breton chez nous. Les saints irlandais, eux ou leur culte, apparaissent plus tard, lors de la grande expansion monastique irlandaise. C'est là une constatation négative, importante pour l'histoire religieuse de l'Irlande. Pour l'histoire de l'Armorique, cette constatation n'a que le seul intérêt de dicter le rejet définitif d'un système qui a eu longtemps plein succès chez les hagiographes, et qui consistait à accorder aux Irlandais, — aux moines Irois —

---

7. En ce cas, Irlandais = inconnu (DUINE, *Memento*, p. 95, n° 78 ; p. 81, n° 59 et n. 1).

8. C'est le cas de saint Sané, à qui l'on a prêté une vie de saint Sénan. DUINE, *Memento*, p. 103, n° 89, de saint Sezny, p. 105, n° 90 ; saint Sezny a un nom brittonique (*Ns.*, p. 114). — Pour saint Ségal, M. J. LOTH (*Ns.*, p. 112) suppose que *Ségal*, autrefois *Segar*, est pour *Segnar*, et serait le nom dont la forme hypocoristique est *Sénan* en Irlande : quoiqu'il en soit, la paroisse de Saint-Ségal (F.) n'est pas une paroisse ancienne, c'est une trève de Pleyben ; cf. *Île Ségal*, îlot en face de Lampaul-Plouarzel, et *Ru-Ségal* en Plouarzel (F.) (C.E.-M.).

9. DUINE, *Memento*, p. 73, n° 39 et n° 40. — Sur les saints irlandais v. J. LOTH, *L'émigration bretonne en Armorique, du Ve au VIIe siècle*, Rennes, 1883, in-8°, p. 64.

R. L.

la place prépondérante parmi les organisateurs de la vie chrétienne en Armorique[10].

NOTE SUR LES CANONISATIONS POPULAIRES

J'ai déjà donné une bibliographie des canonisations populaires en Brétagne, dans mes *Six saints*, p. 90, n. 2 ; je la reproduis et la complète ici : SÉBILLOT, *Le folklore de France*, I, p. 208, relativement aux tombeaux sur lesquels on vient prendre de la terre ; HABASQUE. *Notions sur les C.-du-N.*, II, p. 295, concernant une sainte dans le genre de celle de Chasné : « dans le reliquaire du bourg d'Elven, le cercueil de la *petite sainte*, vieille mendiante dont le cadavre fut trouvé en parfait état de dessiccation, après cinquante ou soixante ans; le peuple en a fait une bienheureuse et sa châsse est constamment entourée de gens qui implorent sa médiation, de coiffes et d'offrandes de tout genre » ; v. et. FRÉMINVILLE, *Antiquités de la Bret., Finist.*, p. 232 ; *B.C.D.*, 1916, p. 232 ; sur ce genre de canonisation, v. SAINTYVES, *De l'incorruption des corps saints*, in *Soc. d'anthropologie de Paris*, VII° série, IV, 1923, p. 84.

BOUCHER DE PERTHES, *Chants armoricains*, Paris, 1830, in-8°, p. 64, cité par SÉBILLOT, *op. cit.*, IV, p. 262 : vers 1820, un bon observateur écrivait « on rencontre en plusieurs endroits de la Basse-Bretagne, des cellules formées dans le roc ; quelques-unes sont encore habitées par des ermites. Les paysans pensent qu'ils tournent le roc à volonté, pour ne jamais avoir le vent en face ». JOLLIVET, *Les Côtes-du-Nord*, IV, p. 64, concernant le saint de Kerbourio en Servel ; c'était un homme tout couvert de poils qui habitait dans le creux d'un chêne, il y vécut une vie de vertu remplie de la crainte de Dieu.

SÉBILLOT, *Petite légende dorée de Haute-Bretagne*, pp. 132 et seq., a donné un chapitre sur les canonisations populaires qui ne peut être analysé ici ; *Folklore de France*, IV, p. 390, il cite quatre autres victimes des guerres de la Chouannerie, canonisées par le peuple ; v. et. HERPIN, *Noces et baptêmes en Bretagne*, Rennes, 1904, in-8°, pp. 12, 20 et 24, et un autre exemple en *Plémy* (C.-du-N.), RIGAUD, *Géographie historique des C.-du-N.*, Saint-Brieuc, 1890, in-12, p. 491.

Ce qui est plus curieux, c'est la canonisation populaire des prêtres qui, par leurs vertus, ont acquis la vénération de leurs paroissiens ;

---

10. Nos saints ou leur culte nous viennent de Galles, cf. *Ns.*, p. 112. — Il ne saurait être question, vu le petit nombre de personnes étudiées ici, de rechercher si une région de Galles a fourni plus que l'autre, en ce qui concerne le Bas-Tréguier ; le pays de Galles n'est pas assez connu au point de vue hagiographique ; en outre, une telle hypothèse serait contraire à tout ce que nous savons : les saints bretons ont erré à travers toute l'Armorique, ils ne sont pas attachés à des régions de l'Armorique, ils sont pan-armoricains.

après leur mort, ils sont priés comme des saints : Dom Maudez le Cozannet, † 1720, inhumé dans l'église de Quemperven, Guillaume Coquil, † 1749, inhumé dans l'église de Saint-Caradec, l'abbé Lévédez, inhumé dans le cimetière de Saint-Hervé, l'abbé Hervé, mort sous la Révolution, inhumé dans le cimetière de Plémet, Jacques Le Friec, † 1755, inhumé dans le cimetière de Tressigneaux (DU MOTTAY, *Géogr. dép. des C.-du-N.*, pp. 614, 725, 818, 188, RIGAUD, *Géogr. hist. des C.-du-N.*, pp. 364, 466, 500 ; DUINE, *Memento*, p. 8, cite aussi le cas d'un recteur de Baguer-Morvan, † 1675 ; LUCO, *Pouillé de Vannes*, p. 627, cite un cas semblable à Questembert, au XVIIIᵉ siècle ; ces faits sont très fréquents : dans un grand nombre d'églises, les mères conduisent les petits enfants sur la tombe d'un ancien recteur vénéré, pour qu'il leur procure force et santé ; ainsi sur la tombe de l'abbé Tacon, ancien recteur de Plufur, sur la tombe d'un ancien recteur à Ploumilliau, sur la tombe d'un abbé dans l'église de Beauport. (HABASQUE, *Notions...*, I, p. 109, n.) ; cf. et. SOUVESTRE, *Le Finistère en 1836*, Brest, 1838, in-4°, p. 94, un paysan qui veut entendre la messe très dévotement, se place « à deux genoux sur la tombe de l'ancien curé à l'entrée du chœur ». Dans la chapelle Saint-Haran en Plestin, on fait marcher les petits enfants sur une dalle couverte d'inscriptions, que l'on a prise pour un tombeau, alors qu'elle rappelle la date de construction de la chapelle. — Ces faits sont très significatifs, le peuple a connu le prêtre pendant de très longues années, il l'a considéré comme un saint homme et l'a canonisé ; c'est dans des conditions semblables que les saints bretons ont été canonisés.

CHAPITRE VII

LES SAINTS LOCAUX

Quelques-uns des saints étudiés dans les longs chapitres qui ont précédé, ne sont connus que dans le Bas-Tréguier. La plupart des saints éponymes de paroisses n'ont laissé aucune autre trace que leur nom dans le nom de la paroisse; saint Tuder n'est connu qu'à Tréduder; saint Kémo est ignoré en dehors de Locquémeau. Voici donc des personnages inconnus au dehors du Bas-Tréguier, et qui, là, ne sont connus que par le lieu qui a gardé leur nom. D'autres personnages ont plusieurs établissements dans le Bas-Tréguier : saint Kirio a une fontaine en Trédrez, une chapelle en Plounérin et une autre en Ploujean; saint Didy a une chapelle en Plouïgneau et un Lannidy en Lannéanou ; saint Lavan a une chapelle en Ploulec'h et une chapelle en Plounévez-Moëdec ; voici donc une autre catégorie de saints qui ont plusieurs établissements du culte, mais tous dans la même région : en dehors de cette région, ces saints sont absolument inconnus. Les saints de ces deux premières catégories sont des saints locaux ; on peut, pour eux du moins, supposer, jusqu'à plus ample informé, qu'ils ont vécu dans la région; leur culte ne parait pas résulter d'une importation, puisqu'on ne le retrouve pas au dehors.

Mais pour les autres, et ce sont les plus nombreux, on a vu qu'ils ont des chapelles dans d'autres régions de l'Armorique, ou qu'à défaut de chapelle, leur nom de saint entre en composition dans des noms de lieu répandus au dehors de notre région, parfois même dans l'île de Bretagne. Il demeure bien entendu que plusieurs saints ont pu porter les mêmes noms, surtout les noms fort communs comme *Marc, Mellec* par exemple, que souvent on a identifié des noms qui primitivement étaient différents[1] et que la présence de deux noms identiques n'implique pas nécessairement l'identité du personnage. Toutefois, lorsque le nom est rare dans l'onomastique bretonne, il est probable qu'il s'agit du même personnage dont le culte et le souvenir a subsisté en plusieurs localités. Il ne faut pas oublier non plus, que si tel saint ne possède plus qu'une chapelle, ou n'a son nom conservé que dans un seul lieu-dit, il se peut que d'autres chapelles ou lieux-dits aient disparu au cours des siècles, ou aient échappé à nos recherches. Il résulte de cela que peu de nos saints ont leur culte localisé, peu sont des saints locaux ; au contraire, la plupart de nos saints bretons prêtent leur nom à des lieux-dits, ou ont des chapelles éparses à travers toute l'Armorique. Nos saints ne sont pas en général attachés à une région ; il est même souvent difficile de décider quelle est la région d'Armorique où leur culte paraît plus ancien, où ils sembleraient avoir vécu, où leur influence se serait exercée. Autrement dit, beaucoup de nos saints sont pan-armoricains. Un certain nombre parmi eux ont laissé des traces dans l'île de Bretagne, ceux-là sont pan-brittoniques.

Le culte de nos saints, au lieu d'être enfermé dans les limites restreintes d'un petit pays, s'étend à l'universalité du monde brittonique. Cette constatation soulève une grave question : quel est le pays où a vécu chacun de ces saints ? Cette question est grave pour l'Armorique : elle a reçu toute sa population de l'île de Bretagne, or l'on peut supposer que ces saints lui ont été apportés dans leur culte par les immigrants bretons ; c'est de l'île de Bretagne qu'elle a longtemps reçu la lumière. L'on peut supposer aussi que tous ses saints ont été empruntés à l'île de Bretagne par les prêtres et les hagiographes armoricains : en un mot, l'on peut supposer que ces saints n'ont pas vécu sur la terre armoricaine, que ce sont des cultes importés.

Or, si pour quelques rares saints armoricains, l'on a la certitude qu'ils ont vécu en Armorique, pour d'autres on

---

1. C'est ainsi que M. J. Loth a prouvé que l'éponyme de Ploerdut (M.), qu'on avait identifié avec saint Ildut, n'a rien de commun avec ce dernier, éponyme de Lanildut (F.), *Rev. celt.*, XL, 1923, p. 16, n. 2.

n'en a pas la preuve. Le fait même, pour quelques-uns, de
n'être connus qu'en Armorique, n'est pas la preuve certaine
qu'ils aient vécu en Armorique ; le nom du personnage peut
avoir été altéré, il se peut même que ce ne soit qu'un doublet
du nom sous lequel il est connu dans l'île. Cependant, on
devra se rappeler que beaucoup de saints ont vécu sur notre
terre bretonne, et qu'à toutes les époques, le peuple y a
canonisé de nombreux personnages.

Quant aux saints qui ont un culte à la fois en Armorique
et de l'autre côté de la mer, pour plusieurs il est certain
qu'ils ont vécu dans l'île de Bretagne et qu'ils n'ont jamais
mis le pied en Armorique. Leur culte a été importé après
leur mort. L'on sait en effet que l'hagiographie armoricaine
a accaparé quelques-uns des saints insulaires et des Irlandais en particulier, en les mettant en rapport avec les saints
armoricains[1], et que par ailleurs la tradition populaire
bretonne de tout temps a localisé la vie des saints honorés
dans le pays, puisqu'elle raconte que sainte Anne, la Sainte
Famille, le Sauveur lui-même et les apôtres seraient venus
en Bretagne[2]. La présence d'un tombeau n'a pas nécessairement une grande signification. Nombreuses sont les églises
ou chapelles qui détiennent un vieux sarcophage qu'on dit
être le tombeau du saint[3]. Au surplus, le culte et les reliques
ont pu être introduits en même temps et, en ce cas, on
aurait là une explication ingénieuse de l'origine du thème
de la navigation dans l'auge de pierre : la légende, après

---

2. J. Vendryes, in *Rev. celt.*, XXXVIII, 1921, p. 360. — Et cela à
toutes les époques. Saint Patrice, selon Garaby, p. 426, et Kerdanet,
Albert Le Grand, p. 813 (répété par Dr Mottay, *Icon.*, p. 69), serait né
en Armorique, près Pont-Aven; saint Martin serait mort à Rennes, selon
le même Kerdanet, et Garaby, p. 536.

3. M. J. Loth indique saint Collen, saint Neventer, saint Edern,
comme importés dans leur culte (*N˚.*, pp. 5-6, 141-142).

4. Plougonven détient ainsi le tombeau de saint Conven, Trégrom
celui de saint Brandan (*B.C.D.*, 1924, p. 272, n. 3). — De même certains
tombeaux passent pour être le lit du saint, dernier souvenir de l'ascétisme celtique par le froid, et l'on a étendu le thème du lit à beaucoup
de saints : en Trémel, une pierre dans laquelle on avait commencé à
creuser un sarcophage, est devenue le lit de saint Pierre (*gwel ваоsaf
Per*), patron de la paroisse. Des dolmens s'appellent *Lit de saint Jean*,
en Guimaëc (F.), à la limite de Saint-Jean-du-Doigt (*B.C.D.*, 1911,
p. 383), et en Squiffiec (C.-du-N.) (Dr Mottay, *Répert. archéol.
C.-du-N.*, p. 27).

avoir localisé la vie du saint dans la nouvelle résidence de ses reliques, aurait supposé que le saint serait venu vivant, faisant une embarcation du sarcophage qui est tenu pour son tombeau [5].

Mais même en admettant que la présence simultanée de chapelles dédiées aux mêmes saints dans l'île de Bretagne et en Armorique soit le fait d'un transport de culte, même dans ce cas, et si la part contributive de l'Irlande et de l'île de Bretagne pour fournir des saints a été beaucoup plus grande que celle de l'Armorique, on n'oubliera pas de remarquer que dans un monde religieux aussi parfaitement uni, chaque pays a donné et reçu ; les transports de culte se sont faits dans tous les sens. Notre saint Tudual a donné son nom au village de *Saint-Tudwal*, près Pwlheli en Carvonshire, dans le pays de Galles [6]. De même le culte de notre saint armoricain Mélar est passé dans l'île et a été accaparé par les hagiographes insulaires [7]. De même aussi, notre saint armoricain Mériadec a été honoré en Cornwall et y est devenu très célèbre [8]. Qui plus est, l'Irlande, si riche, a elle-même reçu le culte de saint Samson [9]. A telle enseigne, on le voit, que la présence du culte en Galles ou en Cornwall, pour un saint connu en Armorique, ne saurait être interprétée comme l'indice certain que l'île est le pays, et le seul pays, où le saint ait vécu, et qu'en Armorique il n'y a eu qu'un transport de culte.

Il faut regarder plus loin, cette unité du monde celtique, si parfaite au point de vue religieux, qui fait que beaucoup des saints celtiques sont communs à l'ensemble des peuples celtiques [10], cette unité ne peut aucunement servir d'argument

---

5. L'auge en pierre servant de barque est devenue le cliché obligatoire des vies populaires de tout saint breton ; si la tradition orale n'en parle pas, les récits facétieux et burlesques s'en chargent.

6. J. Loth, *Ns.*, p. 124, s. v. Tutwal.

7. Duine, *Memento*, n° 84, p. 100.

8. La vie du saint est armoricaine, elle a servi de modèle au mystère cornique de la *Beunans Meriasek* ; le saint n'est pas l'éponyme de la paroisse cornique de Cambron, où il est honoré : ce culte en Cornwall est dû à un transport.

9. J. Loth, *La vie la plus ancienne de saint Samson*, in *Rev. cell.*, XXXV, 1914, p. 273.

10. Sur cette unité, v. Vendryès, *loc. cit.*, J. Loth, *art. cit.*, p. 289-296, et *Rev. cell.*, XXXIII, 1912, p. 419 et *seq.* Il n'y avait alors qu'une seule Bretagne sur les deux rivages de la mer.

pour universaliser la thèse du transport des cultes et retirer à l'Armorique tous ses saints. Au contraire, cette unité nous autorise à dire : nos saints nous sont venus de l'île de Bretagne, mais ils ont pu vivre aussi sur notre terre. Les chapelles qui existent des deux côtés de la mer rappellent peut-être que le saint était déjà connu dans l'île avant de venir en Armorique, ou que lors d'un de ses voyages en Grande-Bretagne, le peuple aura marqué le souvenir de son passage par un monument; le saint a même pu être canonisé à la fois et par les Bretons insulaires et par ceux d'Armorique ; ces saints étaient pan-celtiques. Il faut le répéter. l'unité du monde celtique était telle, on l'a dit, que l'on s'entendait causer d'une rive à l'autre ; il n'y avait pas de régions séparées, l'on passait la Manche comme l'on prend le passeur pour traverser la rivière[11]. Saint Samson est retourné plusieurs fois dans l'île, et les chapelles qu'il y possède rappellent les séjours qu'il y a faits[12]. Si le culte de beaucoup de nos saints est pan-brittonique, c'est parce que ces saints ont été eux-mêmes, pendant leur vie, pan-brittoniques, qu'ils ont partagé leur apostolat entre les Bretons de l'île et leurs frères du continent.

Des exemples empruntés à des époques, pour lesquelles nous possédons des documents contemporains certains. prouvent que des saints ont étendu leur apostolat à des

---

11. J. Loth, *op. cit.*, p. 273 : *Ns.*, p. 112, s. v. *Samson* ; saint Samson a même voyagé en Irlande. *Vita Samsonis*, édit. Fawtier, I, 37-38. — Beaucoup des auteurs de nos vies latines connaissent fort bien l'île de Bretagne ; tout semble indiquer qu'eux aussi y étaient allés.

12. Je dis qu'ici le peuple a marqué le souvenir du passage des saints, comme en pays Éduen on a marqué le souvenir du passage de saint Martin ; voyez les débuts du travail de Bulliot, *La mission et le culte de saint Martin dans le pays Eduen*, in *Mém. Soc. Eduenne*, XVI. 1888, pp. 66 et *seq.*, avec cette différence que saint Martin n'a pas stationné en ces endroits aussi longtemps que nos saints bretons aux endroits qui portent leur nom : saint Martin passait rapidement ; mais il était réputé avant d'arriver ; nos saints bretons se sont attachés aux lieux, s'y sont fait connaître et y ont été canonisés par le peuple. — Je n'insiste pas sur cette habitude qu'a le peuple de fixer le souvenir des grands personnages. Si on ne le fait pas aussitôt. on ne tarde pas à le faire dès que la célébrité du personnage est devenue définitive. A Trédrez, l'on voit près de l'eschalier de l'église, une pierre sur laquelle on a gravé S + Y, en souvenir de saint Yves,

nations très éloignées : saint Vincent-Ferrier a évangelisé l'Espagne, l'Italie, la Suisse, l'Auvergne, la Bretagne, l'Angleterre, l'Ecosse, l'Irlande et les Pays-Bas. En de nombreux points où il a prêché, on a gardé précieusement des souvenirs de sa mission, chaire à prêcher, ou autres choses. Il est mort à Vannes, en pays breton, où l'on vénère toujours ses reliques [13]. Pourquoi déciderait-on que plusieurs de nos saints, qu'une foi au moins aussi puissante animait, n'ont pu de la même façon étendre l'heureux bienfait de leur apostolat à l'ensemble des nations celtiques, ou seulement au petit monde brittonique.

La remarque qui vient d'être faite pour ceux de nos saints qui sont pan-brittoniques peut être répétée pour nos saints pan-armoricains. Leur culte est répandu à travers toute l'Armorique parce que eux-mêmes ont étendu leur apostolat à toute l'Armorique. Ils ont visité successivement les cantons les plus éloignés de notre Bretagne et laissé partout le souvenir de leur apostolat ; les paroisses, chapelles, hameaux, qui portent leur nom, sont les témoins de leur passage. Et à ce sujet, on ne peut pas ne pas être frappé de la ressemblance qui existe entre eux qui furent de grands voyageurs et nos missionnaires des xvi⁰ et xvii⁰ siècles, qui, à la suite de Michel Le Nobletz et du Père Maunoir, refirent l'évangélisation de la Bretagne. Ces missionnaires firent de tout

---

qui aimait à se reposer en cet endroit et appuyait sa tête sur cette pierre. L'on sait combien le souvenir de la duchesse Anne et de son pèlerinage à Saint-Jean-du-Doigt est demeuré vivant [Louis Le Guennec], *Guide du pays de Lanmeur*, Morlaix, 1912, in-12, pp. 7-8. On sait aussi que Roscoff a gardé le souvenir de Marie Stuart, qui y débarqua en 1548 (*Furet. bret.*, VI, 93-94, VII, 84, 120, VIII, 159). Cf. et. VILLOT, *Mœurs, coutumes et institutions de l'Algérie*, 3⁰ édit., Alger, 1888, p. 173. « Aujourd'hui encore, les indigènes environnent d'un mur en pierres sèches l'espace étroit où un marabout de haute lignée, dans une circonstance importante, a fait une prière, …il devient un lieu de prières » et cet endroit garde le nom du marabout.

13. Ce saint est passé à Plestin, disaient des notes manuscrites sur la vieille couverture en parchemin du registre de comptes de Plestin, 1851-1856. Cette couverture a disparu à la reliure, mais les notes ont été résumées par l'abbé Joncourt (Archives paroissiales de Plestin). — A Morlaix, un oratoire fut bâti à l'endroit où saint Vincent prêcha (*Albert Le Grand*). — L'on trouverait encore des exemples semblables à l'époque contemporaine, en Europe, ou dans les pays de mission.

point comme leurs prédécesseurs qu'ils ne cessèrent d'imiter. Comme eux, ils voyagèrent à pied, évangélisant le peuple autour d'un calvaire, étonnant par leur activité par leur piété et aussi par leur ascétisme[14]. C'est d'après l'histoire de ces missionnaires des XVIe et XVIIe siècles qu'il faut se représenter l'œuvre de nos vieux saints bretons, venant réévangéliser nos pères, en fournissant l'exemple des vertus chrétiennes, en prêchant sans cesse et en apportant le secours du saint ministère dans un pays qui manquait de prêtres. A cette époque, l'Armorique n'était peuplée que par des émigrés à peine fixés, sans liens, sans organisation religieuse. Nos saints créèrent les communautés chrétiennes, les paroisses qui sont les bases de la vie religieuse des chrétiens. Les ermitages qu'ils avaient habités furent les *Lan-*, les paroisses qu'ils ont fondées, les *Plou-*, les hameaux qui se sont établis autour de leurs ermitages sont les *Tré-*[15].

Et à ce sujet il faut ajouter qu'il semble bien que la plupart des établissements en *Plou-*, *Lan-*, *Tré-*, ont été fondés par le saint lui-même dont ils portent le nom[16]. La grosse objection est qu'il existe une paroisse de *Plou-bezre*, *Plebs Petri*, et une chapelle de *Lamber* en Plou-

---

14. Consciemment ou inconsciemment, ils répétaient la tradition de nos saints anciens : certains détails sont remarquables. Ainsi, quand Michel Le Nobletz voulut donner en quelque sorte l'investiture de ses missions au P. Maunoir, il lui remit publiquement la clochette dont il s'était servi (BOSCHET. *Vie du R. P. Maunoir*, Paris, 1697, II, p. 72). Or, l'on sait le rôle important que jouait la clochette dans les chrétientés celtiques primitives. De même, Michel Le Nobletz pratiqua beaucoup l'ascétisme par le froid : il restait des heures, couché dans la neige. Il n'avait pour lit que la terre, une pierre comme chevet. Il vécut deux ans dans une *logette* au bord de la mer. Sa sœur vivait dans une logette voisine. Tous ces détails reproduisent les thèmes constants de l'hagiographie celtique.

15. Et précisément les endroits où les missionnaires des XVIe et XVIIe siècles ont résidé sont devenus des oratoires : pour Michel Le Nobletz, chapelle Saint-Michel en Plouguerneau, chapelle Saint-Michel en Douarnenez ; la chapelle N.-D. de Bon Secours en Lochrist-Le Conquet, est la maison où il mourut le 5 mai 1652 (*Soc. arch. Fin.*, 1909, p. 43). — La chapelle en Plouguerneau est appelée sur la carte de Cassini : *Saint-Michel-Noblet*.

16. Je reviendrai longuement sur la question des paroisses et établirai, par l'étude de leur origine, que l'éponyme est bien le fondateur.

moguer, et qu'il existe une paroisse de *Ploujean, Plebs Johannis*. Ces établissements, dit-on, sont placés sous le vocable des apôtres Pierre et Jean ; cette affirmation n'est pas fondée, on l'a vu ", et quand elle le serait, l'objection ne serait pas solide. L'exception ne détruirait pas la règle qui veut que toute l'hagio-onomastique ancienne de la Bretagne soit absolument bretonne : il faut bien se rappeler en ce qui concerne *Ploubezre* et *Ploujean*, que leur éponyme peut très bien être un personnage celtique au même titre que l'éponyme des nombreux *Lampaul;* d'heureuses circonstances font que saint Paul-Aurélien n'est pas tombé dans l'oubli ; s'il était tombé dans l'oubli, l'on croirait que les *Lampaul* portent le nom de l'apôtre saint Paul : l'éponyme celtique de Ploubezre et de Ploujean a pu être oublié, et c'est à tort probablement qu'on y honore l'apôtre saint Pierre et saint Jean-Baptiste ".

---

17. V. *supra* mes articles sur Ploubezre et Ploujean.

18. Il y aurait un argument assez curieux que l'on pourrait utiliser peut-être, pour démontrer que les saints sont bien les fondateurs des *Plou-, Lan-, Tré-*, dont ils sont éponymes. Les éponymes sont toujours des saints et jamais des saintes, ce sont donc les prêtres missionnaires qui ont constitué les paroisses et non pas des saints ou des saintes dont on aurait importé le culte. C'est là chose très délicate. Les exceptions sont rares ou dues à des erreurs : *Plouzévet* (F.) a un éponyme masculin, c'est à tort qu'on écrit Sainte-Thévette en Esquibien (F.) (*Ns.*, p. 31, s. v. *Demet*) ; les deux seules *Lan-* qui portent le nom de saintes sont contestables : *Lannennok* en Pleumeur (M.), est-ce bien une sainte qui a fondé cette *lan* ? cf. *Saint-Nennoc*, chapelle en Lignol et en Bubry, et le *Nennoc* en Melrand (*Ns.*, p. 95 et Ros.) : le monastère primitif a dû être fondé par un homme, puis devenir monastère de femmes, et alors l'éponyme a changé de sexe (*contra,* v. DUINE, *Invent.*, p. 186, n° 58) ; l'autre exemple est *Lannon*, que l'on suppose dédiée à sainte Nonne (*Ns.*, pp. 98-99, DUINE, *Memento*, p. 155, n° 174), cet exemple est peu sûr. Par contre, sainte Brigitte-Berhed n'a aucun *Plou-, Lan-, Tré-* ; elle a des *Loperhet* ; elle n'est l'éponyme d'aucune paroisse ancienne. *Perguet*, ancienne paroisse en Bennodet (F.), dédiée à sainte Brigitte, ne peut s'expliquer par *Berhet* ; la commune de *Sainte-Brigitte* (M.), en breton *Birhyett*, est une ancienne trêve de Cléguérec, et la paroisse de *Berhet* (C.-du-N.), dont le territoire est tout petit, est un démembrement ancien de Prat. Cependant, je signale l'argument sans vouloir en faire état ; dans l'Eglise celtique primitive, les saintes sont l'exception, cela peut être une explication pour cette remarque qui valait la peine d'être faite.

Enfin, l'on cherche en vain comment le culte de nos saints se serait transporté aux époques anciennes de l'Eglise celtique. Certes, ces époques nous sont quasi inconnues : nous ne savons presque rien de l'histoire de la Bretagne antérieurement aux Normands, et les invasions normandes ont révolutionné le pays, ruiné les monastères et les églises, et cependant les documents anciens qui subsistent pourraient fournir quelques traces de transport de cultes. Il n'y en a aucune ; au contraire, l'on peut dire que toute l'hagiographie celtique est formelle pour indiquer qu'il y a sur ce point une tradition invariable dans l'Eglise celtique ancienne. Jamais aucun de nos saints ne paraît avoir voué un culte à un saint antérieur. Dans leurs prières, ils ne font pas appel à l'intercession de tel autre saint ; on ne les voit pas vantant les vertus d'un de leurs prédécesseurs, étendant son renom, érigeant des chapelles ou des autels sous son nom. Saint Guennolé est représenté une fois comme voulant aller en Irlande vénérer les reliques de saint Patrice, c'est la seule fois où l'on trouve une allusion à une dévotion pour un autre saint ; et encore l'hagiographe insiste, ce fut pendant une nuit, le cœur de saint Guennolé fut brûlé du désir irrésistible d'aller vénérer les reliques de saint Patrice, ce n'est pas une dévotion constante, habituelle[19]. Qui plus est, l'on peut constater que saint Patrice n'est l'objet d'aucun culte en Bretagne ; lui, l'apôtre de l'Irlande, est inconnu dans un pays qui a reçu un nombre considérable de moines irlandais[20]. Si bien, on peut l'assurer, il n'y a aucune trace, dans les documents écrits, d'un transport du culte d'un saint aux époques primitives de l'Eglise celtique.

---

19. *Vita Winualoei*, 1, c. 19. — L'intervention de saint Patrice dans la *Vita* n'est qu'un procédé littéraire pour amener le songe de Guennolé recevant les instructions de saint Patrice.

20. Le culte de ce saint ne paraît pas ancien en Bretagne. Il y a un village de *Saint-Patrice* (C.-B.-M.), à la limite de Lannion et de Ploulec'h (C.-du-N.), en Mégrit (C.-du-N.), zone française, un rocher porte le nom de *Pierre de Saint-Patrice*, et l'on raconte que le saint y aurait vécu (SÉBILLOT, *Petite légende dorée*, p. 49). DOM GOUGAUD, *Les saints irlandais dans les traditions populaires des pays continentaux*, in *Rev. celt.*, XXXIX, 1922, p. 201 et n. 3, n'a relevé, en Armorique, qu'une seule trace du culte de saint Patrice, c'est un dicton, d'après lequel celui qui tue de son doigt un perce-oreille, a la bénédiction de

Généralement, les transports de culte sont consécutifs à un transport de reliques [20]. L'on chercherait encore en vain un transport de reliques. On ne trouve aucun indice d'un culte des reliques pour nos saints celtiques aux époques anciennes. M. Czarnowski a remarqué à juste titre que, dans l'ancienne hagiographie celtique, les reliques corporelles des saints tiennent très peu de place, le peuple vénère plutôt le bâton ou la sonnette qui ont servi au saint [22]. Pour qu'il y ait transport de reliques et diffusion du culte, il faut que l'on accepte de partager le corps saint ; or, aux époques primitives, on ne pense pas à pratiquer un tel partage qui semblerait sacrilège ; les corps saints sont un tout indivisible, au même titre que le corps des héros laïcs. Les Grecs anciens n'auraient jamais songé à faire des parts du corps de Thésée pour en doter plusieurs colonies ; il en

---

ce saint. — De même le culte de sainte Brigitte en Bretagne n'est pas ancien ; il est de l'époque des *Lok-*, puisque la sainte est éponyme de *Loperhet*, il n'a donc pas été transporté en Bretagne par les saints. — Il faut remarquer en outre que certains des grands saints gallois, saint Dubric par exemple, sont complètement ignorés en Armorique. — A noter cependant un fait curieux : M. J. LOTH, *Rev. celt.*, XXIX, 1908, p. 69, examinant le nom d'un certain *Guoscadoc*, témoin dans une charte de Redon en 837, écrit « comme il s'agit vraisemblablement d'un moine, et que le contrat a lieu *in plebe Catoc* (Pleucadeuc, M.), il ne paraît guère douteux que *Guos-cadoc* ne signifie *serviteur de Catoc* » ; on aurait donc là un exemple de moine dévoué au culte d'un saint : mais nous sommes au IX° siècle.

21. Inutile de rappeler l'exemple bien connu de la translation des corps saints hors de Bretagne au moment des invasions normandes, qui a déterminé l'extension dans toute la France du culte des saints Samson, Magloire, Salomon, Maudez, Guennolé, etc. — Dans la période moderne, le contraire parfois se produit : la présence du culte appelle les reliques ; ainsi Tréduder, qui honore saint Théodore, a demandé et obtenu des reliques de ce saint ; la chapelle Saint-Efflam en Kervignac (M.) a demandé et obtenu des reliques de saint Efflam ; l'église de Plestin possède des reliques avec authentique de saint Honorat, probablement parce que dans la paroisse on vénère sainte Enora (ou sainte Honorée), épouse de saint Efflam. — BULLIOT, au sujet du culte de saint Martin, s'était aussi posé la question des reliques (*art. cité*, in *Mém. Soc. éduenne*, XVI, p. 90).

22. *Saint Patrick, héros national de l'Irlande, et le culte des héros*, Paris, 1919, in-8°, p. 224.

est de même pour les héros celtiques[23] ; c'est toujours le corps tout entier qui constitue le palladium d'une nation ou d'une cité ; on ne penserait pas un seul instant à en distribuer des fragments. La preuve que l'on ne songe pas à partager les saints corps, c'est que l'on retrouve sans cesse le thème de la lutte entre plusieurs provinces ou plusieurs paroisses, qui veulent détenir le corps d'un saint, et le thème de l'élection de sépulture faite par le saint lui-même, qui commande aux bœufs de s'arrêter là où il veut reposer[24]. Cette élection de sépulture eût été inutile, si les populations qui se disputent ainsi avaient pu admettre qu'il était possible de donner à chacune une part des saintes reliques. C'est à une époque très tardive que dans l'Eglise celtique on a considéré qu'il n'était pas sacrilège de diviser le corps des saints[25]. On se rappellera aussi qu'en aucun cas il n'est fait mention d'un transport de reliques partielles d'un saint celtique aux époques anciennes. Pas un de nos saints ne vient avec des reliques : le culte des reliques de saints celtiques est inconnu dans l'hagiographie celtique primitive. Les transports de reliques n'ont donc pas pu déterminer des transports de culte.

Enfin, si l'on considère sur la carte l'emplacement des différents lieux où existe le culte d'un saint, l'on voit qu'il est assez difficile de reconnaître l'effet de transports successifs. L'extension du culte apparaît comme étant maritime, sans toutefois, on le verra plus loin, être due à des transports effectués par les marins. L'on devrait voir les cultes

---

23. CZARNOWSKI, *Saint Patrick*, pp. 9, 10, 23, 24 : si pour le héros laïc Conall, son seul crâne suffit à constituer le palladium des Ulattes, c'est parce que le crâne représente le corps tout entier, et il n'est pas question des autres parties du corps, p. 217.

24. CZARNOWSKI, *op. cit.*, pp. 63 et 204 : cette légende se retrouve pour beaucoup de saints celtiques, Patrice, etc. ; la même répugnance à partager le corps des saints a fait que plusieurs églises prétendaient détenir le corps entier d'un même saint ; il existait ainsi trois corps de saint Téliau (J. LOTH, *Les Mabinogion*, Paris, 1913, in-8°, II, p. 282).

25. Par contre, on posséda de bonne heure des parcelles des corps de saints romains. L'Eglise irlandaise détenait des reliques de saint Pierre, saint Laurent, saint Etienne, dès le VIIIe siècle, CZARNOWSKI, *op. cit.*, p. 33 ; le partage des reliques dans l'Eglise romaine est plus ancien. — Concernant les reliques de saints romains en Bretagne, v. DUINE, *Memento*, n. 8, p. 7, n° 27, p. 68, n° 220, p. 171.

s'étendre à la façon d'une tache d'huile, ou suivant l'itinéraire des voies naturelles ou des routes anciennes ; au contraire, la plus grande fantaisie règne à ce sujet. L'aristocratie, qui devait être l'artisan de ces extensions du culte, a toujours été en Bretagne une aristocratie terrienne ; l'extension s'est faite par mer. Les cultes existent non point dans les agglomérations, dans les lieux de marché, sur les routes, mais au contraire en des lieux isolés, souvent même désertiques.

Il y a là des données qui indiquent que de grosses difficultés s'opposent à toute tentative pour expliquer les établissements anciens du culte des saints de la première période comme étant dûs à des transports de culte ; il demeure que ces cultes apparaissent comme ayant leur origine dans l'action du saint lui-même, qui a laissé son souvenir dans les lieux qu'il a honorés de sa présence. Une comparaison avec des cultes qui se sont étendus en Bretagne, à une époque moins ancienne, par suite de transports dus à des abbayes puissantes, permettra de vérifier ce qui a été dit concernant le culte des saints de la première époque, à savoir qu'il ne peut, en aucune façon, avoir été importé et étendu, d'une façon ou d'une autre, après la mort de ces personnages.

Lorsque l'on quitte l'époque primitive, celle des saints éponymes de *Plou-*, *Lan-*, *Tré-*, et que l'on s'occupe des saints éponymes de *Lok-*, dont le culte s'est développé postérieurement aux ravages des Normands, pour plusieurs de ces saints, il est facile de retrouver la cause originaire du développement de ces cultes. Les *Loquellas* sont des prieurés élevés par l'abbaye de Saint-Gildas-de-Rhuis, après sa restauration au début du xi⁰ siècle ; le relevé de tous ces établissements, que l'on peut dresser sur la carte, reproduit très clairement l'extension de cette abbaye, extension qui s'est produite par la mer, sur tout le rivage du Vannetais et de la Cornouaille [26]. De même, les *Loquénolé* du Finistère sont en des points pour lesquels le Cartulaire de Landévennec signale des donations à l'abbaye de Landévennec, et c'est précisément cette abbaye qui a instauré en ces

---

26. Voyez mon article déjà cité sur *La topographie du culte de saint Gildas.*

points le culte de saint Guennolé ". L'extension du culte
de saint Tudy s'est produite dans les mêmes conditions,
l'abbaye de Saint-Tudy, au bas de la rivière de Quimper.
ayant constitué des *Loctudy* de la même façon que l'abbaye
de Saint-Gildas-de-Rhuis constituait des *Locquellas* ". L'on
pourrait facilement réunir d'autres exemples ; ils concernent, en général, des cultes de saints éponymes de *Lok-*.
et ces cultes sont des cultes vannetais ou cornouaillais ;
région où les monastères semblent s'être constitués nombreux
et immédiatement florissants, dès le début du xi° siècle.

Rien de semblable n'existe en Domnonée ; l'on recher-
cherait vainement des séries d'établissements dûs à
l'extension d'une abbaye " ; les établissements du culte des
saints y sont dispersés de la façon la plus invraisemblable.
sans qu'on puisse reconstituer aucun ordre permettant de
saisir l'origine de cette dispersion ; par conséquent, il est
impossible de voir dans ces cultes, le résultat de l'extension
de plusieurs abbayes, qui auraient établi dans leurs dépen-
dances, les cultes de saints qui leur étaient chers.

La même dispersion existe. et celle-là à travers toute la
Bretagne, pour les saints éponymes de *Plou-*, *Lan-*, *Tré-*,
et cette comparaison permet à nouveau de dire que les
cultes de l'époque des noms de lieu en *Plou*. *Lan*. *Tré*,
ne doivent pas leur développement à des transports de culte
effectués par des abbayes, au fur et à mesure du développement pris par ces institutions monastiques.

Au surplus, il ne semble pas qu'il ait existé d'abbayes
dans l'Armorique bretonne des premiers siècles ; certes

---

27. Id., p. 23, n. 31.

28. Id., p. 24, n. 32.

29. Les *Lok-* sont rares en Domnonée, comparés aux très nombreux
Lok- du Vannetais : cela peut être l'expression d'une variété dialectale.
sans qu'il faille nécessairement décider que la rareté de ce terme
indique la rareté de la chose ; mais les établissements du culte,
quels que soient leurs noms, ne présentent jamais en Domnonée ce que
nous venons de signaler pour les *Loquellas*. *Loctudy* et *Loquénolé*. —
En réalité, il semble bien qu'il ne s'est pas constitué en Domnonée de
monastères semblables à ceux qui se sont élevés en Cornouaille
et en Vannetais après le départ des Normands : cf. F. Lot, *Mél. d'hist.
bret.*, p. 84, n. 4, qui constate le fait et l'attribue à la présence des
évêchés-abbayes qui existaient en Domnonée.

nous ne savons pas grand'chose de l'état du pays à cette
époque, mais rien n'indique qu'il y ait eu alors des abbayes
puissantes : une population nouvellement émigrée, qui
s'installe dans un pays inconnu, qui se trouve devant toutes
les difficultés de la vie, n'est pas apte à fournir de nombreuses vocations monastiques. Les émigrés sont accaparés
par les besoins matériels et ne peuvent s'adonner à la
contemplation. Ils n'ont aucun noyau de vie religieuse ;
la population bretonne était rurale, répandue à travers la
campagne, sans aucun centre ni commercial, ni intellectuel,
où puissent exister des écoles qui soient des séminaires de
vocations religieuses. Les prêtres venaient de la métropole,
l'île de Bretagne, des anciens monastères riches et nombreux
qui existaient en ces pays de civilisation. Si, d'ailleurs, on
compare la situation de l'Armorique occupée par les
Bretons à la situation des colonies occupées par les Européens, l'on voit que ces colonies n'ont fourni de prêtres
que très tard ; longtemps c'est l'Europe qui leur a envoyé
les prêtres dont ils avaient besoin, parce que l'Europe avait
ses abbayes, ses séminaires et une population parmi laquelle
des vocations religieuses pouvaient naître. Il en fut de
même dans l'Armorique bretonne des premiers siècles[30].

Ces données indiquent que les cultes des saints anciens
en Armorique s'expliqueraient difficilement par des transports de cultes, que l'on attribue ces transports, soit à des
voyages de reliques, soit à des extensions monastiques. Il y
a des chances que ces cultes rappellent le saint lui-même,
qui habita ces parages, y laissa le souvenir de ses vertus
et fut canonisé par le peuple.

---

30. C'est à tort que nous traduisons *Lan-* par monastère, abbaye ;
cette traduction laisserait supposer un développement monastique
considérable dès les débuts ; il faut le traduire par *cella*, ermitage ;
il y a parfois trois ou quatre *lan* dans la même paroisse, quels moines
auraient pu peupler autant d'abbayes ? Dans un pays neuf, la population
oublie le service de Dieu pour se donner aux travaux qui font vivre.
Le développement monastique en Bretagne n'existe qu'à l'époque des
Lok-, les *Loquellas*, les *Loquenolé* en sont la preuve. Cependant tous
les *lok* ne sont pas tous des prieurés : le mot *Lok-* désigne souvent
une simple chapelle, un oratoire, qui n'a jamais relevé d'une abbaye.

CHAPITRE VIII

LE CULTE DES SAINTS. ETUDE TOPOGRAPHIQUE

1. — LA TOPOGRAPHIE DES ÉTABLISSEMENTS DU CULTE

L'on n'a jamais étudié la topographie des établissements du culte de nos saints. Ces établissements sont les *Plou-*, *Lan-*, *Tré*, et aussi les simples chapelles dédiées à ces saints, ou les hameaux qui portent leurs noms, éponyme seul, ou précédé de l'adjectif *saint*. Ces derniers noms de lieu n'ont pas la marque d'ancienneté qu'ont les établissements en *Plou-*, *Lan-*, *Tré-*, et cependant certains d'entre eux sont anciens [1]. L'examen de l'emplacement de ces lieux du culte offre un grand intérêt.

Il est nécessaire de bien savoir, en ce qui concerne l'emplacement des chapelles, que la dévotion bretonne, de nos jours encore, fait preuve d'une grande fantaisie dans le choix d'un terrain pour élever un oratoire. Le propriétaire d'une lande inculte, souvent sans aucun autre motif que sa piété, y construit une chapelle [2]; c'est là un luxe pieux, souvent mêlé d'un peu d'orgueil, car beaucoup d'honneur rejaillit sur la famille, qui conservera les droits de prééminence sur cette fondation. La fantaisie règne dans le choix de l'emplacement, comme dans le choix du titulaire : l'exemple typique de cette fantaisie est la petite chapelle élevée au

---

1. Sur la chronologie de ces établissements, voyez au chapitre II. — J'ai tenté, pour le culte de saint Gildas, d'utiliser les éléments qui ressortent de la situation des emplacements de son culte, voyez mon article déjà cité : *La topographie du culte de saint Gildas*.

2. Il y a quelques années, un vieux corps de garde abandonné sur la pointe de l'Armorique en Plestin a été transformé en chapelle. Quelle autre destination pouvait-on donner à ce bâtiment ?

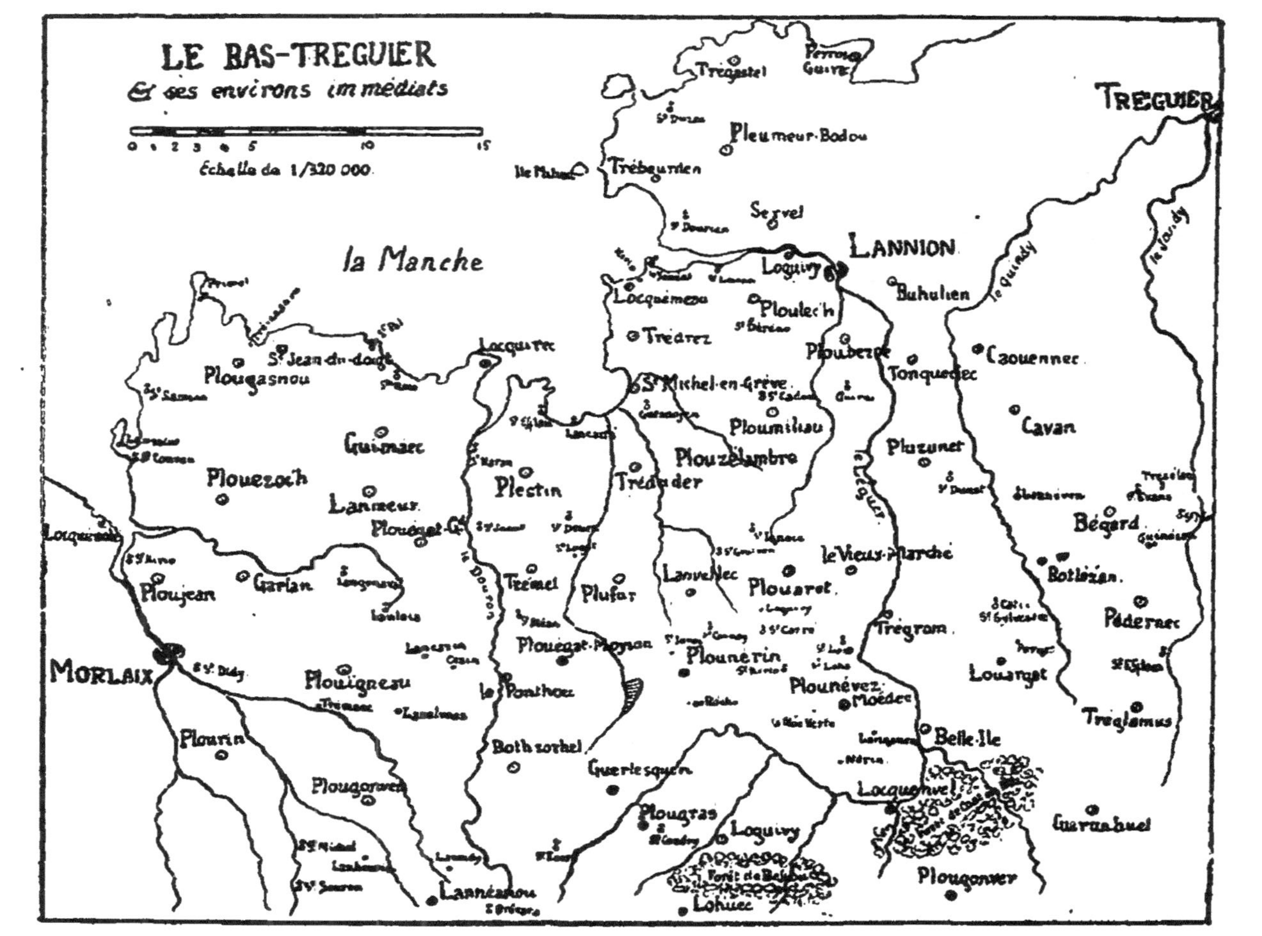

LE BAS-TREGUIER
& ses environs immédiats
Echelle de 1/320 000
0 1 2 3 4 5 10 15
la Manche
TREGUIER
Trégastel
Perros-Guirec
St Duzec
Pleumeur-Bodou
Île Milliau
Trébeurden
Segrel
LANNION
Loguivy
Buhulien
Locquémeau
Ploulec'h
Le Guindy
Trédrez
St Bérian
Ploubezre
Tonquedec
Caouennec
St Jean-du-doigt
Plougasnou
St Michel-en-Grève
St Carlan
Ploumilliau
Cavan
Pluzunet
Guimaec
Plouzélambre
Trédader
Plestin
Le Léguer
Plouezoch
Lanmeur
Plouégat-Guérand
le Vieux-Marché
Bégard
Botlézan
Trémel
Plufur
Lanvellec
Plouaret
Tregrom
St Gilvestre
Péderner
Ploujean
Garlan
le Douron
Plouégat-Moysan
Plounérin
Louargat
Tréglamus
MORLAIX
St Didy
Plouigneau
Plounévez-Moédec
Belle-Ile
Locquenvel
le Ponthou
Both sorhel
Guerlesquin
Plourin
Guerzabuel
Plougorvel
Plougras
Loguivy
Forêt de Beffou
Plougonver
Lannéanou
Lohuec

xviii* siècle, sous le vocable de sainte Rose de Lima, sur la falaise écartée et déserte de Guimaëc : on chercherait en vain à expliquer comment le culte de la sainte péruvienne a pu venir se fixer sur ce rocher perdu [3].

Il serait facile de rapporter tout à la fantaisie des dévots bretons. Cependant, une règle existe pour les établissements du culte des saints anciens : plusieurs de ces saints ont un sanctuaire sur le rivage et un autre à l'intérieur, dans l'arrière-pays ; ce sanctuaire est tantôt une chapelle, une église ou un simple nom de lieu. L'établissement côtier peut être donné comme marquant l'emplacement où le saint a pris terre en venant de l'île de Bretagne ; l'établissement dans l'arrière pays marquerait l'emplacement où le saint aurait résidé, après s'être enfoncé dans les terres.

Il n'y a pas lieu de faire état ici d'un élément fourni par la vie latine de saint Efflam, à savoir que saint Gestin aurait d'abord habité le point côtier de Donguel, — l'emplacement actuel de la chapelle Saint-Efflam, *non multum a littore remotam*, — avant d'aller s'établir dans la forêt voisine, un peu au sud du bourg de Plestin, à l'endroit où sont les ruines de la chapelle Saint-Gestin. La tradition rapporte, de même, que sainte Enora aurait résidé d'abord auprès de Donguel, conformément à ce que dit la vie latine, et qu'ensuite elle serait allée s'établir plus au sud, à l'emplacement de sa chapelle, non loin du bourg. Les noms de lieu fournissent des exemples qui offrent plus de sécurité. Voici les exemples qui ont été relevés :

Saint Conven, chapelle Saint-Conven sur la côte en Plouézoc'h, et dans l'arrière pays, paroisse de Plougonven, et hameau de Trégonven en Loguivy-Plougras (p. 62).

Saint Miliau, Ile-Milian en Trébeurden et paroisse de Ploumiliau, en arrière (p. 53).

---

3. Je ne crois pas que la sainte péruvienne † 1617, ait été substituée à une sainte celtique. Les *Trévros* et *Lanros* ne comportent pas un nom de saint, mais le nom commun *ros* = tertre couvert de bruyères. — Sur cette chapelle et sa très jolie légende, v. Louis Le Guennec, *Excursion archéol. dans Guimaëc*, Quimper, 1918, in-8°, pp. 26, 27 (extrait de la *Soc. arch. Fin.*, XLV). — Cf. Notre-Dame-de-Rocamadour, qui avait une chapelle en Camaret et une autre en Argol (F.) (*Soc. arch. Fin.*, 1910, p. 173, B.C.B., 1901, pp. 129 et 287) et les nombreuses chapelles à Notre Dame de-Lorette disséminées à travers le pays.

Saint Lavan, non loin de la côte en Ploulec'h, et Saint-Lavan, en arrière, en Plounévez-Moëdec (pp. 100 et *seq.*).

Saint Loha, peut-être identique au précédent, dont le culte est installé parallèlement (pp. 116 et *seq.*).

Saint Carré, éponyme de Lancarré, sur la Lieue-de-Grève en Plestin, et chapelle Saint-Carré en Lanvellec [4].

Saint Efflam, chapelle sur la Lieue-de-Grève en Plestin, et chapelle en Pédernec (*C.E.-M.*) [5].

Il faut citer à part, pour des raisons qui seront exposées plus loin :

Saint Garan, chapelle sur le rivage du Douron en Plestin, et, sous son autre nom Cavan, éponyme de la paroisse de Cavan [6].

Saint Kihio, fontaine sur la côte en Trédrez, et chapelle dans l'arrière pays en Plounérin [7].

Saint Guirec, éponyme des paroisses côtières de Locquirec et Perros-Guirec ; à l'intérieur, chapelle de Guirec en Ploubezre (pp. 100 et *seq.*).

Cette liste d'établissements côtiers, auxquels répondent des établissements dans l'arrière pays, à peu près dans les mêmes distances et dans la même zone de collines, indique que nous ne sommes pas devant une fantaisie ; la répétition de coïncidences semblables paraît marquer autre chose qu'une série d'accidents fortuits.

Parmi ces saints, plusieurs se présentent avec une appa-

---

4. V. *Six saints*, pp. 40 et *seq.*, et *supra*, la n. 3, au chap. IV. — Lancarré est pour *Nant-Carré*, mais comme il y avait là une chapelle très ancienne, antérieure à l'installation des moines du Mont-Saint-Michel en leur prieuré de Hirglas, chapelle qui primitivement ne leur appartenait pas, ce *Nant* a bien un saint pour éponyme.

5. Je n'ai pas étudié ce personnage ici, je signale que la chapelle en Pédernec est très ancienne, elle est d'ailleurs mentionnée dans les *Monuments originaux de l'histoire de saint Yves*, Saint-Brieuc, 1887, p. 172. — Je n'ai pas ajouté quelques exemples qui ne me paraissaient pas assez sûrs, mais que j'ai signalés *supra*, dans les articles sur Guimaëc, Lannéanou et Saint-Connay, pp. 56, 84 et 108, n. 36.

6. *Six saints*, p. 20 et *seq.*

7. Id., p. 75 et *seq.*

rence certaine d'antiquité: il y a deux éponymes de paroisses en *Plou-*, et saint Garan-Cavan donne son nom à une paroisse ancienne. Si l'on admet que ces personnages ont vécu dans le pays et que les lieux qui portent leurs noms rappellent leur passage, la chapelle côtière pourrait en ce cas rappeler le lieu de leur débarquement, et l'établissement terrien rappeler le lieu où ils auraient séjourné plus tard, après avoir monté dans le haut pays [1].

Il a été cité séparément trois saints qui présentent la particularité d'avoir plusieurs établissements côtiers :

SAINT KIRIO a, en outre de sa fontaine côtière en Trédrez, une autre chapelle non loin de la côte en Ploujean.

SAINT GUIREC a les deux établissements côtiers de Locquirec et de Perros-Guirec, et en outre un hameau de Saint-Guireu, ou Saint-Guireuc, sur la côte, en Plévenon (C.-du-N.), à environ 90 kilomètres est de Locquirec. — Si Guévroc est son autre nom, il a, sous ce nom, une chapelle côtière en Tréflez (F.), à 60 kilomètres environ à l'est de Locquirec, et en arrière de ce point côtier, une chapelle correspondante dans le haut pas, en Ploudaniel.

----

[1]. Il faut ajouter à cette liste des exemples bien différents, qui ont l'intérêt de montrer combien il faut être circonspect en cette matière. Ces deux exemples sont d'une époque connue puisqu'ils comportent des *Lok-* et sont par conséquent sans rapports avec ceux qui précèdent :

SAINT IVY, éponyme de la petite paroisse aux enclaves de Dol, et par conséquent peu ancienne, de Loguivy-lez-Lannion, sur le bord du Léguer, et, dans l'arrière pays, de Loguivy, ancienne trève de Plougras, de Loguivy en Tonquédec, et de Loguivy en Plouaret (*C.E.-M.*). Il s'agit là de l'extension d'un culte qui a fait fureur en Bretagne pour des raisons que l'on ne connaît pas, et cela à l'époque très tardive des *Lok-*.

SAINT JUDOC, patron de la chapelle Saint-Uzec en Pleumeur-Bodou et de Lohuec, jadis *Lohuzec*, ancienne trève de Plougras. La chapelle Saint-Uzec en Pleumeur n'est pas absolument côtière, elle est à un bon kilomètre de la mer et dans une situation terrienne. Par ailleurs, le culte de ce saint très tardif, qui ne vécut pas en Bretagne, a été introduit en Bretagne à fort basse époque.

Ces deux exemples peuvent donc être mis à part et ne doivent pas entraver la suite des recherches. Sur ces deux saints, voir les explications fournies *supra* au début du chap. III ; sur saint Ivy, voir *Six saints*, p. 88 et n.

Saint Garan a une seconde chapelle côtière, la chapelle Saint-Cava en Plouguerneau (F.), à près de 80 kilomètres à l'ouest de Plestin.

La chapelle côtière unique pouvait être interprétée comme rappelant le lieu de débarquement du saint ; que devient dans ce cas la seconde chapelle côtière, la troisième. comme c'est le cas de saint Guirec ; faut-il les interpréter comme étant dues à un transport du culte ?

II. — LES CHAPELLES COTIÈRES

Il ne faudrait pas se hâter de conclure que les chapelles côtières, et en particulier les doublets de chapelles côtières, procèdent toutes d'un transport du culte[9]. Avant de pousser plus avant dans l'examen de la question, il est nécessaire d'étudier plus à fond les données du problème ; l'emplacement des chapelles côtières mérite un plus long examen.

Ces chapelles sont pour la plupart sur le rivage ; elles sont établies en bordure de mer, sur le champ ou la dune qui est à la limite de la grève, à l'endroit où s'arrête le sable de la plage. Elles sont si côtières que plusieurs parmi elles sont ensablées : c'est le cas de la fontaine Saint-Kirio en Trédrez, de la chapelle Saint-Guévroc en Tréflez et de la chapelle Saint-Pol dans l'île de Batz. La répétition d'un détail si nettement accusé, et en même temps si bizarre. indique une volonté arrêtée. Nous ne sommes pas devant la fantaisie d'un dévot qui bâtit une chapelle ; ces chapelles ont été construites en ces points, parce qu'un fait a déterminé leur emplacement ; ce fait ne peut être qu'un débarquement, celui du saint ou celui d'émigrants qui transportaient le culte, ou bien une habitude chez nos saints d'établir leur cellule au bord même de la mer[10].

---

9. Mais les mêmes causes produisant les mêmes effets, la mer ou la côte étant demeurée toujours la seule voie naturelle en Bretagne, il est certain que voyages du saint et transports du culte ont pu se produire de la même façon.

10. Inutile d'ajouter que ces chapelles ne peuvent pas avoir été construites par suite d'une légende d'origine savante, localisée par le peuple. C'est le contraire qui a pu se produire ; c'est la chapelle qui a

On est obligé de répéter ce qui a été déjà dit en parlant de la petite fontaine Saint-Kirio en Locquémeau[11], ces établissements sont en des points absolument désertiques : Locquirec et Perros-Guirec sont devenus des ports[12], mais les autres emplacements ne sont ni des ports, ni même des havres ; ces chapelles sont complètement isolées, sur une côte pauvre et aride : aucune maison ne se trouve à côté ; rien ne pouvait y attirer ni le navigateur, ni le paysan ; rien ne désignait cet endroit pour être un lieu du culte, ni de la part des terriens ni de la part des marins[13] ; ce n'est même pas le lieu où des émigrants ignorant le pays auraient cherché à prendre terre. Rien, dans l'emplacement de ces chapelles, ne permet une comparaison avec les nombreux établissements du culte de plusieurs saints disposés en chapelet le long de la côte du Vannetais ou de la Cornouaille, et qui sont dus à l'extension de grandes abbayes ; ces abbayes ont constitué des prieurés tout le long du rivage facile de l'Océan, aux points d'échouage ; ce sont autant de petites pêcheries et de petites exploitations agricoles[14] ; ici rien de semblable ; les chapelles sont sur la côte sauvage de Domnonée, dans les parages que les navigateurs ne visitent pas ; on est tenté d'y voir le lieu d'atterrissage d'une barque abandonnée à la mer sans voile ni rame, la barque d'un saint, qui, selon le thème de bien des légendes celtiques, se laisse conduire au gré des flots et à la volonté de Dieu :

donné naissance à la légende. Ainsi Albert Le Grand, dans la vie de saint Samson, rapporte que saint Samson partit d'Armorique pour l'Île de Bretagne, en s'embarquant à la chapelle Saint-Samson en Plougasnou (F.) : si Albert Le Grand a fixé en ce point le lieu où le saint s'est embarqué, c'est parce qu'il y avait là une chapelle.

11. *Six saints*, pp. 74-75.

12. Et encore l'oratoire de saint Guirec n'est pas au port de Perros, mais loin du port, sur une plage qui était demeurée déserte jusqu'à la venue des touristes.

13. Par conséquent, il ne s'agit pas de transports de culte opérés par une marine régulière, comme cela s'est passé dans la Méditerranée, où l'on retrouve les traces des marines qui se sont succédées et ont implanté les unes après les autres leurs cultes nationaux sur les points intéressants pour la navigation, v. BÉRARD, *Les Phéniciens et l'Odyssée*, Paris, 1902, 2 vol. in-8°.

14. Voyez mon article sur *La topographie du culte de saint Gildas*, *supra* cit.

la chapelle marquerait l'atterrissage et le premier séjour du saint[15]. Ou bien il faut y voir le lieu où un saint est venu se retirer pour vivre dans la solitude ; la chapelle aurait remplacé l'ermitage.

La seconde interprétation n'a rien qui puisse nous surprendre. Des traditions dignes de foi, souvent même des documents authentiques, mentionnent de nombreux exemples de saints qui se réfugièrent dans des grottes de la côte, ou vinrent établir leur *peniti* sur le rivage même de la mer. La solitude, le spectacle grandiose des marées, leur offraient un lieu remarquable pour la vie contemplative ; les vents et les tempêtes, la dureté du climat réalisaient leur besoin d'ascétisme. La mer leur apportait les coquillages nécessaires à leur nourriture, les sources qui sortent de la falaise leur fournissaient l'eau fraîche[16]. Longtemps, en Bretagne, on a recherché les lieux isolés de la côte, ou une île déserte pour y vivre en anachorète. Au XVe siècle, il y avait encore un ermite dans l'île de Césembre, près de Saint-Malo[17] ; Michel Le Nobletz se confina, deux ans durant, dans une logette, sur la côte sauvage de Plouguerneau, à l'endroit où la piété des fidèles a, pour marquer son souvenir, érigé une chapelle sous le vocable de Saint-Michel[18] ; souvent

----

15. L'on pourrait se demander s'il n'y avait pas un rite faisant suite à la cérémonie de l'embarquement sur la barque désemparée ; le saint en touchant terre, là où la volonté divine l'avait envoyé, embrassait cette terre que Dieu lui accordait, rendait grâces, élevait un autel, construisait un oratoire. Ce serait là une explication très ingénieuse, mais rien ne l'autorise. Des vies latines nous disent qu'en débarquant sur le continent, le saint rend grâces à Dieu, pour l'avoir transporté heureusement sur cette terre promise, et c'est tout, et ce peut être une simple floriture d'hagiographe.

16. En un mot, c'est là le *désert* dont parlent les vies latines. — Sur la mentalité des moines celtiques qui les poussait à chercher des ermitages sur les côtes désertes, v. J. CHEVALIER, *La formation de la nationalité et les réveils religieux au pays de Galles*, Lyon, 1923, in-8°, pp. 271 et seq. et 366 et seq.

17. GARABY, *Vies des ss. bret.*, p. 399.

18. *Soc. arch. Fin.*, 1904, p. 815 ; TRESVAUX, *Vies des ss.*, IV, p. 153 ; cette chapelle porte le nom de « *Saint-Michel Noblet* » sur la carte de Cassini. — La sœur de Michel Le Noblet fit de même, ID., p. 168, elle construisit, non loin de la logette de son frère, une petite logette en paille pour elle y résider.

aussi, nos saints choisissaient ces lieux de retraite pour y établir un petit monastère : saint Pol de Léon fonda un petit couvent dans l'ile de Batz, là où se trouvent encore les ruines ensablées de sa chapelle. Saint Maudez vint s'établir avec ses disciples dans l'Ile-Maudez[19], saint Magloire s'en alla fonder une petite abbaye dans l'ile de Jersey, saint Guennolé résida avec ses disciples dans l'ile de Tibidy, puis vint se fixer à Landévennec ; longtemps on continua à choisir ces emplacements. En 1434, les Cordeliers allèrent installer un couvent dans l'Ile-Vierge, en face de Plouguerneau ; la foi n'était plus aussi vive, ils ne purent supporter l'intempérie du climat et abandonnèrent cette solitude pour se retirer sur le continent[20], mais en 1460 un autre couvent de Cordeliers était fondé dans l'ile de Césembre, il y subsista longtemps[21].

Au xve siècle, les mêmes Cordeliers établirent un couvent dans l'Ile-Verte, au nord de l'embouchure du Trieu[22], et un autre dans une des Sept-Iles, près Perros-Guirec : ils les abandonnèrent peu après, celui des Sept-Iles en 1481, mais un des Cordeliers préféra rester dans le couvent[23]. On allon-

---

19. Point qui, avec *Lanmodez*, est le lieu primitif du culte de ce saint. *Pors Biniguel* = le Port Béni, du ms. d'Orléans, est à deux pas.

20. *Soc. arch. Fin.*, *loc. cit.*

21. GABABY, *loc. cit.*

22. LA BORDERIE, *Hist. de Bret.*, I, p. 295, n. 4. Il y a eu des confusions entre ces différentes iles, v. HABASQUE, *Notions sur les C.-du-N.*, I, p. 122.

23. ALBERT LE GRAND, *Vies....* éd. 1901, p. 274[*]. — De même, les deux solitaires qui habitaient jusqu'à la Révolution *l'Ile-aux-Moines*, dans la Rance, GUILLOTIN DE CORSON, *Miscellanées bret.*, Nantes, 1903, in-8°, pp. 107-109. — De même encore, l'ermite qui, en 1717, habitait la petite ile Saint-Nicolas des Glénans, *Association bretonne*, 1905, p. 209. — De même les Prémontrés de l'abbaye de Beauport, près Paimpol, avaient d'abord eu leur monastère dans l'ile Saint-Riom en Plouézec ; LE MAOUT, *Annales armoricaines*, Saint-Brieuc, 1846, in-12, pp. 69, 194, 436. HABASQUE, *op. cit.*, I, pp. 218, 237, 247. Le même auteur, III, p. 128, signale qu'un prêtre, moine de Saint-Aubin, avait voulu, vers 1825, s'établir à la chapelle Saint-Michel, sur une petite presqu'ile en Erquy. Consulté à cet effet, le curé d'Erquy s'y refusa, et Habasque ajoute : « Il a eu raison, croyons-nous : il est passé le temps de la vie érémétique ». Le même Habasque, III, p. 135, raconte que des ermites ont longtemps habité l'Ile Notre-Dame, dans la Rance, près Saint-Servan.

gerait indéfiniment la liste des monastères côtiers de
Bretagne ; il y avait jadis un prieuré de Saint-Michel, en
l'île de ce nom, dans la rade de Lorient[24] ; il y avait un
couvent de Récollets dans l'Ile-Sainte-Catherine en Riantec (M.)[25], et un monastère sur la petite presqu'île de Saint-
Nicolas en Arzon (M.)[26]. Le monastère le plus curieux fut
celui de Saint-Mathieu, au cap Finistère.

On le voit, à toutes les époques, les ermitages ou monastères côtiers ont été aimés des religieux. Tradition qui s'est
conservée, ou éternel recommencement des choses, ceci
indique que la pratique suivie par nos saints est bien
conforme à l'esprit celtique, et même l'on pourrait dire à
l'esprit humain, car, un peu partout, peut-être en moins
grand nombre, l'on retrouverait les mêmes établissements
côtiers.

III. — CHAPELLES CORRESPONDANTES DANS LE HAUT PAYS

La règle que l'on a cru pouvoir déterminer est qu'à une
chapelle côtière[27], correspond souvent une chapelle dans
l'arrière pays. Cette seconde chapelle, il l'a été dit, peut,
selon les cas, rappeler un voyage du saint, ou être due à un
transport du culte.

L'exemple du saint, qui après avoir résidé sur la côte,
s'enfonce dans la montagne, à travers la forêt voisine, se
retrouve fréquemment dans les vies écrites ; saint Guennolé
s'était d'abord établi dans l'île de Tibidy, il gagne ensuite un
endroit moins sauvage, au fond de la rade de Brest, et
s'installe à Landévennec ; saint Paul-Aurélien aborde à
Ouessant, y réside quelque temps, puis gagne le continent,

---

24. Ros.

25. Ros.

26. Ros.

27. Ou située dans une petite île près de la côte. — Je me sers ici
du mot *chapelle*, dans une acceptation très large, tout endroit du culte.

mais demeure toujours à proximité de la côte ; ce sont les deux exemples les plus intéressants ; les autres exemples indiquent plutôt une tradition littéraire des hagiographes : tous nos saints sont de grands voyageurs, ils aiment à se déplacer, soit qu'ils gagnent les montagnes boisées pour y chercher le *désert*, soit qu'ils partent pour porter le bénéfice de leur apostolat à de nouvelles populations.

Le départ pour le haut pays n'a rien qui doive surprendre. Celui qui habite la côte et aperçoit dans le lointain les hautes forêts qui garnissent la montagne, est sans cesse hanté de l'idée d'aller voir ces immenses croupes boisées ; elles paraissent de loin offrir un divertissement inattendu, l'esprit se laisse attirer par les ombres sombres de la verdure, le voyageur ne peut échapper au désir d'aller goûter la calme tranquillité de ces profondes forêts, qui doivent reposer du spectacle énervant de la mer toujours en mouvement.

D'ailleurs, l'on voit des départs de ce genre à toutes les époques ; en reprenant la liste des monastères côtiers cités plus haut, l'on s'aperçoit que presque tous furent abandonnés et que leurs religieux s'en vinrent résider dans la montagne. Le monastère que les Cordeliers avaient fondé dans l'Ile-Vierge en Plouguerneau, en 1434, fut délaissé peu après ; les moines se transportèrent autour de la chapelle Saint-Fiacre en Plourin-Tréguier. Ils abandonnèrent de même celui de l'Ile-Verte et celui des Sept-Iles, les moines de ce dernier allèrent s'installer en Plouguiel. L'Ile-Saint-Michel, dans la rade de Lorient, avait été abandonnée beaucoup plus tôt, les moines s'étaient réfugiés sur le continent voisin, en Plœmeur, où ils avaient fondé le prieuré de Saint-Michel-des-Montagnes.

L'abandon du monastère côtier a été déterminé dans certains cas par la simple volonté des moines. Les Cordeliers sont partis parce que la vie était trop pénible, trop austère dans ces îles balayées continuellement par les tempêtes, et aussi parce que l'île n'offrait aucune ressource, les légumes ne poussaient pas. Il eût fallu pour demeurer en ces lieux déshérités une foi qui n'existait plus : cependant, on a vu qu'un Cordelier refusa d'abandonner le couvent des Sept-Iles et y demeura seul. Dans d'autres cas, ce sont les incursions des pirates qui ont poussé à délaisser ces établissements trop exposés : un exemple est historique, c'est celui de l'évêque d'Alet, Salvator, qui abandonna le siège de son évêché devant les ravages des Normands et vint se réfugier à l'abbaye de Léhon[28].

Les monastères côtiers firent la même chose pendant tout le moyen âge, chaque fois qu'une invasion était à craindre : les moines de Saint-Jacut-de-la-Mer se réfugiaient à l'abbaye de Saint-Aubin, à quelques kilomètres en arrière, dès que les Anglais étaient signalés ; ils le firent encore en 1758, lors de la descente des insulaires à Saint-Cast[29]. De même, les moines de Beauport envoyaient leurs trésors à l'abbaye de Bégard, dès qu'on craignait l'arrivée des Anglais[30].

Cependant, il ne s'agit à aucun moment d'un départ définitif des habitants de la côte, qui se seraient enfoncés dans le haut pays pour s'y fixer, et auraient emporté avec eux leurs cultes ; le peuplement de l'arrière pays s'est fait lentement, par petits groupes qui, progressivement, se sont infiltrés, attaquant petit à petit les landiers et les forêts. L'on reviendra plus loin sur cette question, mais l'on peut dire, d'ores et déjà, que la présence de chapelles dans l'arrière pays n'est pas due au départ d'une population émigrant tout entière ; il s'agit du départ des saints eux-mêmes ou de petits monastères[31].

L'examen de l'emplacement des divers établissements côtiers, et terriens correspondants, permet de constater qu'ils sont répartis sans aucun ordre. Il n'y a aucun groupement d'aucune sorte ; la diffusion s'est faite dans tous

---

28. F. Lot, *L'exode des corps saints...*, *Ann. de Bret.*, XV, 1899, p. 71. Les moines, avec les reliques, quittèrent la côte pour s'établir plus en arrière, c'est la répétition du phénomène bien connu dans la Méditerranée, où chaque fois qu'une période de piraterie commence, on abandonne le port, l'échelle, pour s'installer dans la ville haute ; v. Bérard, *Les Phéniciens et l'Odyssée*, déjà cité.

29. Le Maout, *Annales armoricaines*, p. 180.

30. Habasque, *Notions sur les C.-du-N.*, I, p. 236.

31. En Grèce, l'on peut retrouver un certain nombre de légendes et de cultes transportés par les populations au cours de leurs migrations: M. Paul Girard en avait étudié plusieurs exemples dans le cours qu'il professa en Sorbonne sur les *Questions homériques*, 1910-1912 ; il n'y a rien de semblable à l'intérieur de la Bretagne; toutefois, les Bretons en passant en Armorique avaient apporté quelques légendes, quelques saints et peut-être le nom d'Arthur, dont la légende n'était pas encore élaborée, et qui s'est répandue plus tard en Armorique par des emprunts littéraires.

les sens à la fois, sans utiliser ni les voies naturelles, ni les routes [32]. Ces constatations méritent d'être retenues. D'abord, il n'y a aucun groupement ; des saints qui ont leur chapelle côtière voisine émigrent vers les directions les plus diverses ; l'on chercherait en vain trace d'un groupe ayant débarqué ensemble sous la conduite d'un même saint et ayant monté ensemble vers le haut pays ; en second lieu, les voyages se sont faits sans utiliser les voies naturelles, rivières et ruisseaux, et sans suivre les voies romaines ou les vieux chemins ; en troisième lieu, il n'y a aucun sens de direction ; l'on ne voit pas une progression vers l'est, ou une progression vers l'ouest, la dispersion se produit dans tous les sens à la fois ; si l'on peut remarquer un centre d'attirance marqué par le massif montagneux et boisé des environs de Plougras, il faut constater que c'est un centre d'attirance et rien de plus, car on chercherait en vain dans cette région un point où ait existé un monastère commun [33]. Il s'agit toujours de saints isolés, d'individus qui ont voyagé séparément et à leur guise. La dispersion est la même sur la côte qu'à l'intérieur du pays, il n'y a aucune trace de groupement [34].

L'on remarquera aussi que pour bon nombre des cas étudiés ici, les voyages des saints s'arrêtent aux collines assez hautes qui formaient la limite de la Domnonée et de la Cornouaille, limite qui a été plus tard celle de l'évêché de

---

32. L'on retiendra ce fait que les chapelles ne sont pas échelonnées le long des routes ; la Bretagne n'avait probablement pas de routes et les rares voies romaines ont dû disparaître très tôt ; on ne peut donc pas dire « Au commencement était la route », comme ce fut le cas pour la France (BÉDIER, *Les légendes épiques*, 2⁰ édit., III, 1921, p. 367).

33. Cette région n'est d'ailleurs pas un aboutissement géographique, ce n'est pas l'endroit où les petits fleuves côtiers prennent leur source, ni le lieu de partage des eaux ; c'est un centre d'attirance pour le voyageur qui aperçoit ces vastes croupes boisées, et rêve de la profondeur des forêts et du calme des montagnes.

34. Il n'y a pas un point de la côte qui semble avoir servi de port, d'où les missionnaires auraient rayonné, selon les indications qu'ils auraient pu recevoir en ce point ; leur œuvre est trop personnelle pour qu'on puisse admettre un tel système. Par ailleurs, l'Armorique bretonne a ignoré les ports pendant très longtemps ; tous les chefs-lieux de paroisses se sont établis en arrière de la côte. Je reviendrai plus loin sur cette question.

Tréguier et de l'évêché de Cornouaille. Les points extrême-sud sont dans les limites de l'évêché de Tréguier. Nos saints semblent avoir hésité à dépasser la chaîne de collines qui sépare le bassin des petits fleuves côtiers du Tréguier, du bassin de l'Aune ; c'est là une limite naturelle qui s'impose au voyageur[35].

Mais du fait que plusieurs cultes paraissent limités vers le sud par les hautes collines qui forment la frontière de l'évêché de Tréguier, il ne faudrait pas en conclure que le Tréguier constitue une zone fermée indépendante. Ces collines ont été une limite pour les quelques saints dont nous avons examiné les chapelles, mais pour d'autres saints elles n'ont pas été des limites : saint Miliau, éponyme de notre Ploumiliau, a fondé la paroisse de Pluméliau dans le Vannetais et l'on a vu bien d'autres saints dont le culte se retrouve dans le Morbihan ; si quelques-uns de nos saints n'ont pas dépassé les hautes collines qui limitent l'évêché de Tréguier au sud, d'autres les ont traversées, quelque soit d'ailleurs le sens de leur marche[36]. Les exemples qui ont été étudiés ici plus longuement ne doivent nullement laisser supposer que l'on pourrait établir une région indépendante. Nos saints demeurent pour la plupart pan-armoricains[37].

---

35. Qu'il s'agisse de culte apporté par les émigrants, ou de voyages de saints, on a là une donnée intéressante concernant la pénétration en Armorique ; et précisément les régions centrales de Bretagne offrent une hagio-toponymie beaucoup moins riche que les régions du littoral. — A noter qu'il y a dans l'emplacement des chapelles des bizarreries fortuites qui n'ont rien de commun avec les faits que nous essayons de déterminer : il existe, par exemple, trois chapelles de la Trinité situées dans la même zone de plateaux et sur une lisle O.-E., l'une en Plounérin, une en le Vieux-Marché, l'autre en Louargat (C.E.-M.) ; de même on a des chapelles terriennes dédiées à Saint-Michel en Louargat et en Plougonven (C.E.-M.), et sur la côte, Saint-Michel-en-Grève.

36. C'est le cas de saint Gonéry, la vie latine utilisée par Albert le Grand raconte qu'il serait débarqué dans l'évêché de Vannes et que de là, il serait remonté dans le Tréguier. Cette vie est de très basse époque (Duine, Memento, p. 89, n° 69 ; l'évêché de Vannes a tenté d'accaparer un saint qui lui était venu du Tréguier, puisqu'il existe un point côtier en Plougrescant dans le Tréguier.

37. D'autant plus, et je le répète, que nous ignorons certainement de nombreux noms de lieu qui reproduisent le nom des saints que l'on aurait tendance à localiser.

IV. — LES DOUBLETS DE CHAPELLES CÔTIÈRES

Il a déjà été fait allusion, plus haut, au développement très curieux de certains cultes sur le littoral de l'Océan, dans le Vannetais et en Cornouaille. L'on se rappelle en particulier les nombreux *Loquettus*, anciens prieurés constitués tout le long de la côte par l'abbaye de Saint-Gildas-de-Rhuis. Ces établissements sont bien différents de ceux qui nous occupent ici. D'abord, la côte sauvage de Domnonée n'aurait pas permis un rayonnement monastique par mer aussi facile [38] ; ensuite il ne semble pas y avoir eu d'abbaye importante dans le Tréguier [39]. Enfin, ces établissements, postérieurs aux ravages des Normands, sont d'une toute autre époque.

Cependant, bien que dans des conditions et à une époque différentes, des groupes monastiques beaucoup moins importants auraient pu rayonner de façon semblable, et précisément en ce qui concerne les doublets de chapelles côtières, il faut se demander si ces doublets ne seraient pas dûs à des transports de culte : l'on se rappelle les exemples déjà cités : saint Kirio a une fontaine en bordure de mer en Trédrez, et, une chapelle non loin du rivage en Ploujean, contre un seul établissement terrien en Plounérin. Saint Garan, qui a son établissement terrien à Cavan, a une chapelle côtière en Plestin, sur le bord du Douron, et une autre chapelle côtière à 80 kilomètres de là en Plouguerneau. Saint Guirec a trois établissements côtiers, Saint-Guiren en Plévenon, Perros-Guirec et Lorquirec.

Parmi ces chapelles côtières, lorsque le culte a des chances d'être ancien, l'une peut marquer l'emplacement où le saint aurait débarqué venant de l'île, comme il l'a été dit pour les saints qui n'ont qu'une seule chapelle côtière : mais comment faut-il interpréter l'autre ? Nos anciens auteurs de vies latines, s'ils avaient su la présence de ces chapelles, — ils étaient trop confinés dans leurs seules connaissances locales, — n'auraient pas été gênés, ils auraient supposé des traversées successives du saint, chaque chapelle côtière rappelant le point de débarquement. Sans aller jusque là

---

38. Cf. mon article *La topographie du culte de saint Gildas*, p. 16.

39. Cf. F. LOT, *Mél. d'hist. bret.*, p. 85, n. 1 de la page précédente.

R. L.   11

on peut émettre l'hypothèse qu'elles rappellent des voyages du saint, le long de la côte, et les ermitages où il a séjourné dans la suite.

Et d'abord il faut se rappeler, ce qui a été dit plus haut, que nos saints ont aimé ces ermitages côtiers. Ils ont pu, après avoir résidé au lieu même de leur atterrissage, gagner l'arrière-pays, voyager, constituer une paroisse, ou se choisir une retraite dans les montagnes boisées ; puis ils ont quitté ces lieux parce qu'ils y avaient une renommée qui les importunait, ou que la nostalgie de la mer les a ramenés vers le rivage. Nos vies latines regorgent de faits semblables, qui reflètent très certainement une part de vérité.

Il ne faut pas oublier aussi que l'apostolat de nos saints s'est exercé par la côte, non seulement si l'on considère la venue par mer des saints insulaires, mais encore si l'on considère l'action, le rayonnement de nos saints dans l'Armorique elle-même, après leur arrivée. Ceci vient expliquer le nombre relativement considérable de chapelles côtières. C'est en effet par la côte que nos saints ont réalisé leur apostolat ; comme eux, dix siècles plus tard, Michel Le Nobletz et le P. Maunoir ont organisé, par la côte, leur mission. Non pas que ces derniers voyageaient par mer et que l'on puisse dire que la mer était la seule route possible, au contraire, c'est par terre qu'ils voyageaient, n'empruntant la voie de mer que lorsqu'ils y étaient forcés ; mais ils étaient attirés par la côte, parce que c'est là seulement qu'il y avait une population assez dense pour justifier leurs efforts, et parce que la côte était la seule voie d'expansion pour une mission. Michel Le Nobletz était de Plouguerneau, il a résidé longtemps à Douarnenez, il a visité les îles d'Ouessant. de Molêne, de Batz, de Sein, Saint-Mathieu, Le Conquet, Audierne, Pont-l'Abbé, Concarneau, Ploumodierne ; le P. Maunoir a visité les mêmes îles et en outre l'île Bréhat, il a suivi toute la côte de Cornouaille, Plogoff, Plovan, Plouhinec, Audierne, Bennodet, Trégunc, Plounévez-Porzay, Daoulas, Plougastel, Logonna ; dans le Tréguier, il est venu au Yéodet en Ploulec'h et à Pleumeur-Bodou. Ces deux missionnaires infatigables ne se sont occupés que du littoral: leur action à l'intérieur est insignifiante. Nos vieux saints missionnaires des vi° et vii° siècles avaient fait comme eux ; le littoral seul les avait intéressés : l'intérieur était trop peu peuplé pour les attirer, et ainsi s'explique le nombre considérable de chapelles et d'églises qui rappellent leur rôle sur le littoral [40].

Il est probable qu'une partie de ces établissements rappellent le passage du saint lui-même ; les autres sont dûs à des transports de culte ; il semble impossible de décider pour chaque saint en particulier ; trop d'éléments font défaut pour oser conclure. La tradition en ce qui concerne saint Guirec, raconte qu'il aurait abordé sur la côte de Perros-Guirec, et que le rocher sur lequel est bâti son oratoire aurait été son premier ermitage après lui avoir servi d'embarcation, qu'ensuite il serait allé se fixer à Locquirec ; cela n'explique pas l'établissement en Ploubezre, ni l'autre établissement côtier en Plévenon, et rien ne permet de décider ; mais il semble assez que cette région, où le culte du saint est représenté par quatre établissements, soit bien le lieu primitif du culte, la chapelle côtière isolée en Plévenon étant comme une graine que le vent a envolée [41]. On pourrait en dire de même de saint Garan ; la chapelle côtière à Lanharan en Plestin, la paroisse de Cavan, établissement ancien puisque c'est une paroisse ancienne et que le saint en est l'éponyme, semblent bien indiquer que cette région est le centre de son culte : c'est là que très certainement il a vécu. La chapelle isolée en Plouguerneau peut rappeler le souvenir du saint, mais elle peut aussi provenir d'un transport du culte.

---

40. Sur la comparaison, v. *supra* la note 14, au chap. VII. — L'intérieur était à peine peuplé et c'est ce qui fait que l'hagio-toponymie ancienne de l'intérieur de la Bretagne est beaucoup moins riche que celle de la côte.

41. En ce qui concerne saint Guirec, comme il l'a été dit *supra*, au chapitre V dans l'article sur ce saint. Il y a la difficulté de savoir si c'est bien le même personnage que saint Guévroc ; ce dernier a toute une zone de culte dans la région de Ploudaniel avec un établissement côtier en Tréflez. Si les difficultés n'arrêtaient pas, on pourrait se représenter ce personnage évangélisant la côte, descendant à Plévenon, puis à Perros-Guirec, d'où il aurait voyagé en Ploubezre, pour venir ensuite à Locquirec ; de là partant pour Tréflez, où il voyage à nouveau vers Ploudaniel ; les hagiographes du moyen âge ignoraient la toponymie de nos saints ; ils ne connaissaient que les traditions qui existaient dans les localités qu'ils avaient parcourues, et c'est pour cette raison que leurs saints voyagent relativement peu (la vie latine de saint Guirec utilisée par Albert Le Grand ignorait Perros-Guirec). — V. *supra* au chap. V, p. 102, la carte du culte de saint Guévroc.

L'examen de la situation des chapelles côtières isolées lointaines, par rapport à la situation des chapelles côtières dédiées aux mêmes saints et qui commandent un établissement dans le haut pays, ne permet aucune conclusion concernant une direction soit dans les voyages des saints, si l'on admet que ces établissements rappellent leur passage, soit dans le transport des cultes. La *I*ᵉ *vita Tuduali* représente saint Tudual voyageant de l'ouest vers l'est [42], son cas peut être isolé, l'hagiographe d'ailleurs lui fait traverser toute la Domnonée pour l'envoyer en France ; les exemples relevés ici, et qui sont plus sûrs, indiquent autant cette direction que la direction opposée [43].

V. — CONCLUSION

Une solution qui pourrait résoudre toutes les difficultés consisterait à déclarer qu'aucun de ces saints n'a vécu en Armorique, que ces saints étaient honorés par les Bretons de l'île avant leur émigration en Armorique, et que les Bretons ont apporté ces cultes en passant sur le continent. Les émigrants installèrent d'abord les cultes sur le rivage même où ils prirent terre, ce qui constitua la chapelle côtière. Plus tard, ils s'enfoncèrent à l'intérieur du pays et y installèrent les cultes qu'ils avaient déjà installés sur la côte. Au cours de la traversée, il s'est trouvé que des barques venant des mêmes régions ont abordé en divers points de la côte et implanté ainsi en plusieurs points et simultanément le culte des mêmes saints. De là proviendraient les doublets de chapelles côtières.

Cette explication ne saurait être retenue. D'abord, rien

---

42. A supposer que la *prima vita Tuduali* soit véridique, et tout semble indiquer que ce n'est pas une *vita* ; selon ce document, Tudual voyage par voie de terre.

43. Sur la prétendue direction dans les mouvements des émigrants en Armorique, v. J. Loth, *N s.*, p. 145. — Comme plus haut, en ce qui concerne la montée dans le haut pays, aucune règle, aucun sens de direction. Il faut le constater, et c'est bien regrettable pour l'historien, car s'il y avait eu une règle ou un sens de direction, on aurait vu les missionnaires étendant progressivement leur action ; or, il n'y a aucun sens de direction ; les saints ont débarqué à peu près partout et se sont répandus à peu près partout à la même époque.

n'autorise à dire que les Bretons auraient monté dans le haut pays, par groupes sociaux, lesquels groupes sociaux auraient ainsi transporté des cultes à l'intérieur [44]. Ensuite il y a longtemps qu'il est démontré que nos saints n'ont rien de commun avec l'émigration ; ils n'étaient pas originaires des mêmes régions que les émigrants et ils sont venus après eux [45]. D'ailleurs, si les cultes avaient été apportés par les Bretons, ils auraient conservé un caractère régional, chaque groupe de peuple conservant ses saints régionaux ; au contraire, on l'a vu, la plupart de nos saints sont pan-armoricains.

Il reste acquis que certains de ces cultes sont dus à des

---

44. Il n'y a aucun élément qui permette de dire que l'arrière pays ait été peuplé par des groupements sociaux ayant auparavant résidé sur la côte. Le peuplement de l'arrière pays parait avoir été fait petit à petit, par des familles qui se sont aventurées vers l'intérieur à la recherche de pâturages et de terres favorables à l'agriculture et qui s'aventuraient d'une façon absolument dispersée. Rapprocher, dans le Cart. de Landévennec, les deux petites exploitations complètement isolées de *Glujean* en Lopérec *(Gulet lan* de la pièce XXVI), et *Rouloudere'h*, actuellement en Sizun (*Rudheder* en Brasparts de la pièce XXXIV) : ces deux petits domaines nous montrent les serpes et les houes des défricheurs progressant par *Kervel* et *Dirimeur* en Hanvec (C.E.-M.) (pièce XXVI, *Caer mel* et *Diri muur),* s'attaquant aux landes de Brasparts (cf. C. VAL-LAUX, *Plaidoyer pour la Chapelle des Bergers,* in *Soc. arch. Fin.,* 1920, pp. 194-195) ; mais il n'y a pas là un groupement social ; au surplus, nulle part en Bretagne il n'y a un horizon agricole assez vaste pour nourrir une agglomération (C. VALLAUX, *La Basse-Bretagne, Géographie humaine,* Paris, 1907, in-8°, p. 125). — La chapelle côtière, Saint-Conven par exemple, est en un point désertique, elle n'aurait pu être le premier habitat d'un groupement qui devait constituer Plougonven : dès le début d'ailleurs, les bourgs chefs-lieux de paroisse s'installent à quelques kilomètres de la côte, et par conséquent un groupe social ne se serait pas établi sur le bord de la mer. Par ailleurs, la paroisse bretonne, on le verra plus loin, est une circonscription territoriale créée par le clergé, ce n'est pas un groupement antérieur à la constitution de cette circonscription. Au surplus, la toponymie ne fournit aucun exemple de nom qui se soit déplacé : on aurait pu trouver des *Lan-* sur la côte et des *Lok-* en arrière dédiés aux mêmes saints, tout au moins des *Lan-nevez,* il n'y en a pas. J'ai tout au plus rencontré un *Landerne vian* (C.E.-M.) en Plouescat (F.), correspondant à Landerneau, qui est semi-terrien ; cet exemple n'a aucun intérêt. — Ce ne sont pas non plus des monastères qui ont monté vers le haut pays ; nous sommes à une époque très ancienne, celle des *Plou* , et, à cette époque, j'ai dit qu'il n'y avait pas de monastère en Armorique, et s'il y en avait, ils étaient rares et peu peuplés.

emprunts opérés par les Armoricains à l'île de Bretagne ;
les relations continuelles entre l'île et le continent ont apporté
sur le continent les cultes de beaucoup de saints insulaires ;
mais ces emprunts ne paraissent pas s'être produits dans
les débuts de la vie chrétienne en Armorique.

La plupart de nos saints anciens semblent avoir vécu en
Armorique : l'établissement côtier rappelle le point où le
saint a pris terre, venant de l'île ; l'établissement dans le
haut pays rappelle une résidence postérieure ; une seconde
chapelle côtière peut indiquer le point d'atterrissage au cours
d'un second voyage, ou bien un second ermitage côtier
choisi par le saint ; il rappelle en même temps que ces
prêtres ont continuellement utilisé la voie de mer ou suivi la
côte, et que tout leur apostolat s'est accompli sur le littoral
et les régions avoisinantes. Pour ces saints aussi, le culte
a pu se propager après leur mort : des chapelles ont pu
être élevées en des lieux que le saint n'avait jamais visités.

Il est impossible de conclure pour chaque saint en particulier ; les éléments font défaut ; toutefois, lorsque le saint
est éponyme de noms en *Plou-*, *Lan-*, *Tré-*, qu'il a, dans la
même région, un établissement côtier en correspondance
avec un établissement dans l'arrière pays, il semble que l'on
puisse conclure que le culte remonte au saint lui-même :
on a là l'itinéraire de la mission suivie par le saint ; on
retrouve les ermitages qu'il a aimés, les hameaux qui se
sont fondés autour de ces ermitages, les paroisses qu'il a
créées. La conclusion d'ordre général qui, seule, peut résulter
de ces recherches, puisqu'on ne peut espérer connaître chaque
saint en particulier, indique que l'apostolat de nos saints
s'est borné à la côte et aux régions avoisinantes et que c'est
par la côte qu'ils ont voyagé[46]. La topographie du culte de
nos saints indique, en outre, qu'ils ont agi indépendamment
de tout groupement ; ce sont des isolés, qui ont travaillé à
leur guise, au mieux des intérêts de la religion et au hasard
de leurs pérégrinations.

---

45. J. LOTH, *N*s., p. 141-146, et in *Rev. cell.*, XL, 1923, p. 10, n. 1.

46. Il ne faudrait pas conclure de ces pages que tous nos saints
furent de grands voyageurs. Il reste, du chapitre concernant les
éponymes de paroisses, que beaucoup de ces saints n'ont laissé leur
nom qu'à une paroisse : constituer une paroisse est une œuvre de
longue haleine. L'on reviendra plus loin sur cette question, en parlant
des paroisses.

SECONDE PARTIE

LES PAROISSES

CHAPITRE IX

LA GEOGRAPHIE ECCLESIASTIQUE ANCIENNE DU BAS-TREGUIER [1]

LES PAROISSES PRIMITIVES

Il est facile de se rendre compte qu'en Bretagne, presque toutes les paroisses anciennes ont des noms en *Plou-*, et que tous les noms en *Plou-* désignent des paroisses anciennes. Il y a peu d'exceptions à cette règle [2]. Les paroisses actuelles,

---

1. Ces recherches de géographie ancienne reposent sur un principe qui est admis partout, à savoir que les limites des paroisses sont quasi immuables et que, par conséquent, les paroisses et leurs trèves ont peu changé, dans leur étendue, depuis la constitution primitive des paroisses. Il est inutile d'insister à cet égard : les exemples qui vérifieraient ce principe abondent. — Ces recherches sont faites d'après la carte d'Etat-Major, qui donne les limites actuelles des communes, qui sont celles des paroisses et des trèves de l'ancien régime ; il faut rétablir les paroisses telles qu'elles étaient sous l'ancien régime, en y ajoutant les trèves érigées en communes par la Révolution et en paroisses par le Concordat. — Les pouillés m'ont fourni aussi bon nombre de renseignements, mais leurs listes anciennes de paroisses sont souvent incomplètes, et l'on ne peut, du fait qu'une paroisse n'est pas désignée dans un compte, en décider qu'elle n'était pas paroisse à l'époque de ce compte.

2. Je n'insiste pas ici sur les paroisses anciennes qui n'ont pas un nom en *Plou-*, mais sont désignées par leur seul éponyme ; il n'y a que deux exemples dans le Bas-Tréguier : *Cavan* et *Louargat* ; sur ces noms, voyez *supra* au ch. II. Quant aux noms en *Plou-* qui ne désignent pas des paroisses, ils sont très rares et sont, pour la plupart, d'anciens *Poul-* comme *Poulmanac'h* en Perros-Guirec (C.-du-N.), graphie courante jusqu'au milieu du siècle dernier (HABASQUE, *Notions...*, I, p. 57 ; CONT. D'OGÉE, s. v. Perros-Guirec, etc.) ; l'on trouve *Polmana* en 1300 (LA BORDERIE, *Nouveau recueil d'actes inédits*, p. 81) ; c'est actuellement le petit hameau de *Ploumanac'h*.

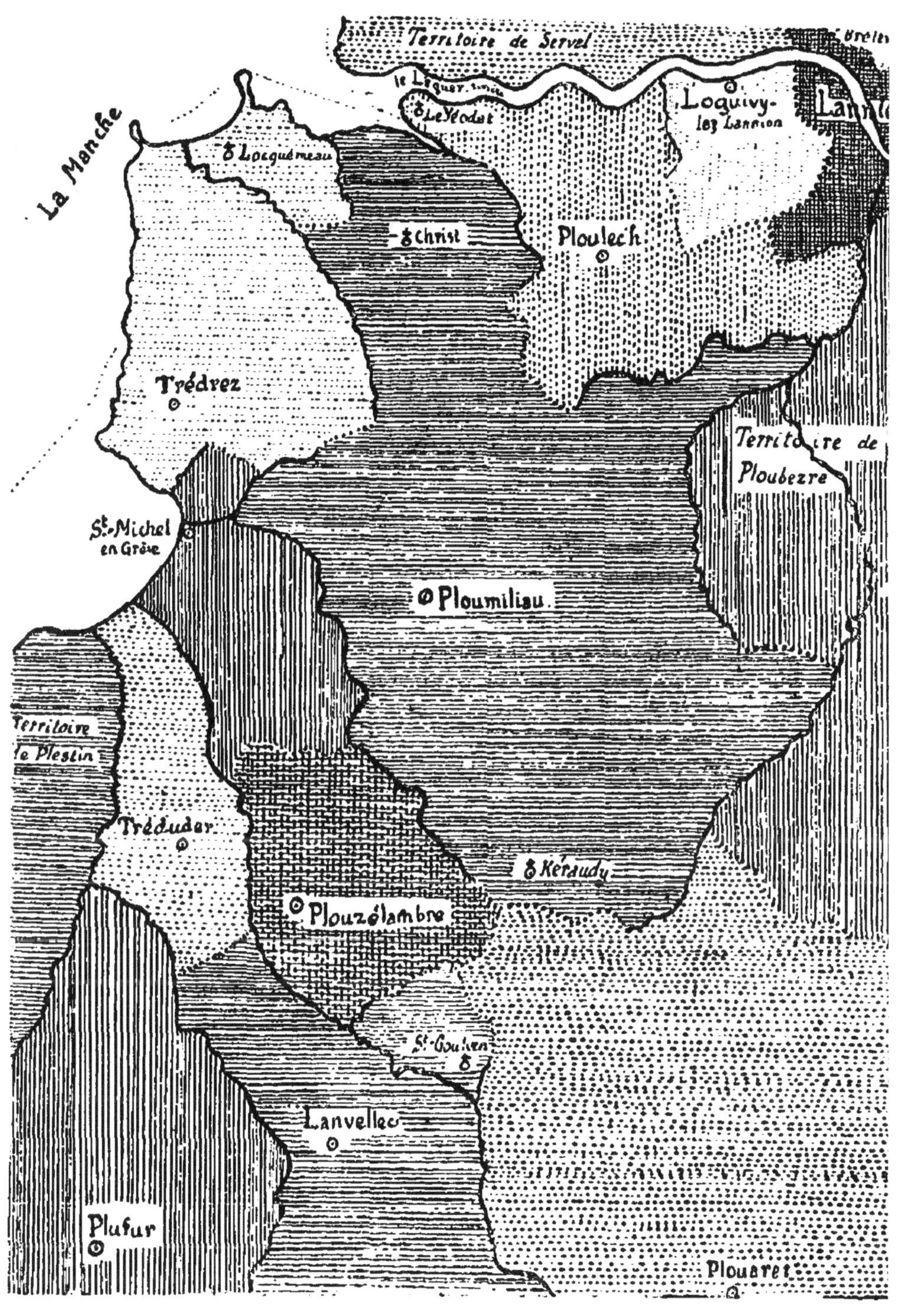

Le démembrement des anciennes paroisses de Ploulec'h,
Ploumiliau et Plouzélambre
(D'après la carte d'État-Major.)

dont le nom commence par *Lok-*, étaient encore des trèves à la fin du xviii° siècle : Locquirec était une trève de Lanmeur aux enclaves de Dol, Loguivy-Plougras et Lohuec étaient trèves de Plougras, Locquenvel n'était qu'un prieuré-cure ; en outre, l'examen de la carte montre que le petit territoire de Locquenvel, aux limites factices, correspond au domaine très restreint d'un prieuré et n'a rien de comparable avec le territoire d'une paroisse : tout semble révéler un morceau arraché à la paroisse de Plougonven ou à la Chapelle-Neuve, sa trève. Loguivy-lez-Lannion a, de la même façon, un très petit territoire aux limites toutes factices ; l'on y reconnaît le petit domaine agricole qu'exploite un prieuré : l'emplacement du village de Loguivy, le long de la rivière, suffirait à prouver que ce n'est pas une paroisse ancienne : par ailleurs, c'était une enclave de Dol : tout indique que c'est un démembrement de la paroisse de Ploulec'h, qui primitivement était limitée au nord par le Léguer, à l'ouest et au sud par Ploumilliau, à l'est par Ploubezre. Locquémeau est demeuré une trève, ce village n'ayant pas pris une extension assez importante pour obtenir son autonomie. Saint-Michel-en-Grève, en breton *Lomikel*, était un prieuré-cure : l'emplacement du village, sur la grève, indique en outre une origine peu ancienne : son territoire très restreint, aux limites purement factices, semble avoir été prélevé sur Plouzélambre : en 1828, on lui a ajouté une partie du territoire de Trédrez[3].

Les *Tré-* qui sont actuellement des paroisses ne semblent pas des paroisses anciennes. Trémel a été une trève de Plestin jusqu'en 1829. Tréduder, dont le territoire est tout petit ne fait nullement l'effet d'une paroisse ancienne : tout semble indiquer un démembrement de Plouzélambre, qui déjà amoindri par la création du prieuré-cure de Saint-Michel, n'a plus aucune étendue. Trédrez est certainement une ancienne trève de Ploumilliau : lorsque l'on examine, sur une carte, le territoire de Ploumilliau, qui est immense, on voit qu'une longue bande de terrain enserre

---

3. Avant l'ordonnance royale du 23 juillet 1828, la limite avec Trédrez avait toujours été la petite rivière de Saint-Michel, si bien que la plus grande partie du bourg de Saint-Michel, toute l'ancienne route, était sur Trédrez. Les habitants de ce quartier devaient se rendre à la messe paroissiale de Trédrez distant de trois kilomètres.

du côté continental tout le territoire de Trédrez et rompt l'unité du territoire de Ploumiliau[1]. Tréglamus était une trêve de Pédernec avant la Révolution.

Les *Lan-* ne sont pas non plus des paroisses anciennes. Lannéanou était avant le Concordat une trêve de Plouïgneau; Lanmeur et Lanvellec étaient des paroisses, mais aux enclaves de Dol ; or aucune des enclaves de Dol n'a un nom en *Plou-*, autrement dit on n'a aucun exemple d'enclave de Dol, dont le nom indique une paroisse primitive ; l'on comprend très bien que les enclaves ont dû être, à l'origine, des monastères qui relevaient d'une maison-mère lointaine, mais les paroisses primitives n'auraient pu relever ainsi d'organes lointains.

On a vu déjà combien il était intéressant d'examiner la configuration et l'étendue du territoire des paroisses. Lanmeur et Lanvellec offrent à ce point de vue des éléments importants, de nature à faire décider que ce sont des paroisses constituées après les paroisses primitives et au détriment de celles-ci. Lanmeur a un territoire assez vaste, mais il n'est borné par aucune limite naturelle ; fait bizarre, son territoire comprenait avant la Révolution la trêve de Locquirec, morceau qui est complètement séparé de Lanmeur par toute l'étendue du territoire de Guimaëc. Guimaëc est certainement une ancienne paroisse ; c'est le nom du bourg, *Guic-*, alors que l'ensemble du territoire paroissial devait porter un nom en *Plou-*, nom qui a disparu. Le territoire de Guimaëc a été démembré de toutes parts, et sur la carte on peut constater ces démembrements successifs. Le bourg est à la limite qui sépare Guimaëc de Lanmeur ; une partie du bourg et la ferme de *Penquer*, dont le nom est significatif, sont sur Lanmeur. Le territoire constitue une longue bande resserrée entre Lanmeur et sa trêve, Locquirec. Enfin, la trêve de Locquirec comprend la frérie de Lézingar, frérie qui tient à Guimaëc par toutes ses limites terriennes et qui est complètement détachée de Locquirec : la frérie de Lézingar ne touche à Locquirec que par une très étroite langue de terre au bord de la grève du

---

1. On a, en même temps, rattaché Locquémeau à Trédrez, bien qu'ils soient séparés par une rivière. La longue bande de terrain que Ploumiliau a conservée lui a permis de garder une vue sur la mer pour avoir du goëmon.

Melin-an-aod, à la limite de cette frérie, de Guimaëc et de Locquirec, et cette langue de terre traverse deux rivières. Il est facile de voir que le territoire de Guimaëc

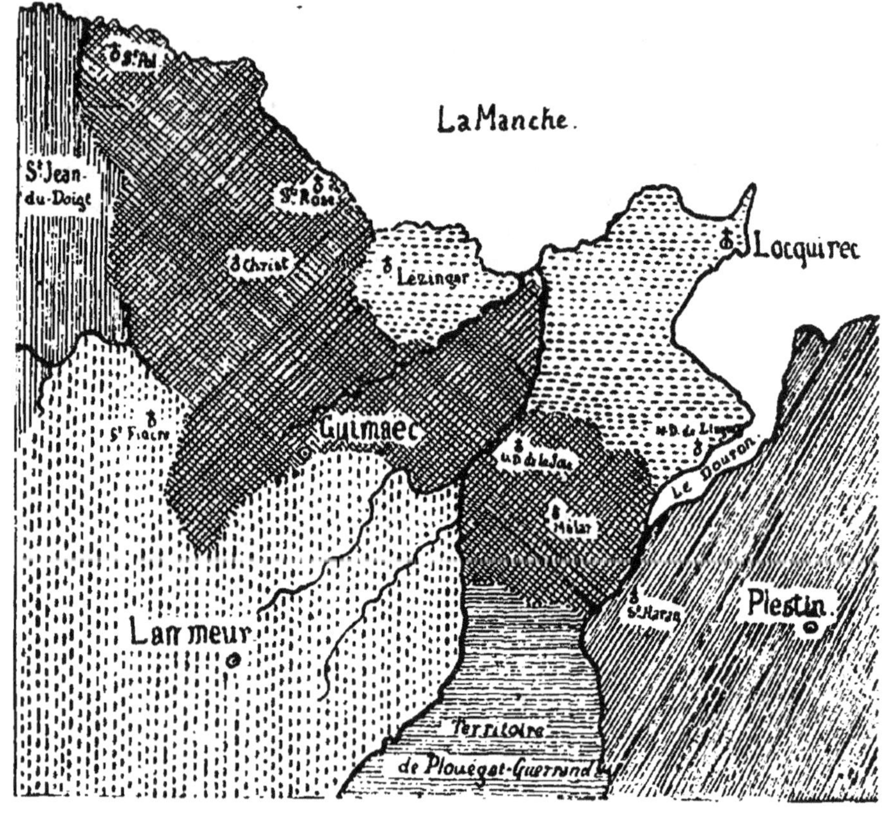

Le territoire de Guimaëc
et les enclaves doloises de Lanmeur et Locquirec
(d'après la carte d'État-Major)

représente les ruines d'un vaste empire ; cette trêve de Locquirec, complètement séparée de Lanmeur, est un morceau qui a été arraché à Guimaëc ; la frérie de Lézingar en est un autre ; c'est à peine si la convoitise a pu s'arrêter sous les murs du cimetière de l'antique paroisse. Lanmeur, vaste établissement monastique, a tout accaparé, enlevant petit à petit les derniers lambeaux du territoire paroissial de Guimaëc. On ne pouvait cependant supprimer la paroisse, elle a subsisté malgré son amoindrissement ; elle est

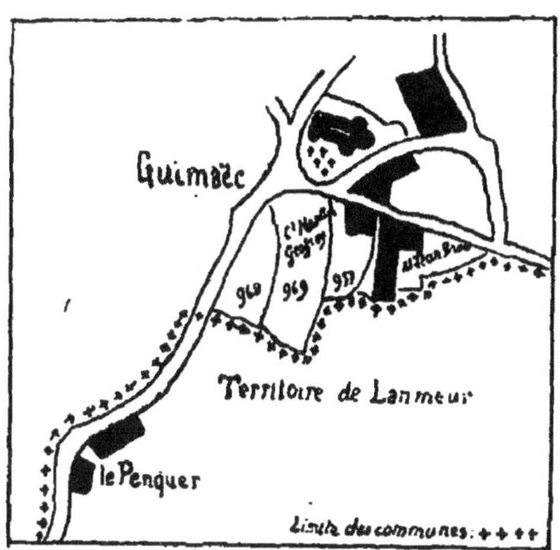

Le bourg de Guimaëc, et la limite de Lanmeur.
d'après le plan cadastral

demeurée rattachée à l'évêché local, alors que les établissements monastiques restaient sous la dépendance d'un organe lointain, l'évêché-abbaye de Dol. Guimaëc devait primitivement, sous le nom de *Ploumaëc*, être limité au nord par la mer, à l'ouest par Plougasnou (aujourd'hui Saint-Jean-du-Doigt, ancienne trève de Plougasnou), à l'est par le Douron, au sud par Plouégat-Guerrand, qui lui aussi a perdu une partie de son territoire au profit de Lanmeur[6] ;

---

5. Guimaëc est déjà *locum qui dicitur vicus Maloci* dans la *Vita Melorii* ; c'est en effet au *vicus*, au bourg, que l'on conduit les reliques de Mélar : l'hagiographe ne pouvait écrire *plebs Maloci*, ce qui n'aurait pas été le nom d'un lieu, mais le nom d'une circonscription territoriale. A noter que cette vie, qui est très ancienne, ne parle pas de Lanmeur. Sur cette vie, v. A. Oheix, in *Soc. arch. Fin.*, 1912, p. 16 et *seq.*

6. J'ai fouillé tout le cadastre de Lanmeur, espérant que la toponymie aurait pu garder des traces de l'ancien état de choses. J'ai trouvé des noms de terres, *Parc Plégat, Parc Guimaëc, Parc Pleslin* ; ce sont des champs qui, en vertu de fondations, payaient des redevances aux prêtres de ces paroisses, et un hameau *Ruplouégat*, au sud du bourg (D. 24) qui ne m'a pas paru offrir beaucoup plus d'intérêt (cf. un *Ruplusunel* en Trégrom (Cont. d'Ooéb), alors que Trégrom ne paraît pas un démembrement de Pluzunel, mais plutôt de Louargat).

Lanmeur n'offre donc pas le caractère d'une ancienne paroisse, c'est un établissement monastique qui s'est constitué au détriment des paroisses voisines[7].

Lanvellec, autre enclave de Dol, doit avoir la même origine. Il est malheureusement plus difficile de reconnaître les empiètements de cette paroisse récente sur les paroisses anciennes au détriment desquelles elle s'est formée. Est-ce Plouzélambre, dont le territoire est très petit, qui a fourni le territoire de Lanvellec? C'est probable. On ne saurait l'affirmer. Le territoire de Lanvellec se trouve compris dans des limites naturelles, la rivière du Bô à l'ouest et la rivière de Kervégant à l'est ; entre ces deux vallées, le territoire offre une apparence d'unité géographique ; mais il subsiste les traces d'un empiètement de cette paroisse sur une paroisse voisine : le quartier de Saint-Goulven constitue une enhache au-delà de la vallée de Kervégant, qui sur tout son parcours, sauf à l'endroit de cette enhache, est la limite de Lanvellec ; nul doute que ce quartier ait été enlevé à Plouzélambre, car il ne devait pas être rattaché à Lanvellec. Il y a là la trace d'un agrandissement de Lanvellec au détriment de Plouzélambre, et cette constatation marque que Lanvellec n'est pas une paroisse primitive, mais une paroisse qui s'est constituée à une époque tardive par prélèvement sur les paroisses voisines.

L'on voit donc que les *Plou-* sont les paroisses primitives ; les établissements qui portent des noms en *Tré-*, *Lan-*, *Lok-*, et qui sont devenus des paroisses, ne sont pas des paroisses anciennes ; c'est assez tard que ces localités, qui auraient pu rester de simples hameaux, sont devenues des paroisses.

---

7. C'est un peu ce qui s'est passé pour Bégard, commune qui fut fondée à la Révolution autour de l'ancienne abbaye cistercienne de Bégard. Cet établissement monastique était devenu un centre important : on en fit le chef-lieu d'une commune que l'on constitua avec les paroisses de Guennézan, Trézélan avec sa trêve Saint-Norvez, et Botlézan avec sa trêve Lanneven ; mais les populations ne s'accommodèrent pas de ce rattachement factice à Bégard : Trézélan et Saint-Norvez étaient séparés de Bégard par la vallée du Jaudy et des bois infranchissables ; des enfants mouraient sans baptême ou périssaient pendant le trajet, des vieillards mouraient sans le secours des sacrements, on les enterrait sans prêtre dans les cimetières des anciennes paroisses ; la population réclamait sans cesse (HABASQUE, *Notions sur les C.-du-N.*, III, pp. 32-33, n.).

parce qu'elles avaient eu l'heureuse chance de prendre de l'importance.

A côté des paroisses primitives en *Plou* et de quelques autres en *Lan-*, *Tré-*, *Lok-*, qui, on l'a vu, sont de dates plus récentes, il en existe d'autres qui sont plus récentes encore. On peut les reconnaître à leur nom et ensuite à la configuration et à l'étendue de leur territoire. Le Ponthou (*ecclesia de Pontibus*), ancien prieuré-cure, et Belle-Ile-en-Terre (*Bella Insula*) sont dans ce cas. Elles sont mentionnées comme paroisses dans les pouillés anciens, mais leur territoire très exigu et mal limité, l'absence de trèves, le fait que leur chef-lieu est dans une vallée, indiquent que ce sont des paroisses récentes ; ces remarques nous conduiront à examiner comment sont constitués les territoires des paroisses primitives[8].

---

8. Le Ponthou, prieuré fondé en 1214, par un comte de Penthièvre et Guingamp (Pouillés à la suite du Cart. de Redon, p. 561, n. 6). Belle-Ile-en-Terre (*Benisse* dans un acte latin de 1235, LA BORDERIE, *Nouveau recueil d'actes inédits...*, p. 18), en breton *Benec'h* ou *Benac'h*, a un petit territoire très décousu, arraché à Louargat, qui a perdu aussi Trégrom. Elle s'est encore agrandie au détriment de Plounévez-Moëdec, par la loi du 23 mai 1863. La position de son bourg au fond d'une vallée est tellement contraire à la règle qui veut que les bourgs chefs-lieux de paroisse soient sur une hauteur, que le peuple a inventé une légende pour fournir une explication à ce fait (v. cette légende dans LE BRAZ, *Les ss. bret. d'après la trad. pop.*, in *Ann. de Bret.*, IX, p. 585). — Lannion, qui est une *lan*, est aussi dans une vallée ; son territoire, très petit et sans unité, a été prélevé sur les paroisses environnantes : les limites en sont factices ; il s'est agrandi encore au XIXᵉ siècle, par des ordonnances royales de 1826. D'après des recherches bien veillées, parues dans le journal *Le Lannionais*, n° du 16 juillet 1853, il ne serait devenu paroisse qu'au XIVᵉ siècle. Guingamp est du même genre, dans le fond d'une vallée, resserré dans les bribes qui furent arrachées aux paroisses de Plouisy et Ploumagoar (ou à leurs trèves, Grâces, Pabu et Saint-Agathon). Toutes les villes modernes sur des rivières, sauf Vannes et Quimper, sont identiques : Morlaix n'était pas paroisse, son territoire était partagé entre l'évêché de Tréguier et celui du Léon ; la rivière faisait la limite ; à l'ouest, dans le Léon, l'ancien prieuré-cure de Saint-Martin, à l'est, dans le Tréguier, le prieuré de Saint-Molaine. Dinan est une ville féodale. Quimperlé doit son origine à l'abbaye Sainte-Croix construite dans la villa d'Anaurot. Saint-Brieuc est l'ancien monastère de ce saint ; il est fort probable que ce n'est pas une paroisse primitive, son territoire est bien mal dessiné, il n'a aucune unité, et a certainement été prélevé sur Ploufragan. Hennebont, Auray, sont d'anciens châteaux

Les paroisses primitives avaient un territoire considérable ; Guimaëc, avant son démembrement, couvrait tout le territoire depuis le Douron jusqu'à Plougasnou ; Plestin, même après le Concordat, avec sa trève de Trémel, avait aussi une étendue immense. Ploumilliau, privé de Trédrez, a encore onze kilomètres sur sa plus grande longueur. Plouïgneau a quinze kilomètres d'est en ouest ; il possédait la trève de Lannéanou avant la Révolution et avait alors dix-huit kilomètres du nord au sud. Plougras, avec ses trèves de Loguivy et de Lohuec, avait quatorze kilomètres du nord au sud et autant d'est en ouest sur les plus grandes longueurs[9].

---

forts (*Castrum Henpont*, dans la *vita* de saint Gunthern, *Castrum Alrac* dans le Cart. de Quimperlé) ; précisément, Morlaix, Hennebont et Auray qui sont à cheval sur une rivière, se trouvaient divisées par cette rivière en deux paroisses, l'une rive droite, l'autre rive gauche ; chacune de ces paroisses étant d'anciens prélèvements sur les antiques paroisses : Auray avait la paroisse Saint-Gildas, ancien démembrement de Brech, sur la rive droite, et Saint-Goustan, ancien démembrement de Plunéret, sur la rive gauche ; Hennebont avait Saint-Caradec sur la rive droite, démembrement de Caudan, et Saint-Gilles, sur la rive gauche, démembrement de Kervignac (LUCO. *Pouillé de Vannes*, pp. 382, 724, 737, 745. 755).

9. Plestin et Trémel, sa trève, font 4.615 hectares ; Ploumilliau et Trédrez, 4.534 ; Pédernec, avec ses trèves, Tréglamus et Moustérus, 6.011 ; Plouaret et Le Vieux-Marché, 5.187 ; Plougonver, La Chapelle-Neuve, sa trève, avec le prieuré-cure de Locquenvel, 6.780 ; Plougras et ses trèves, Loguivy et Lohuec, 9.133. Plus on monte vers le haut pays, plus les paroisses étaient grandes ; la population était peu dense, un même clergé pouvait suffire à la tâche ; la plus grande paroisse des Côtes-du-Nord était Bothoa (devenue Saint-Nicolas-du-Pelem), avec ses quatre trèves, Kérien, Lanrivain, Canihuel et Saint-Tréphine ; elle mesurait 28 kilomètres N.-S. et 23 E.-O., couvrait tout le territoire limité par le Blavet et le Sullon, soit près de 15.000 hectares ; elle n'a été démembrée que par la Révolution qui lui a retiré ses trèves. — Lanvézéac, déjà paroisse au XVe siècle (LONGNON, *Pouillés de Tours*, p. 349), a 176 hectares ; c'est une des plus petites paroisses de la région : c'est une *Lan-*, et il n'y a qu'à regarder la carte pour voir qu'elle est un démembrement de Cavan et de Caouënnec, sa trève, dans le territoire desquels elle est encastrée de trois côtés. Quant aux paroisses d'origine seigneuriale, La Roche-Derrien, qui mesure aujourd'hui 183 hectares, peut être regardée comme le type de ce genre ; c'était déjà une paroisse avant le Concordat. Dans le Morbihan, la paroisse de Guéméné, ancienne trève de Locmalo, mesure 109 hectares, elle a la même origine et est resserrée autour du château.

Le territoire constitue toujours une unité géographique
nettement dessinée ; la mer ou de hautes collines boisées,
des vallées profondes, le limitent de tous côtés ; la paroisse
occupe un plateau situé entre ces limites naturelles ; parfois
elle réunit deux plateaux coupés par une vallée moins importante ; mais les vallées importantes et les massifs forestiers
sont des limites qu'elle ne traverse jamais.

Les chefs-lieux de paroisse sont toujours sur le plateau ,
ils ne sont pas nécessairement au centre : Plougras est vers
l'extrémité ouest de la paroisse ; si la paroisse est côtière,
le chef-lieu est loin de la mer ; Plougasnou, Guimaëc, Plestin,
Ploumiliau, Ploulec'h, sont fort en arrière de la côte[10].
Locquirec, Saint-Michel-en-Grève et Loguivy-lez-Lannion,
qui sont sur le bord de la mer, ne sont pas, on l'a vu, des
paroisses anciennes. Le chef-lieu n'est jamais sur une rivière,
Le Ponthou, Belle-Ile, Morlaix, Lannion, ne sont pas, non
plus, des paroisses anciennes, on l'a vu aussi. Enfin, le
bourg n'est pas en un endroit naturellement fort ; il est sur
un point quelconque du plateau, mais non pas au sommet ;
il n'est pas installé sur une position stratégique, il est plutôt
dans un léger pli de terrain. Le bourg a cherché à être à
l'abri des vents, peut-être aussi à être moins visible. On ne
voit pas qu'il soit établi sur une voie ancienne ; les voies
romaines d'ailleurs étaient rares, et l'examen de la carte et
l'histoire du pays conduisent plutôt à décider que les routes
ont été créées après les bourgs et pour les desservir. A
l'époque primitive, il suffisait d'être sur le plateau pour que
les communications soient possibles : le plateau offre un sol

---

10. Ces règles s'appliquent à toute la Bretagne. Pour la Cornouaille,
v. BOURDE DE LA ROGERIE, in *Soc. arch. Fin.*, 1905, p. 78 : « Les premiers
émigrants bretons, probablement par crainte des pirates saxons,
fixèrent toujours le centre de leurs *plous* à une certaine distance des
côtes, par exemple à Esquibien, à Plouhinec, à Ploaré, à Poullan, de
préférence aux hâvres où existent de nos jours les ports si florissants
d'Audierne, de Poulgoazec, de Tréboul et de Douarnenez ». D'autres
exemples peuvent être cités : Beuzec-Concq — Concarneau, Nizon —
Pont-Aven (F.), Riantec — Port-Louis (M.), Pleumeur-Gautier — Lézar-
drieux, Quemper-Guézennec — Pontrieux (C.-du-N.). Mais il ne faudrait
pas voir là une ville haute d'où on redescend pour occuper l'échelle,
car ces bourgs chefs-lieux sont sans lien aucun avec le port ; les
émigrants bretons ne semblent pas s'être intéressés à la navigation.
Ils apparaissaient comme des terriens.

ferme ; s'il y a des fondrières, on peut les contourner en utilisant les parties plus rocheuses ; de nos jours encore, les routes sont toutes sur les hauteurs, elles ne suivent jamais les vallées, dont le cours est trop encaissé, trop étroit et trop sinueux, et qui sont marécageuses. La paroisse s'est constituée sur le plateau, détenant la partie du plateau que limitaient les vallées infranchissables ou les massifs forestiers. Ce territoire constituait une véritable unité géographique [11].

En examinant, au point de vue de saint Egat, la question des deux paroisses de Plouégat, situées à peu de distance l'une de l'autre, il a été dit que ces deux noms ne pouvaient être tous deux primitifs, qu'il fallait nécessairement supposer que l'un était plus ancien que l'autre, l'un était du début des *Plou-*, l'autre devait être une trêve érigée de bonne heure en paroisse. Les éléments géographiques vont apporter une confirmation à cette hypothèse. Plouégat-Guerrand est une grande paroisse, bien limitée géographiquement, si ce n'est du côté de Lanmeur, qui a certainement empiété sur son territoire. Plouégat-Moysan, au contraire, est une petite paroisse. Certes, Gueslesquin aurait pu être sa trêve, et tout révèle que Guerlesquin, avec son nom laïc, et un

---

11. Rosenzweig avait, pour le Vannetais dans un travail remarquable qui n'est pas assez connu, dégagé les mêmes règles que nous dégageons ici pour le Bas-Tréguier. Dans ce travail, intitulé *Étude sur les anciennes circonscriptions paroissiales du Morbihan* (in *Bull. Soc. polymath. Morb.*, 1873, pp. 95-97), il y a, parmi quelques passages vieillis, le paragraphe suivant : « On ne tardera pas à découvrir les règles qui ont présidé à l'établissement [des circonscriptions primitives] et qui sont d'ailleurs la conséquence logique des circonstances au milieu desquelles les paroisses se sont fondées. Du petit nombre de fidèles dispersés sur toute la superficie du diocèse et de celui des prêtres envoyés au milieu d'eux à l'origine, devait résulter une étendue considérable des paroisses. D'autre part, elles trouvaient des limites naturelles infranchissables dans les forêts que ne traversait aucune route praticable, dans les cours d'eau, dont les rives n'étaient reliées que de loin en loin par quelque grossier pont de bois ; ..... » Cf. CAMILLE VALLAUX, *La Basse-Bretagne, étude de géogr. humaine*, Paris, 1907, in-8°, p. 48, « les vallées, agents d'isolement social... ligne isolante d'où les hommes et les cultures s'écartent ».

territoire tout petit, est une ancienne trève ; mais lorsque l'on examine les limites de Plouégat-Moysan et de Guerlesquin avec Plounérin, l'on voit que ces limites sont factices : pas de vallée, pas de rivière, la limite est si factice qu'elle n'a pas suivi une limite naturelle qui s'offrait, à savoir la rivière de l'étang de Plounérin et l'étang lui-même. La frontière court suivant des lignes conventionnelles à l'ouest de la limite naturelle ; par ailleurs, le territoire de Plounérin forme une enhache profonde aux environs de la chapelle de la Trinité, toujours au delà de la rivière qui aurait dû constituer la limite naturelle. Tout cela indique que Plouégat-Moysan est un ancien hameau érigé en paroisse à une époque où l'on créait encore pour les paroisses des noms en *Plou-*, et qu'il appartenait primitivement à Plounérin. Guerlesquin, lors de ce partage, a dû continuer à appartenir à Plounérin, pour s'en détacher plus tard et constituer à son tour une paroisse ".

La paroisse de Plounévez-Moëdec, et son nom, s'expliquent de la même façon ; c'est une « paroisse neuve », *Ploe-neves*, et cette paroisse neuve a été constituée par un démembrement de Plounérin. Aucune limite naturelle ne la sépare de Plounérin ; la frontière suit plusieurs petits chemins, à travers la lande, sur le plateau ; par ailleurs, il existe, en Plounévez-Moëdec, à environ trois kilomètres au sud du bourg, un hameau du nom de *Nérin*, et ce hameau est le lieu où saint Nérin, éponyme de la grande paroisse de Plounérin, avait primitivement son culte ". Il arrive, en effet, fréquemment,

------

12. Plouégat-Moysan pouvait être *Trevégat* ou *Saint-Egal*. Les saints ont souvent un autre établissement qui porte leur nom, non loin d'une paroisse dont ils sont éponymes : saint Conven, chapelle en Plouézoc'h, paroisse de Plougonven et Trégonven en Loguivy-Plougras. — Guerlesquin est devenu paroisse à une époque où l'on ne créait plus de noms en *Plou-* ; son origine est très certainement seigneuriale, c'était le siège d'une seigneurie importante.

13. Ce hameau est cadastré O. 110-111. — Je ne connaissais pas ce détail très important du culte de saint Nérin, quand j'ai donné mes *Six saints*. J'ajoute que je n'ai pas pu savoir si c'était là que se trouvait la fontaine du saint que m'avait signalée l'abbé Bereond (*Six saints*, p. 63). — Ce lieu s'appelle en breton *an Nérin*, le Nérin ; on trouve mention du convenant *an Nairin* en 1611, puis avec aphérèse *an airin*, *convenant L'Hairin. L'Hairain* au XVIIIe siècle (Archives dép. C.-du-N., E, 2371, 2377).

en Bretagne, que le saint éponyme de la paroisse ait son culte en dehors de l'église paroissiale[14] ; ce détail, ajouté au fait qu'il n'y a pas de limite naturelle entre Plounérin et Plounévez, établit que Plounévez est une paroisse neuve constituée par prélèvement sur Plounérin ; Plounérin, avec ses démembrements, Plounévez, Plouégat-Moysan et Guerlesquin, avait un territoire immense, constituait une véritable unité ; c'est un plateau ininterrompu, enfermé à l'est et au sud par les profondes vallées du Léguer et de son affluent le Guic, à l'ouest par le Douron ; au nord des petites rivières marécageuses le séparaient des autres paroisses.

Fait curieux, ce démembrement de Plounérin s'est produit plus tôt que celui d'une autre paroisse, celle de Plougras, qui est située exactement en arrière de Plounérin, plus avant dans la montagne. Il était naturel qu'il en soit ainsi ; le peuplement du pays s'est fait en partant du rivage. De nos jours encore, la densité de la population diminue à mesure qu'on s'éloigne de la mer[15]. Le peu de prêtres disponibles obligeait à conserver des paroisses immenses, dont d'ailleurs les fidèles devaient être bien rares. Le pays, en outre, était pauvre, il n'aurait pu entretenir un clergé nombreux. La population de Plounérin moins éloigné de la mer, s'est accrue avant celle de Plougras : Plounérin a été démembré à une époque où l'on constituait encore des paroisses portant des noms en *Plou-* ; il a donné naissance à Plouégat-Moysan, à une Plou-névez et à Guerlesquin, trois paroisses indépendantes. Plougras, lui, bien en arrière, dans les montagnes, n'a été démembré qu'à la Révolution ; on l'avait divisé en trèves parce que, quand l'accroissement de la population nécessita l'organisation de cultes dans les écarts, on ne constituait plus de paroisses indépendantes; la

----

14. C'est là un phénomène très curieux, plusieurs exemples en ont déjà été donnés ; je reviendrai sur ce phénomène au chapitre suivant et fournirai en appendice une liste de ces établissements.

15. Voyez à ce sujet le travail d'E. Robert, *La densité de la population en Bretagne, calculée par zones d'égal éloignement de la mer*, in *Annales de géographie*, XII, 1903, pp. 296-303, et *Travaux du laboratoire de géographie de l'Université de Rennes*, n° 4, Rennes, 1903 (extrait du *Bull. de la Soc. scientif. et médicale de l'ouest*, XIV, 1905).

Révolution seule l'a démembré, elle a érigé ses trêves, Lohuec et Loguivy, en communes, et c'est seulement au Concordat que ces communes sont devenues des paroisses [16].

Plou- désigne une paroisse ; il n'y a pas de Plou- qui ne soit actuellement encore une paroisse [17], et toutes les Plou- apparaissent comme des paroisses très anciennes, remontant au début de l'organisation religieuse du pays. Le sens de ce mot est formel, précis et constant.

Le mot Tré- désigne simplement un hameau. Il n'indique en aucune façon une division ecclésiastique quelconque. Dans cette partie de la Bretagne, où les Tré- sont beaucoup moins nombreux que dans le Vannetais, l'éponyme est parfois un saint ; Tré- peut donc avoir des attaches religieuses. Certains de ces hameaux ont pu prendre, par la suite, de l'importance ; la chapelle qu'ils possédaient, ou celle qu'on y a bâtie, a pu être érigée en église succursale, le hameau et le territoire voisin ont alors constitué une « trève » au sens ecclésiastique du mot ; cela a été l'exception, les Tré- sont demeurés, pour la plupart, ce qu'ils étaient tous primitivement, de simples hameaux, dont l'ensemble constitue la Plou-, la paroisse groupée autour du Guic, bourg chef-lieu. Il n'y a eu primitivement, et il n'y a encore de nos jours, aucun organe intermédiaire entre la famille qui habite une maison d'un hameau, et la paroisse, tant que le hameau ne devient pas une trève. Tré-, à l'origine, n'a pas le sens qu'a actuellement le mot « trève », il désigne un simple hameau.

Autrement dit, à l'époque primitive, la paroisse seule existe, immense, seul organe au-dessus de la famille,

---

16. Des faits de ce genre se retrouvent dans toute la Bretagne ; partout l'on peut remarquer que les Plou- sont beaucoup plus fréquents sur le littoral que dans l'intérieur ; même en faisant entrer en ligne de compte les paroisses qui n'ont pas un nom en Plou-, on peut constater qu'à l'intérieur les paroisses anciennes ont un territoire immense. J'ai cité plus haut l'exemple de Bothoa, actuellement Saint-Nicolas-du-Pélem, qui a donné 5 communes et recouvrait près de 14.000 hectares.

17. Les exceptions sont, on l'a vu, très rares.

première cellule de la société chrétienne. Dans cette paroisse, il y a des hameaux, des écarts en *Tré-*, qui parfois ont un saint pour éponyme; il existe d'autres hameaux en *Ros-*, *Ran-*, *Bod-*, *Ker-*, etc., à noms laïcs, des monastères ou des chapelles en *Lan-*, *Lok-*, qui peuvent relever d'organisations monastiques lointaines ; ces hameaux, ou ces monastères, peuvent prendre de l'extension, être érigés en « trêves » et devenir même des paroisses ; en dehors de la paroisse et de la trêve régulière, il n'y a aucun groupement local d'aucune sorte [18].

Les *fréries* que l'on appelle parfois à tort des trêves, mais à qui ce nom doit être refusé puisqu'elles ne détiennent pas une église tréviale, portent des noms quelconques, empruntés à un hameau, à une ancienne seigneurie ou au saint patron de la chapelle, lorsque la frérie possède une chapelle. Souvent le mot breton *treff*, qui dans certaines régions désigne une frérie, s'est agglutiné au nom de la frérie, et ainsi la frérie a un nom composé en *Treff-*, mais le premier terme a gardé son sens indépendant, et longtemps les actes ont écrit ces noms en deux mots. La frérie n'a aucun caractère religieux, elle ne possède pas nécessairement de chapelle, ou bien si elle en possède une, cette chapelle peut très bien ne jouer aucun rôle dans la vie de la frérie. La frérie n'est pas une institution religieuse [19] ; c'est une circonscription qui a été créée pour la perception des dîmes, une dîmerie, un trait de dîme ; dans certaines régions on l'appelle une cordelée, un quartier. Elle a beaucoup servi à la répartition des fouages et des corvées ; le général de la paroisse était heureux d'utiliser cet organe intermédiaire qui possédait des « esgailleurs » et facilitait l'acquittement des impôts. Certaines fréries qui possédaient une chapelle avec un pardon fréquenté, ont eu une activité plus grande que les autres ; elles ont même eu parfois un petit corps politique qui avait à gérer les intérêts de la chapelle et aidait le fabrique chargé des comptes. Avec le temps, ces fréries sont

---

18. Il en est de même dans la commune actuelle ; tout hameau ne constitue pas une « section » de commune, au point de vue de l'état civil, des élections et des biens communaux.

19. Je n'insiste pas sur cette question, Rosengweig a établi ce principe dans l'introduction au *Dict. topogr. du Morbihan*, p. VIII. — Sur les fréries, voir *supra*, chap. II, n. 23 et 47.

devenues des réalités ; de nos jours encore, elles jouent un rôle important dans la vie locale [20]. Mais il importe de bien savoir que leur origine n'est pas ancienne, ce sont des circonscriptions créées pour faciliter la levée des impôts, ce ne sont pas des subdivisions géographiques qui puissent intéresser l'histoire religieuse ancienne de la Bretagne.

LES ENCLAVES DE DOL

> Le diocèse de Dol donne bien l'impression d'avoir été formé peu à peu, par des agrandissements successifs et parfois disparates.
>
> J. LOTH, *Rev. cell.*, XL, 1923, p. 21.

On a vu plus haut l'étude qui a été faite de quatre territoires jadis aux enclaves de Dol ; trois étaient des paroisses. Lanvellec, Loguivy-lez-Lannion et Lanmeur, la dernière, Locquirec, était une trève de Lanmeur. On se rappelle le territoire tout petit de Loguivy, sans limites naturelles, groupé autour du chef-lieu, lequel, contrairement à la règle des anciennes paroisses, se trouve en bordure de mer. Pour Lanvellec, l'on a vu qu'il restait des traces d'empiètements faits au détriment d'une paroisse voisine ; et l'on se souvient que Lanmeur, complètement séparé de sa trève Locquirec, ce qui est contraire aussi aux règles, a été formé de lambeaux disparates prélevés sur Guimaëc. Il y a, non loin de là, dans

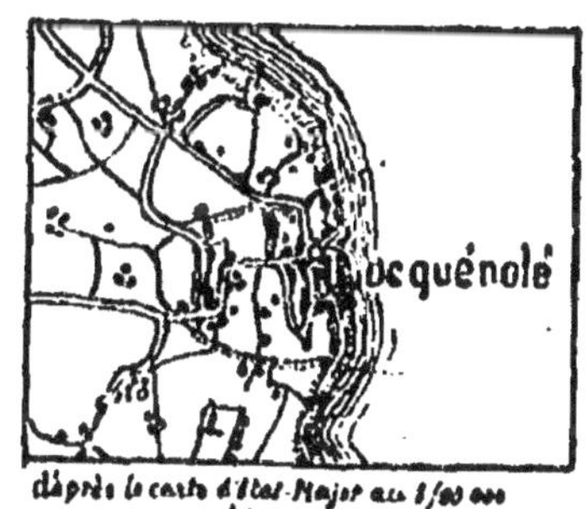

d'après la carte d'État-Major au 1/80 000
Limite de commune ....

La commune de Locquénolé
dans le territoire de Taule.

---

l'évêché de Léon, une autre enclave de Dol : Locquénolé, sur la rivière de Morlaix. Elle ressemble de tout point à Loguivy-lez-Lannion ; c'est un *lok*, comme Loguivy, et son territoire carré, sans limites naturelles, est très petit ; il mesure un kilomètre environ sur chacun de ses côtés ; sa superficie est de quatre-vingt-sept hectares [21]. Le chef-lieu est sur la mer, et au centre de ce petit territoire qui donne, comme Loguivy, l'impression d'une exploitation agricole autour d'un prieuré.

Sur ces cinq enclaves, trois sont des *Lok-*, deux sont des *Lan-*. Ici, comme dans les autres évêchés, aucune enclave doloise n'a un nom commençant par *Plou-* ; ce ne sont donc pas d'anciennes paroisses. Au surplus, on a vu que leur territoire avait été prélevé sur d'anciennes paroisses ; ce sont donc des paroisses de date récente, des monastères jadis rattachés à Dol, autour desquels s'étaient constitués des villages ; ces villages ont pris de l'extension, l'établissement religieux a été sécularisé, mais il est demeuré rattaché à l'évêché de Dol.

Lorsqu'on étudie sur la carte la situation des différentes enclaves doloises, on voit qu'elles sont généralement constituées par des bourgades côtières. Le point extrême à l'ouest est la petite paroisse de Loquénolé, dans le Haut-Léon. Ces enclaves, surtout celles de l'ouest, sont maritimes. Il semble donc que le lien qui les unit à la métropole soit la mer. Les enclaves terriennes paraissent isolées et on chercherait en vain un établissement côtier dont elles pourraient être la succursale.

On ne rencontre pas d'exemples de plusieurs enclaves portant le nom d'un même saint [22] ; et les saints qui donnent leurs noms aux diverses enclaves n'apparaissent pas comme des saints dolois ; bien au contraire, on retrouve leurs noms dans des établissements situés un peu partout : l'on a vu saint Guennolé éponyme d'une enclave. Il n'y a donc aucun

---

21. Locquénolé aurait été en outre agrandi au cours du XIXe siècle, au détriment de Taulé, *H.C.D.*, 1924, p. 260.

22. Le seul exemple serait Perros-Guirec et Loquirec. Je n'insiste pas ; saint Guirec est honoré à Saint-Pol-de-Léon et en Plévenon, qui n'étaient pas des enclaves doloises. — Je ne parle pas de Loguivy-lez-Lannion et de Loguivy près Ploubazlanec ; ce dernier a été parfois, par confusion avec le premier, considéré à tort comme une enclave (cependant Perros-Hamon, qui est à côté, était une enclave).

rapport soit des enclaves entre elles, soit des enclaves avec
Dol, concernant leurs saints éponymes ; il n'y a pas eu
transport d'un culte dolois et voyage de moines dolois à
l'origine de la fondation des établissements qui, plus tard,
sont connus comme des enclaves de Dol.

Il semble bien que l'on peut conclure que ces monastères
n'ont pas été fondés par Dol. Si Dol les avait fondés par
l'envoi de colonies de moines, l'on aurait eu un transport
de culte dolois ; les monastères fondés auraient pris le nom
de saint Samson ou d'un autre saint dolois. Au contraire,
ces établissements portent le nom de saints très divers ;
ils sont comme les autres *Plou-*, *Lan-*, *Tré-*, *Lok-*, de la
région, des établissements locaux, et c'est à une époque
postérieure à leur fondation, qu'ils ont été rattachés à Dol.

Il est difficile de dire à quelle époque ces établissements
ont été rattachés à Dol. Le fait que plusieurs sont des
Lok-, que l'un d'eux comporte le nom d'un saint dont
le culte s'est développé très tard en Bretagne, saint
Yvi, indique que certains de ces établissements ne sont
pas antérieurs aux Normands. Les documents écrits ne
fournissent pas grande indication. Une charte du Cartulaire
de Redon, qui porte la date de 931, laisserait entendre que
Lanmeur était déjà une paroisse au X° siècle ; elle relate
un fait qui se serait passé *in plebe que vocatur Lanmur
meler*» ; par contre, la vie latine de saint Mélar, qui est
certainement très ancienne, ne parle pas un seul instant de
Lanmeur, qui n'existe pas pour elle, puisqu'il y est dit que

<hr>

23. Cette charte est fixée à 931 par de Courson, p. 257 : Dom
Morice, *Pr.*, I, 344, la donnait sous la date de 936, date qu'il disait
fausse ainsi que la partie où est deux fois cité le nom de *Lanmurmeler* ; La Borderie n'a pas examiné cette charte dans sa *Chronologie
du Cartul. de Redon*, Rennes, 1901, in-8° (extrait des *Ann. de Bret.*),
qu'il a arrêtée à 925 : on s'accorde pour considérer qu'elle a
été fabriquée au moment où l'on a rédigé le cartulaire :
Latouche, *Mél. d'hist. de Corn.*, p. 60-61 ; A. Oheix, *Soc. arch. Fin.*,
1912, p. 18, dit qu'elle est « vraisemblablement fausse » ; l'abbé
Duine, *La métropole de Bret.*, p. 94, n. 1, l'appelle une « pseudo-
charte ». Elle raconte un miracle et le nom de *Lanmurmeler* a probablement été appelé par le nom de l'Enemur, qui fait l'objet de la
donation. Fait curieux, l'*Ile Grande*, dont il semble être question, ne
paraît pas avoir appartenu à Redon ; elle releva plus tard de Bégard,
elle est d'ailleurs loin de Lanmeur, puisqu'elle se trouve en Pleumeur-
Bodou, canton de Perros-Guirec (C.-du-N.).

les reliques de saint Mélar auraient été portées au bourg de Guimaëc, *in vico Maïoci*. En ce qui concerne Locquénolé, nous sommes mieux renseignés; les moines de Landévennec en constituant leur cartulaire vers le milieu du xi° siècle, y ont mis une pièce qui établirait leurs droits sur cet établissement et laisserait entendre qu'ils en étaient encore propriétaires ; la pièce xxxvii indique que ce lieu aurait été donné à saint Guénnolé lui-même ; le territoire concédé, chose curieuse, ne correspond pas au territoire de Locquénolé, enclave de Dol et commune actuelle, *divisio istius possessunculæ est a mare usque ad mare, sicut nobiles heredes diviserunt ;* le territoire allait donc de l'estuaire du Penzé à la rivière de Morlaix. alors qu'aujourd'hui Locquénolé ne comporte qu'un tout petit enclos, qui regarde uniquement la rivière de Morlaix " ; l'on se demande si au moment où cet établissement passa au pouvoir de Dol, certaines parties des territoires qui relevaient de Locquénolé et lui donnaient des vues sur le Penzé, ne furent pas retenues sous le pouvoir diocésain local. Ici nous sommes dans

----

24. Le titre de cette pièce porte *de Villa Lancolvell ;* ce n'était donc pas une paroisse, le texte dit d'ailleurs que c'était une *possessuncula.* — Lan-Colvell signifie le monastère de Queffleut, nom actuel de la rivière de Morlaix que la charte elle-même appelle *flumen Covlul* (il y a eu métathèse Coivet-Covlell). — *A mare usque ad mare* est formel, on ne saurait proposer l'explication sans valeur *usque ad mare* = jusqu'à ce jour, proposé par les édit. du Cartul. de Quimperlé, pour la ch. lxxxvii de ce cartulaire, pp. 20 et 242 ; on retrouve d'ailleurs la même expression pour Argol dans la pièce vii du Cart. de Landévennec. — Il semble que l'on peut affirmer qu'en 1163, Locquénolé appartenait à Dol, car la bulle de 1163 pour l'abbaye de Saint-Jacut, signale parmi les possessions de cette abbaye, la chapelle Saint-Jacut en Plestin, Loumeur, quelques biens en Plougasnou, *ecclesiam sancti Guingaloei*, une villa en Pleyber-Christ, et Locquenvel (Anc. év. de Bret., IV, p. 277) ; or je crois, par suite d'une série de présomptions graves, qu'il existe un lien entre les enclaves de Dol et les possessions de Saint-Jacut, soit que cette abbaye ait retiré aux évêchés locaux l'administration de ses possessions, pour en faire remise à l'évêché de Dol, soit que Dol ait favorisé le développement des moines de Saint-Jacut dans ses enclaves ; or en 1163, l'*ecclesia sancti Guingaloei*, qui est notre Locquénolé, relevait de Saint-Jacut, comme Loumeur.

le diocèse de Léon, et il se peut très bien que l'évêque léonard ait pu mieux se défendre vis-à-vis des prétentions doloises, que l'évêque de Tréguier ".

Les faits qui ont été exposés ci-dessus prouvent que les enclaves ne sont pas les dernières traces d'une situation primitive, où toute la Domnonée aurait relevé de l'évêché de Dol. S'il en avait été ainsi, Dol aurait pu garder autre chose que des petits prieurés, il aurait conservé des paroisses primitives. Au contraire, ces petits prieurés, qui ont constitué les enclaves doloises, ont été enlevés aux paroisses primitives et soustraits au pouvoir ecclésiastique local ; la configuration des prieurés plus riches, Lanmeur et Lanvellec, établit que Dol s'est agrandi par prélèvements successifs, par morceaux arrachés aux vieilles paroisses ; c'est le résultat d'une extension de l'évêché de Dol, qui s'est produite postérieurement à l'organisation ecclésiastique primitive du pays.

L'abbé du monastère de Dol a réussi, d'autant plus facilement qu'il était évêque, dans la tendance continuelle des monastères celtiques qui ont toujours cherché à s'affranchir, eux et leurs possessions, du pouvoir spirituel local ". Il a assuré l'indépendance de ses établissements vis-à-vis de l'autorité paroissiale des recteurs, et, si les autres évêchés existaient déjà, vis-à-vis de l'autorité diocésaine locale. Il est probable d'ailleurs, qu'en ce qui concerne les évêchés de Tréguier et de Saint-Brieuc, qui étaient, en tant que diocèses, de fondation assez récente, la résistance fut moindre. A la sécularisation de ces prieurés, Dol garda le spirituel et le

---

25. Le rattachement de Locquénolé à Dol a-t-il été complet ? On peut se le demander ; un compte de 1330 cite parmi les paroisses du Léon, *Locus Guennolay*, qui est notre Locquénolé (LONGNON, *Pouillés de Tours*, p. 334) : les autres enclaves ne sont jamais comprises parmi les paroisses des diocèses locaux.

26. Je n'insiste pas sur cette tendance bien connue, que les moines celtiques ont manifestée partout. Cf. Dom GOUGAUD, *Les chrétientés celtiques*, pp. 219-220. — Locquénolé est à onze kilomètres en ligne droite du siège de l'évêché de Léon ; Magoar était en Cornouaille, mais était trêve de Coadout dans le Tréguier : c'est ainsi que le recteur de Lanmeur, grand vicaire de Dol, prenait le titre de « grand vicaire pour les enclaves de Dol, aux trois évêchés de Basse-Bretagne ». Yves Arrel, auteur d'une vie de saint Mélar, source d'Albert Le Grand, s'affuble de ce titre.

temporel de ces territoires, qui subsistèrent sous le nom d'enclaves doloises ".

Il résulte de cet exposé que les enclaves doloises ont été créées assez tard, par prélèvement sur les paroisses primitives, et par conséquent, qu'elles n'intéressent pas l'histoire des débuts de l'organisation chrétienne dans l'Armorique bretonne ".

---

27. Les enclaves étaient primitivement des prieurés, mais elles ont pris du même coup le titre de paroisse, alors qu'elles auraient pu garder le simple titre de *prieuré-cure*. — J'ai dit que Locquirec, trève de Lanmeur, mais complètement séparée de Lanmeur, est une exception: cela n'est vrai que comparé à ce qui se passe pour les trèves des paroisses relevant de l'évêché du lieu ; au contraire, on en retrouve plusieurs exemples pour les enclaves doloises : Lanleff, trève de Lanloup (C.-du-N.), séparée par Pléhédel ; Magoar, trève de Coadout séparée par l'immense territoire de Bourbriac (C.-du-N.) (en notant que Coadout était dans l'évêché de Tréguier et Magoar en Cornouaille : le territoire de Coadout, prélevé sur Bourbriac, est très curieux à examiner sur la carte). Contrairement à ce qui s'est passé pour Lanmeur-Locquirec, démembrements de Guimaëc, Lanleff-Lanloup et Magoar-Coadout ne sont pas des territoires prélevés sur une même paroisse primitive ; Lanleff et Magoar sont des établissements moins importants qu'on n'a pas voulu laisser isolés et qu'on a rattachés à une église-mère ; Dol voulait avoir une hiérarchie dans le clergé de ces établissements lointains. — A noter un cas assez semblable à celui de Guimaëc : la vieille paroisse de Ploubazlanec (C.-du-N.) s'était vu arracher deux territoires passés aux enclaves de Dol, Lannévez et Perros-Hamon. Ces deux petites paroisses artificielles n'ont pas subsisté ; Ploubazlanec a récupéré tout son territoire par l'ordonnance royale du 15 avril 1824. Au contraire, non loin de là, l'antique paroisse de Plounez, sur qui avait été prélevé l'enclave de Lanvignec, ne l'a pas récupérée. Lanvignec ayant été rattaché à Paimpol (ordonnance royale du 19 juin 1824). — Il y a eu une anomalie semblable à celle de Locquirec, trève complètement séparée de sa paroisse, pour la petite commune de Botmeur (F.) ; cette commune, qui n'avait jamais été érigée en trève, continua à relever de la paroisse de Berrien, dont elle était absolument séparée par toute l'étendue du territoire de la Feuillée ; la Feuillée, ancienne commanderie de Malte, érigée en paroisse par les Chevaliers, avait été prélevée sur Berrien qu'elle avait coupée en deux tronçons (voyez *B.C.D.*, 1903, p. 302) : cet exemple curieux montre que Dol a travaillé comme les Chevaliers de Malte, s'implantant au-dessus de l'autorité ecclésiastique locale, constituant des paroisses artificielles et ruinant l'organisation primitive du pays.

28. Les enclaves que Dol possédait dans l'archevêché de Rouen ont une tout autre origine ; elles remontent directement à saint Samson lui-même.

CHAPITRE X

LA TOPONYMIE PAROISSIALE

Il ne sera question, ici, que des paroisses primitives, celles qui étaient déjà paroisses avant la Révolution, et parmi elles, de celles-là seules qui semblent remonter à la période primitive. Les paroisses en *Lan-*, *Tré-*, *Lok-*, ne sont pas, on l'a vu, des paroisses anciennes ; elles ont été constituées à une époque tardive et par prélèvement sur les paroisses primitives.

Ici, comme dans tous les chapitres précédents, la toponymie va encore fournir des éléments d'un intérêt considérable.

Il importe d'abord de préciser le sens du mot *plou*. Dom Le Pelletier en a donné la définition suivante dans son *Dictionnaire de la langue bretonne* (1752), « plou est proprement une multitude d'habitants d'un canton champêtre, divisé en quantité de villages et maisons particulières ». Autrement dit, *plou* désigne l'ensemble du territoire paroissial. Ce sens est affirmé par les deux noms *Plou-Lantréguer* et *Plouguer* ; le premier désigne l'ensemble du territoire qui relevait de la ville de Tréguier, en breton *Landréger*, le second désignait la ville et le territoire paroissial de Carhaix (Ker-Ahès), et désigne maintenant les seuls faubourgs de Carhaix: la commune actuelle de Plouguer est la campagne suburbaine de Carhaix ; son territoire constitue un anneau qui entoure la ville de Carhaix. Le mot *ploué* est resté d'un emploi constant dans le dialecte de Léon, pour désigner toute la circonscription paroissiale, et la campagne par opposition au bourg ; l'habitant de la campagne s'appelle *plouéiz*[1]

---

1. ERNAULT, *Glossaire moyen-breton*, p. 498.

par opposition à celui du bourg, *ar borc'his* ; on retrouve encore le mot *ploué* dans un certain nombre de lieux-dits *Gorré-Ploué*, qui signifient la partie haute du territoire paroissial[2]. Le mot *plou* désigne un territoire, de la même façon que le mot *commune* en français désigne une circonscription administrative ; il n'a donc pas le sens du mot français paroisse, qui désigne en même temps l'église paroissiale et le territoire qui en relève.

Le mot *plou*, entré en composition dans le nom des paroisses, y a gardé tout son sens de territoire paroissial. Les noms de paroisses ne sont pas le nom du bourg chef-lieu, c'est le nom de l'ensemble de la circonscription paroissiale. Ce sens n'a jamais varié, les chartes et vies latines anciennes en fournissent de nombreux exemples : dans la *vila Pauli Aureliani*, il est dit que le saint fonde un monastère *lanna Pauli in Plebe Telmedovia*, Lampaul en Ploudalmézeau (F.) ; Ploudalmézeau est le nom d'une circonscription et Lampaul un lieu-dit, si loin d'ailleurs du bourg chef-lieu, qu'il en a été détaché plus tard pour former une paroisse séparée ; les textes latins traduisent toujours *in plebe X...*, et l'on a continué à dire, en breton comme en français, qu'un village est situé *en Plestin, en Plouaret*, parce que le nom de Plestin, de Plouaret désigne une circonscription territoriale[3]. En France, au contraire, les

---

2. En Pleyber-Christ, Ploudalmézeau, Plouescat, etc. (F.) (*C.R.-M.*) . cf. et. *Pen-en-ploé* en 1442, *Pen er-bloué* au xviie siècle, aujourd'hui Sainte-Barbe en Plouharnel (M.) (Ros.)

3. Il en est de même d'une expression usitée en France pour certaines communes qui n'ont pas de bourg chef-lieu qui leur prête un nom et qui ne sont que des unités administratives. On dit : *commune de X...*, *tel village, commune de X...* — Concernant les *Plou-*, il y a des exemples vraiment remarquables : lorsque l'ancien territoire de Pleyber a été démembré, chacun des deux tronçons a gardé le nom de la paroisse, et il y a eu deux paroisses *Pleyber-Christ* et *Pleyber-Saint-Thégonnec* (F.) ; si Pleyber avait été le nom du bourg chef-lieu, il ne serait pas resté le nom des deux démembrements. L'on peut citer de même les nombreuses trèves qui continuent à porter le nom du territoire paroissial auquel elles appartenaient jadis : Le Cloître-Pleyben, Locmaria-Berrien, Locmaria-Plouzané (F.), etc. ; il n'y a pas d'appellations semblables en France, les communes qui veulent différencier leur nom y ajoutent un nom de région (parce que la région est la première circonscription qui ait un nom), ou un nom de rivière, de site géographique.

paroisses empruntent leur nom au bourg chef-lieu de la paroisse, que ce bourg soit désigné par un nom de site, ou qu'il soit désigné par le nom du saint patron de l'église ; le nom du bourg a été étendu à l'ensemble de la paroisse, si bien que la paroisse n'a pas de nom dans la langue courante [4].

Non seulement la paroisse bretonne n'emprunte pas son nom au chef-lieu, mais qui plus est, le nom du chef-lieu ne se confond pas avec le nom de la paroisse ; le chef-lieu c'est le *Bourg,* pour les habitants de la paroisse, et pour les habitants des autres paroisses, s'ils parlent du chef-lieu d'une paroisse voisine, ils diront le *bourg de Plestin,* le *bourg de Plouaret;* ils ne diront pas qu'ils vont à Plestin, ni à Plouaret. La frérie du bourg a un nom spécial, *Ker ilis, Tref an ilis.* Dans le Léon, le bourg a un nom propre, composé avec le mot *Guic-,* ce qui affirme plus nettement encore qu'il n'y a aucune confusion entre le nom du bourg et le nom de la paroisse. L'on voit par là que le nom des paroisses bretonnes est d'une précision très nette ; il désigne, d'une façon absolument formelle, l'ensemble d'une circonscription territoriale. Cette précision du terme fait que la toponymie constitue un élément d'un intérêt considérable pour l'étude des origines des paroisses.

Le mot *Guic-* suivi de l'éponyme de la paroisse, qui sert à désigner le bourg dans toute la région du Léon, offre lui aussi une grande précision. L'aire géographique de ces noms commence aux confins de la Cornouaille et du Léon, s'étend sur tout le Léon et vient finir dans le Bas-Tréguier. Plougastel-Daoulas (F.), qui est en Cornouaille, près de la limite du Léon, a son *Guicastel;* dans le Bas-Tréguier, on a Guimaëc et Plougasnou qui a son Guicasnou [5]. Il y a deux exemples où la

---

4. Dans les actes religieux, la paroisse française a un nom, celui de son saint patron, suivi du nom du bourg paroissial ; mais ce nom n'est pas employé par le peuple et n'est pas devenu, dans sa bouche, un nom géographique. — Le mot latin *plebs* (ou *parochia*) a d'ailleurs dans tout le monde chrétien le même sens que *Plou-,* mais il n'est entré dans la toponymie qu'en Bretagne.

5. Il y a un *Hervé de Guicastel,* abbé de Daoulas en 1281 (*B.C.D.,* 1907, p. 124), qui très certainement tient son nom du bourg de Plougastel-Daoulas. Pour Guimaëc, qui est l'exemple extrême est, j'ai expliqué pourquoi cette paroisse qui a perdu toute sa *ploué* n'a gardé que le nom de son bourg.

Plou- ne porte pas le nom d'un saint : *Plougastel* et *Plounévez-Lochrist*. Plougastel a son *Guicastel*, et Plounévez a
son *Guinévez* ; la règle s'est imposée pour ces paroisses
comme pour les autres. Le mot *Guic-* a un sens absolument
invariable : il n'est entré en composition que pour désigner
uniquement les bourgs chefs-lieux de paroisses primitives ;
il ne s'applique jamais à des paroisses récentes ou à des
agglomérations quelconques, il n'a servi qu'à désigner exclusivement les maisons qui entourent les églises paroissiales
anciennes ; la toponymie paroissiale bretonne est encore sur
ce point d'une précision remarquable[6].

L'examen de la toponymie paroissiale en Bretagne permet
deux autres constatations non moins importantes : il arrive
fréquemment que le saint éponyme d'une paroisse donne
son nom à d'autres lieux à l'intérieur de la même paroisse,
mais en dehors du bourg. Il donne d'abord son nom à une
chapelle où on vient l'honorer. Il résulte de cela le

---

6. Sur le nom *guic* = lat. *vicus*, v. J. Loth, *Les noms latins dans
les langues brittoniques*, pp. 46 et 175 ; Ernault, *Gloss. moyen-breton*,
p. 304 ; cf. *Guic Aleth*, ancien nom breton de la cité de Saint-Servan
(I.-et-V.) ; *Le Vieux-Vy* (I.-et-V.) (*ecclesia de Veteri Vico*) ; Guis-
criff (M.), Guipry, Guichen et Guipel (I.-et-V.) sont peut-être composés
avec le terme *Guic-*, ce sont tous des paroisses. — Il n'y a que deux
exceptions de *Guic-* non paroisses : *Guipronvel* (F.), qui, avant la
Révolution était trève de Milizac, et *Guicquelleau* en Le Folgoat (F.) ;
Guipronvel a dû être la paroisse primitive (Milizac est un *fundus*
gallo-romain) ; la preuve en est que l'éponyme de Guipronvel a son
nom répété dans celui de la seigneurie de *Saint-Romel* en Guipronvel
(*B.C.D.*, 1912, pp. 263-267) et dans celui de *Keronvel* en Milizac. Guicquelleau était au XVII⁰ siècle une simple chapelle domestique, dans la
paroisse d'Elestrec ; son seigneur prêta cette chapelle aux paroissiens
pour remplacer l'église ruinée d'Elestrec, et la paroisse prit le nom
de Guicquelleau ; en réalité, Elestrec n'est pas un nom de paroisse ;
le retour à Guicquelleau et au nom de Guicquelleau paraît bien s'être
produit sous l'effet d'une tradition qui rappelait que Guicquelleau avait
jadis été la paroisse (*B.C.D.*, 1909, pp. 175 et 184) ; Kerdanet, *Albert
Le Grand*, pp. 67 et 153 ; sur l'éponyme, v. N³., p. 50, et rapprochez
Lanvellé en Saint-Ségal (F.) (*C.E.M.*). — *Henvic* (F.), ancienne trève de
Taulé, signifie le *vieux bourg* (hen guic). Il est fort probable que le
bourg a été déplacé ; Henvic était très près de la mer ; il est devenu
le vieux bourg, on y a laissé une église tréviale, et la paroisse s'est
installée à Taulé, qui est probablement un lieu-dit et non pas un nom
de paroisse ; et bien que nous ignorons le nom de la paroisse primitive,

fait excessivement curieux que le saint éponyme n'est pas nécessairement honoré en l'église paroissiale[7] : le saint éponyme est patron du territoire paroissial, de tout le groupement des habitants de la paroisse, sans être le patron de l'église paroissiale. Par ailleurs, il donne souvent son nom, toujours dans le même territoire paroissial, à des lieux en *Ker-*, *Lez-*, *Crec'h*, etc. ; ceci confirme ce qui vient d'être dit, à savoir que son culte est commun à toute la paroisse, et n'est pas un culte installé dans l'église paroissiale[8]. Comme fréquemment, tant dans le nom de la chapelle, que dans les noms composés de lieux-dits, le saint éponyme est donné sous une forme un peu différente, soit avec l'adjonction du préfixe *To-* c'est alors la forme complète du nom, ou avec la suppression d'un suffixe *-an* ou *-in*, c'est la forme hypocoristique[9], on peut assurer que l'on est en présence de noms de lieu très anciens. Même, lorsque le nom de la paroisse comporte un nom commun au lieu d'un nom de saint, il est fréquent aussi de retrouver ce nom commun entré en composition dans d'autres noms de lieu à l'intérieur de la paroisse. La toponymie paroissiale en Bretagne est donc aussi, en ce qui concerne l'éponyme de la paroisse, d'une précision remarquable. Elle affirme que la paroisse est une unité solidement constituée autour de son saint patron.

De ces constatations l'on peut tirer des conclusions ; une première, qui a déjà été formulée, en ce qui concerne le nom de la paroisse : ce nom n'est pas le nom du bourg étendu à l'ensemble du territoire dont il est le chef-lieu, c'est le nom du territoire paroissial. La circonscription territoriale détient un nom qu'elle n'emprunte pas au bourg ; la paroisse, la *ploué*, n'est pas le nom d'un lieu, comme les *Tré-*, *Lan-*, *Guic-*, *Lok-*, *Ker-*, etc., c'est le nom d'un territoire, d'une circonscription ecclésiastique.

---

7. Laquelle église paroissiale est en ce cas dédiée à un autre saint, saint Pierre, saint Paul, Notre-Dame ou autre.

8. Ces constatations ont une importance considérable ; il ne m'était pas possible de donner ici la liste des exemples que j'ai relevés, on la trouvera en appendice.

9. Je ne cite ici que quelques exemples formels : chapelle *Saint-Thégonnec* en Plogonnec (F.), *Kergresk* en Plougrescant (C.-du-N.), *Keronvel* en Le Conquet, démembrement ancien de Plougonvélin (F.).

2° En ce qui concerne la paroisse, l'on peut conclure que, le nom du saint patron étant reproduit dans d'autres noms de lieu à l'intérieur de la paroisse, et le territoire tout entier ayant ce saint pour éponyme, tout le groupe social qui habite la paroisse a un seul et unique patron ; comme le nom est parfois reproduit sous des variantes anciennes à travers la même paroisse, on voit que la constitution de ce groupe social autour du même patron est ancienne. Il s'ensuit que la paroisse territoriale a été constituée de bonne heure avec ses limites, et qu'elle s'est trouvée être dès le début une unité sociale solide puisqu'elle avait le même patron pour elle tout entière. Cette unité sociale se serre autour d'un patron et non autour d'une église, puisque ce patron n'a pas nécessairement son culte à l'église. La paroisse apparaît donc dès l'origine sous la forme d'une communauté de chrétiens habitant la même circonscription, cette communauté n'est pas celle qui se groupe autour d'une église nouvellement bâtie, cette communauté semblerait au contraire antérieure à cette église [10] ; elle paraît ne pas avoir de centre bien défini, parce qu'en Bretagne à cette époque, il n'y avait pas de bourg et que la population vivait très clairsemée, répartie à travers toute la campagne.

3° En ce qui concerne le saint éponyme de la paroisse. — L'on sait que les noms en *Plou-* sont demeurés assez longtemps des expressions composées, avant que de devenir des noms propres ; chaque terme, et le terme *plou* en particulier, gardait toute sa valeur [11]. L'on aurait pu être tenté de croire que le saint éponyme de la paroisse avait été primitivement le saint d'une petite chapelle, comme il en existe tant, et que le village qui s'était constitué autour de cette chapelle plus fréquentée, était devenu le chef-lieu de la circonscription paroissiale ; la circonscription aurait emprunté le nom de

---

10. Si la paroisse avait emprunté son nom au chef-lieu, on aurait peut-être eu des noms de paroisse en *-illis* = église. Il n'y en a pas : *Lannilis* et *Brennilis* (F.) ont remplacé des noms en *Plou-*, le premier *Ploudalmer*, encore attesté dans les actes, *Plebs Denarii* de la *Vita Goeznovei*, Ns., p. 33, le second *Plouménec*, v. mon article sur cette paroisse in *Soc. arch. Fin.*, 1924, p. XII et *seq.*

11. Voyez *supra* au chapitre II, p. 32 et *seq.*

ce saint". Cette hypothèse ne se soutient pas, puisqu'on a vu que l'éponyme de la paroisse n'a pas son culte nécessairement à l'église paroissiale". En outre, l'on voit aussi que ce saint n'est pas un saint quelconque, sous le vocable de qui on a érigé l'église", toujours parce que son culte ne s'exerce pas obligatoirement dans l'église paroissiale ; il est le saint patron de la circonscription territoriale, de la communauté des chrétiens qui résident dans cette circonscription. Son caractère de patron de la paroisse est constant et le différencie nettement des autres saints. Et du fait que son nom se retrouve dans la paroisse sous des variantes très anciennes, l'on voit que ce caractère paroissial de saint éponyme est excessivement ancien.

$$\therefore$$

Il faut insister sur le fait que *plou* a toujours eu le sens de paroisse, qu'en aucun cas on n'est en droit d'y voir une organisation civile qui aurait précédé la paroisse. Aurélien de Courson, en 1863", La Borderie", et tous ceux qui les copient, répètent que les *plou* sont la transposition en Armorique des clans bretons : la *plou* serait la petite peu-

---

12. Cas fréquent pour le nom des paroisses françaises.

13. Il faut répéter qu'à l'époque ancienne la population était absolument clairsemée ; le bourg n'existait pour ainsi dire pas. Jusqu'à la Révolution, il n'y avait au bourg que l'église et quelques boutiques, le presbytère parfois était en dehors. La paroisse de Bothoa, actuellement Saint-Nicolas-du-Pélem, avait son presbytère au Pélem, et la toponymie a gardé de nombreux exemples d'un lieu-dit *le Presbytère* placé souvent à plusieurs centaines de mètres du bourg.

14. Cas fréquent aussi pour le nom des paroisses françaises.

15. *Prolégomènes* au Cart. de Redon, pp. LXXXIII et séq.

16. *Hist. de Bret.*, I, p. 281 : « la petite colonie formée par la bande bretonne émigrée... constitue le plou... qui... remplace le clan » ; p. 292 : « les diverses bandes d'émigrés bretons en Armorique forment d'abord de petites colonies entièrement autonomes, les unes civiles, les plou, les autres ecclésiastiques, monastiques, les lann »

plade d'émigrés qui s'installe sur le continent, sous le commandement d'un chef. L'exemple qui servait de base à tout ce système, est le nom de la paroisse de *Ploufragan*. La *vita Winwaloei* raconte qu'un prince breton *Fracan* passa en Armorique, à la tête d'une petite troupe d'émigrants ; on reconnut dans le prince, père de saint Guennolé, l'éponyme de *Ploufragan* ; la *plou* était sa famille, son clan, tel qu'il l'installa sur le territoire armoricain.

Il eût fallu être sûr que les deux personnages, le roi *Fracan* et l'éponyme de *Ploufragan*, pouvaient être identifiés ; il aurait fallu rechercher d'autres exemples semblables ; on ne s'embarrassait pas, l'on concluait sur ce seul exemple, ou sur d'autres moins bons encore[17]. La légende ainsi créée fut répétée, on la répète encore. Or saint Fragan est un saint probablement tout différent du personnage de la *vita Winwaloei*[18], et l'exemple unique ne vaut rien.

Un autre exemple aurait pu être utilisé en faveur de la même thèse ; il est emprunté à la vie latine de saint Téliau, du *Liber Landavensis*. Quand saint Téliau passe en Armorique, il amène avec lui *quosdam suffraganos episcopos suos et celerorum ordinum viros, cum utriusque sexus hominibus viris et mulieribus*, et quand, plusieurs années après, il rentre dans l'île, il ramène tout ce monde : *vocavit ad se familiam suam, hoc est plebem suae patriae*[19]. On aurait donc

---

17. Ainsi, celui de *Harthuc*, laïc qui était donné comme fondateur de *Tref-Harthuc* (il s'agit ici d'une *tref*, mais la théorie est la même), LONGNON, *Les noms de lieu de la France*, cours publié en 1922, Paris, in-8°, n° 1298, p. 312. — Cet exemple est bien mal choisi ; la charte, sur laquelle il repose (Cart. de Landévennec, XIII) est fausse (FAWTIER, *Mél. d'hist. de Corn.*, pp. 56-59) ; elle a été fabriquée à une époque bien postérieure à l'établissement des noms de lieu en *Tré-*, et la forme qu'il faut rétablir est *Lan + Teffredeuc*, et non *Lan-tref-Arthec*. Cf. *supra* chap. II, n. 42.

18. *Ns.*, pp. 42 et 182. Cf. *Men Fracan* en Plounéour Trez (F.) (C.R.-M.). — IMBART DE LA TOUR, *Histoire des paroisses rurales*, Paris, 1900, in-8°, pp. 115-116, a reproduit la théorie de la *plou* civile, antérieure à la paroisse religieuse, d'après A. de Courson. — Il y a longtemps que M. J. Loth a montré que l'exemple de *Ploufragan* ne vaut rien (*Rev. celt.*, XXII, 1901, p. 109).

19. J. LOTH, *La vie de saint Téliau*, pp. 17 et 21, extrait des *Ann. de Bret.*, IX et X).

là la bande d'émigrés d'une part, et le nom d'autre part : malheureusement, cette vie de saint Téliau est de la première moitié du xii° siècle, bien tard après les émigrations et la création de nos paroisses bretonnes ; sa valeur historique est nulle [20].

Cette théorie est, en outre, contraire à ce que nous savons de l'histoire des périodes antérieures à l'organisation des paroisses. Avant que l'Eglise n'eût divisé la campagne en paroisses, la campagne faisait partie intime de la cité, il n'y avait aucune circonscription locale, aucun groupement social d'aucune sorte, ni politique, ni moral, ni économique ; la cité seule existait. En Armorique, la cité gallo-romaine avait disparu avant l'arrivée des Bretons ; la campagne était demeurée chose amorphe ; il fallait attendre que, là comme en Gaule, et comme partout, la décentralisation se produisît, et l'Eglise seule allait y procéder en créant les groupements locaux que sont les paroisses.

Et cependant l'on s'en va répétant qu'une unité laïque, la *plou*, aurait précédé la paroisse et que précisément la paroisse aurait épousé la circonscription laïque préexistante. Chaque *plou* serait devenue une paroisse. L'on ajoute que les *plou* avaient été constituées laïquement par les émigrés bretons, dès leur arrivée en Armorique chaque *plou* étant le groupement des familles d'un même clan transposé sur le sol nouvellement occupé.

Il est impossible d'admettre un tel système :

1° Si les *plou* étaient des organisations laïques antérieures à la constitution des paroisses, toutes les *plou* n'auraient pas donné nécessairement naissance à des paroisses, et l'on trouverait des noms de lieu en *Plou-*, qui ne seraient pas paroisses. Il y en a très peu, et quand on les examine sérieusement on s'aperçoit que ce sont des paroisses disparues à l'époque historique, ou que ce sont des noms différents

---

20. DUINE, *Memento*, n° 117, pp. 134, 135. — Il n'y a pas à faire état de ces légendes que du passage de la vie latine de saint Gouéznou, selon lequel Conan Mériadec aurait divisé toute la Bretagne *per plebes et tribus* (LA BORDERIE, *L'Historia Britonum attribuée à Nennius*, Paris 1883, in-8°, p. 92).

en *Poul-* ou *Porlz-*[21]. Les mots en *Plou-* désignent exclusivement des paroisses[22].

2° Si les *plou* étaient des organisations laïques, elles ne porteraient pas le nom d'un saint, mais le nom d'un personnage laïc, ou un nom de site, comme les autres noms de lieu, en *Ros-*, *Bot-*, *Ker-*, *Les-*, etc.

3° Si la *plou* était la circonscription territoriale occupée par un clan breton, la topographie des *plou* nous les représenterait comme autant de petits domaines ; la *plou* serait une unité d'exploitation agricole au profit du chef de clan, ou la réunion de plusieurs domaines exploités par les diverses familles du clan. Domaine d'exploitation d'une part, mais aussi unité de défense commune. Le chef-lieu aurait dû se trouver en un point facile à défendre ; les *plou* se seraient constituées là où il y avait des refuges solides. Nous connaissons en Bretagne, ces deux genres d'unités territoriales : l'unité d'exploitation agricole est représentée par certaines paroisses modernes, qui ont succédé à des prieurés ou à des monastères : Loguivy-lez-Lannion, Locquénolé, deux enclaves de Dol, sont des exploitations rurales, en pays fertile, ayant la ferme au centre, le long de la côte, en un lieu où il est facile d'atterrir. L'unité territoriale de défense est représentée par les paroisses seigneuriales, créées trop tard, comme Auray, Hennebont, La Roche-Derrien, bâties dans une vallée, autour du château féodal. Nos antiques paroisses ont un aspect tout différent : ce ne sont ni des

---

21. *Plouénez* en Brennilis (*Soc. arch. Fin.*, 1924, p. XII), *Plonivel* en Plobannalec (F.) (*N8.*, p. 109), sont d'anciennes paroisses disparues : *Plomarc'h* en Plouaré, près Douarnenez (F.), était jadis *Porlz-marc'h* (*Rev. cell.*, XXXIII, 1912, p. 306 et n. 3) ; *Ploumanac'h* en Perros-Guirec (C.-du-N.) était autrefois *Poulmanac'h* (v. *supra*, chap. IX, n. 2). — Je ne donnerai pas ici la liste de tous les *Plou-*, *Plo-*, *Plé-* qui ne sont pas paroisses. Le relevé que j'en ai fait me permet de dire que bien peu paraissent avoir été réellement des *Plou-*, si tant est qu'il en existe.

22. Ajouter à cette constatation ce qui a été dit plus haut concernant le mot *Gulc-* dans le Léon, mot qui est intimement lié à l'institution de la *ploué*, et qui désigne exclusivement le bourg des paroisses anciennes.

unités d'exploitation agricole, ni des unités guerrières » ; leur chef-lieu est sans défense militaire ; ce sont des territoires qu'un prêtre peut visiter, administrer » ; divisions purement pacifiques, qui ignorent les questions économiques, navigation, communications et agriculture ; ce sont des divisions pour l'administration spirituelle, des communautés de chrétiens, organisées en dehors de toute question d'intérêt purement humain.

3° Ces fameux clans bretons, qu'on dit s'être installés en Armorique et avoir créé ces unités territoriales qu'on aurait appelées des *plou*, que sait-on d'eux qui puisse justifier ce système ? Rien ; bien au contraire, tout indique que les historiens les ont créés pour ériger leur théorie ».

---

23. La présence de plusieurs *Plou-gastel*, *Pléchâtel* (avec un *Tréastel* en Plougastel-Daou'as F., C.-K.-M.) ne me contrarie pas. La paroisse a pris son nom, dans ce cas, d'un *castellum* qui existait sur son territoire, de même qu'on a *Plou-mayour* (C.-du-N.), *Plou-moguer* (F.), qui sont peut-être la paroisse de la muraille (= ruines romaines ; v. Ns., p. 166) et une *Plou-guer* (F.), autour de Carhaix = *Plou-Ker* [Ahès]. Plouguer était le territoire paroissial de la ville de Carhaix, la ville, ses faubourgs et sa campagne immédiate. Actuellement, Plouguer forme une commune séparée de Carhaix ; c'est, je l'ai dit, un vaste anneau qui enserre Carhaix. Pour cette paroisse, aucun doute, la ville, *Kaer*, existait avant la paroisse *Plou* ; Carhaix est en effet une vieille ville gallo-romaine. Mais la ville gallo-romaine n'avait pas un territoire lui appartenant ; elle avait autour d'elle la campagne de la *civitas* ; la constitution des paroisses lui a fixé un territoire délimité qui est devenu le sien, ce territoire est sa *ploué*, et cette *ploué* a emprunté son nom à la *ville*, comme les Pléchâtel ont emprunté leur nom à un *castellum*.

24. A noter qu'aucun *Castel* ne porte l'éponyme de la paroisse. Je n'en ai relevé qu'un seul, *Castel Gourer* en Plougonver (C.-du-N.) ; deux autres exemples, *Castel-Reuzec*, en Beuzec-Cap-Sizun, et *Castel-Spézet* en Spézet (F.) (C.-K.-M.), ne reproduisent pas l'éponyme, mais le nom de la paroisse. — Les *Castel* sont anciens au point de vue archéologique (tandis qu'au point de vue philologique, beaucoup de *Castel* sont des dénominations modernes). Les *Les-*, *Ker-*, sont bien plus récents au point de vue archéologique et ils ont parfois l'éponyme de la paroisse, parce que ce sont, eux, des noms anciens.

25. Toute cette théorie des clans paraît un dernier écho des poésies d'Ossian. En réalité, il n'y a aucun indice de clans en Bretagne ; M. J. Loth l'a fait remarquer dans *L'émigration bretonne*, pp. 216 et seq., et il conclut ainsi dans son travail sur les *Mots latins dans les langues brittoniques*, p. 38 : « On n'aperçoit nulle part dans l'organi-

Par ailleurs, le *clan*, la famille, est chose essentiellement mobile, extensible ; les émigrés bretons ont dû, longtemps avant de se fixer, être une population remuante, flottante, et l'on voudrait qu'aussitôt leur arrivée, ils aient délimité le territoire qui constituerait le domaine propre de chaque clan ; rien de semblable ne se passe dans les pays nouvellement occupés par des émigrants.

Il reste un argument qui prouve que *plou* a le sens uniquement religieux de paroisse. *Plou* est la transformation bretonne du mot latin *plebs, plebem* ; ce n'est donc pas un nom de lieu, ni le nom d'un domaine, ce qui est la même

---

sation de leur société (celle des Bretons en Armorique) l'influence du lien de parenté dont le rôle est capital au X⁰ siècle encore dans le pays de Galles : les Bretons en Armorique paraissent arrivés au régime féodal pur. La constitution du clan avait été sans doute fort atteinte, sinon complètement brisée, par le fait même de l'immigration, et les hasards de l'établissement en pays étranger. Enfin, eut-elle été en vigueur, que les chartes ne nous apprendraient pas grand'chose sur ce sujet... » Quant aux *machtiern* qu'on veut nous représenter comme les chefs civils des clans, je réponds que les machtiern, autour desquels nos archéologues romantiques ont fait beaucoup de bruit, n'ont pas le caractère de maîtres civils d'une *plou*, ils ne sont pas le *princeps plebis illius*, mais *machtiern in plebe illa* (deux seuls ex., Cart. Redon, CXXVI en 859, p. 95, *Hotarscoit princeps plebis Anizac*, et CLXXVIII en 832-833, p. 137... *Ut ipse Juab solvat quidquid debet princeps illius plebis ex supradicta virgatis habere*). Souvent ils sont simplement machtiern sans que le territoire où ils exercent leur autorité soit indiqué. Le pouvoir du machtiern ne semble nullement correspondre au territoire d'une paroisse, et le machtiern n'a aucun droit sur la paroisse proprement dite : v. PLASTON, in *Ann. de Bret.* IX, 1891, pp. 228 et seq.). Cf. Cart. Redon, ch. v, *Ermor episcopus, machtiern in Poutrecoet* ; Jarnhitin, machtiern, a eu deux fils, Portiloe et Guorelli, *duo machtiern*, pour Ruffiac, IX, XII, Pleucadeuc, XIII, CCLV, et Carentoir, XVI ; dans les ch. CLV, CLVI, ils sont encore indiqués à deux ; toutes ces chartes sont datées de 830-850. Ce mot *machtiern* = *tiran..us, tiarn, comes, princeps*, me paraît désigner un seigneur ; Deuhoiarn est *machtiern*, XXIV, CLXXV. Il est *comes*, XCIII. Riwall est *machtiern*, CXVI, *tiarnus*, CXXVIII, CCXIX. Jarnhitin est *princeps*, CCLI ; dans neuf autres chartes il est *machtiern*, dans la ch. CCLV il est *tirannus*, et dans la ch. CCLXVII il est *machtiern et tirannus*. — Le pouvoir des machtiern a pu emprunter les limites que l'Église avait dessinées pour diviser la campagne, autrement dit le pouvoir temporel a pu épouser les divisions ecclésiastiques, mais il ne pouvait pas créer ces communautés d'habitants que sont les paroisses. Une seigneurie n'est pas une paroisse.

chose, car les domaines portent un nom de lieu. *Plebs*, comme *diœcesis* et *parochia*, désigne l'ensemble des chrétiens qui constituent la clientèle habituelle d'une église, et plus tard le territoire habité par cette clientèle ". Un clan n'aurait pas été une *plebs*, il aurait été une famille, large, mais organisée. *Plou* a le sens purement chrétien de paroisse ; il est entré dans les langues brittoniques par l'intermédiaire du latin ecclésiastique ; en Galles, il a donné naissance au mot *plwyf*, qui a toujours signifié la paroisse ; on ne s'expliquerait pas que ce mot ait pu avoir, momentanément, à une époque donnée, et dans l'Armorique bretonne seule, un sens laïc.

Ce qui est dit ici a d'ailleurs été exposé déjà depuis longtemps par M. Henri Sée, dans son *Étude sur les classes rurales en Bretagne au moyen âge*, parue en 1896 " ; M. Sée a démontré à plusieurs reprises que « la plebs n'est autre que la paroisse, une circonscription ecclésiastique, mais non domaniale ; dans chaque plebs se trouvent en général plusieurs domaines distincts ». « La paroisse correspond visiblement à la commune moderne, tout comme la *villa* des pays de l'Est ; ...mais elle n'est pas comme la *villa* une circonscription domaniale ; elle n'est qu'une circonscription ecclésiastique ; elle comprend le plus souvent un nombre considérable de villas. » D'autre part, M. Sée a démontré aussi que la propriété en Bretagne a été, dès l'origine, très morcelée, la *villa* y a un territoire fort peu étendu, en aucun cas un domaine n'aurait pu être le cadre d'une circonscription ecclésiastique, car tous ces domaines étaient trop petits.

En un mot, la *plou* est une circonscription ecclésiastique, c'est la paroisse.

---

26. *Plebs*, à l'origine, correspond à l'expression française employée pour désigner la clientèle d'une église privée ou conventuelle, lorsque l'on dit : *les habitués de l'église Saint-X...* ; *parochia* a un sens plus matériel, ce sont les maisons voisines, le pourtour de l'église, puis par extension le territoire desservi par cette église.

27. Rennes, in-8° (Extrait des *Annales de Bretagne*, XI), pp. 14, 15, 28-31. — Cf. CAMILLE VALLAUX, *La Basse-Bretagne*, p. 125.

CHAPITRE XI

LA CONSTITUTION DES PAROISSES

[Nos saints] ont été appelés en Armorique pour la plupart par les besoins religieux des Bretons émigrés et de leurs descendants. Ils ont été les organisateurs du culte.

J. LOTH, *Rev. celt.*, XL, 1923, p. 10, n. 1.

GÉNÉRALITÉS

Pour étudier l'origine des paroisses en Bretagne, il faut partir d'un principe absolument opposé à celui qui doit diriger l'étude de la question pour la France. En France, l'église primitive est au siège de la *civitas* ; l'église baptismale est là où est l'évêque, seul prêtre qui détienne la plénitude des pouvoirs sacerdotaux ; le territoire placé sous l'autorité de ce prêtre et dans la dépendance de cette église, est l'ensemble de la *civitas*, qui au point de vue religieux s'appelle la *parochia*[1] ; il n'y a qu'un culte par *civitas*, et ce culte s'exerce dans un temple, qui a été consacré pour l'ensemble de la *civitas* et qui se trouve au chef-lieu. La campagne demeure abandonnée, d'abord parce qu'elle n'a été convertie que très tard, et que c'est dans les grandes villes que le christianisme a commencé, ensuite et surtout parce que la campagne n'a aucune vie locale ; c'est un

---

1. L'emploi de ce mot est curieux : la paroisse, c'est la cité. Grégoire de Tours réserve toujours ce mot pour désigner l'évêché ; les paroisses rurales sont désignées sous le nom de *diœcesis* ou *plebs*.

désert, avec quelques *fundi*, des *villæ*, des *vici*[1], mais sans aucun groupement social qui puisse célébrer un culte en commun. La seule unité qui existe, c'est la *civitas*, et c'est la seule unité qui ait ses prêtres et un culte.

Plus tard, les évêques établirent des succursales de leur église dans la campagne et déléguèrent à des prêtres une partie de leur pouvoir. Grégoire de Tours montre des évêques de Tours créant successivement quelques paroisses dans les agglomérations importantes de ce diocèse ; les prêtres de ces paroisses rurales étaient nommés et délégués par l'évêque lui-même[2]. Autrement dit, en France, la paroisse primitive est la *civitas* ; plus tard, l'évêque crée des succursales, des églises rurales, qui restent sous son pouvoir, par l'intermédiaire d'un desservant envoyé par lui.

Dans l'Armorique bretonne, la situation est absolument différente : la *civitas* gallo-romaine a sombré, elle n'est plus une unité politique, et s'il a existé un évêque gallo-romain au chef-lieu de cette *civitas*, il a, lui aussi, disparu avec l'organisation gallo-romaine. Ce n'est donc pas l'évêque qui

---

2. FUSTEL DE COULANGES, *Institutions politiques de l'ancienne France, La Monarchie franque*, Paris, 1905, in-8°, p. 184 : « Le territoire de chaque cité comprenait un nombre indéterminé de cantons ou *pagi* et de villages *vici*. Ces cantons ou ces villages, tout en ayant des chefs locaux, ne formaient pas des circonscriptions indépendantes, au regard du pouvoir central ; ils étaient partie intégrante de la cité. L'union de la ville et de la campagne en une même cité était l'un des traits essentiels du système romain. »

3. FUSTEL DE COULANGES, *op. cit.*, p. 517. IMBART DE LA TOUR, *op. cit.*, pp. 4 et *seq.*, p. 29 et *seq.* — C'est ce qui s'est passé dans la partie demeurée gallo-romaine de l'Armorique, évêchés de Rennes, Nantes, Saint-Malo et Vannes par parties. — L'abbé DUINE (*Catalogue*, p. 45) avait cru retrouver des traces de l'évangélisation pré-bretonne en Armorique, dans les églises dédiées à saint Martin ; je crains que les Bretons n'aient honoré eux aussi ce grand saint, ou que ce saint ait remplacé un autre saint breton ; il peut y avoir eu des substitutions ; par ailleurs, le culte peut ne pas être ancien : Saint-Martin-des-Champs, près Morlaix (F.) est un ancien prieuré de Marmoutiers, Saint-Martin de Josselin (M.), aussi (Ros.), Saint-Martin de Vannes relevait, à son tour, de Josselin ; cf. à Locronan (F.), les Bénédictins avaient mis l'église sous le vocable de saint Benoît (THOMAS, *Saint Ronan et la Troménie*, Quimper, 1887, in-8°, p. 30). Saint-Martin-des-Prés (C.-du-N.) me semble aussi l'œuvre des Bénédictins ; dans cette paroisse, il y a une chapelle de saint-Benoît (*Rép. arch. C.-du-N.*, p. 499).

pourra fonder les paroisses, en créant des églises dans la campagne et en y envoyant un desservant, ce sont les prêtres bretons, qui, libres, indépendants, ne connaissant aucune autorité épiscopale au siège de la *civitas* parce qu'il n'y en avait pas, ou l'ignorant, si il y en avait une[1], ont de leur propre initiative, au mieux des intérêts de la religion, groupé leurs compatriotes en petites communautés religieuses indépendantes.

Les cités gallo-romaines avaient disparu ; ce qui en pouvait subsister fut définitivement englouti par les Bretons. On sait qu'il existait un évêque gallo-romain pour la *civitas* des Venètes, à Vannes ; cet évêque, et les grands propriétaires fonciers, avaient, comme les Gallo-Romains, établi probablement quelques églises rurales ; les paroisses, dont les noms en -*é*, ou en -*ac*, indiquent des *fundi* gallo-romains, auraient été créées de cette façon ; mais le plus grand nombre des paroisses de cet évêché a été constitué par les Bretons, ce sont des *Plou-* ; les prêtres bretons ont agi sur le territoire de ce diocèse, qui avait gardé son évêque, comme ils ont agi dans le reste de l'Armorique, sans se soucier de cet évêque.

Nous savons qu'ils se montraient indépendants, et que leur façon de faire déplaisait profondément aux évêques gallo-romains ; l'évêque métropolitain de Tours, Licinius, et deux de ses comprovinciaux, Melanius de Rennes (saint Melaine) et Eustochius d'Angers, envoyèrent vers 515-520, une lettre comminatoire à deux prêtres bretons, Louocat et Catihern, qui circulaient chez leurs compatriotes, allant de cabanes en cabanes, munis d'autels portatifs sur lesquels

---

1. Cf. Duine, *La métropole de Bretagne*, Paris, 1906, in-8°, p. 183 : « Dans une péninsule peuplée d'émigrés qui n'ont aucun goût pour une organisation ecclésiastique étrangère, ou même hostile... ». — Il se peut qu'il ait existé un évêché gallo-romain pour la *civitas Osismiorum* à Vorganium (Carhaix), et un autre pour les *Curiosolitæ* à Alet (F. Lot, *Mél. d'hist. bret.*, pp. 200-206 ; *Le roi Noël de Kérahès*, in *Romania*, XXIX, 1900, pp. 387-399). M. Lot a expliqué que Carhaix a perdu son importance très tôt, dès que le réseau de routes a cessé d'être entretenu ; par ailleurs, ces deux évêchés, moins riches que celui de Vannes, et complètement envahis par les Bretons, ont dû certainement disparaître dès l'arrivée des insulaires, si tant est qu'ils aient existé.

ils célébraient les saints mystères[5] ; on les considérait comme de véritables vagabonds ; ils n'avaient pas besoin qu'une église fût consacrée, que l'évêque leur déléguât des pouvoirs, puisqu'ils avaient avec eux un autel portatif. Le métropolitain de Tours ne put rien contre eux ; la Gaule ne commandait plus en Bretagne. Les missionnaires bretons étaient passés sur le continent pour venir au secours de leurs compatriotes ; il y avait là tout un monde étranger qui restait intimement lié à la mère-patrie, avec laquelle les relations étaient continuelles, et qui ne voulait en aucune façon connaître les autorités gallo-romaines.

Les prêtres qui venaient de l'île de Bretagne trouvaient en Armorique un terrain vierge, une population absolument flottante, qui n'était qu'à peine installée et n'avait encore aucune organisation. Aucune autorité locale antérieure ne s'est imposée à eux ; ils ont agi en toute indépendance, fondant des paroisses là où cela leur semblait nécessaire, sans attendre que l'évêque y établisse une église rurale et ne les délègue pour l'exercice du culte en ce lieu. La situation est donc toute différente de celle de la Gaule, où les églises rurales sont des succursales de l'église baptismale primitive établie au chef-lieu de la *civitas*. En Armorique, il n'y a pas d'églises rurales filiales de l'église urbaine, les églises sont toutes des églises rurales, indépendantes, contemporaines[6].

---

5. Cette lettre a une importance considérable ; elle a été découverte par Mgr Duchesne, qui l'a publiée d'abord dans la *Revue de Bret. et Vendée*, janvier 1885, p. 5, puis dans les *Fastes épiscopaux*, II, Paris, 1900, pp. 252-253. L'on trouvera aussi le texte et des commentaires dans LA BORDERIE, *Hist. de Bret.*, I, p. 370, II, p. 527. Je prends la date donnée par DUINE, *Memento*, p. 57, n° 13. — Ni Louocat ni Catihern ne sont attestés comme noms de saints, ce qui est bien regrettable ; je signale toutefois un lieu-dit *Lavocat*, écart commune d'Allaire (M.), dans l'évêché de Vannes (Ros. ; la *C.B.-M.* indique un moulin à vent et un moulin à eau *L'Avocat*) ; si l'on était sûr des formes anciennes, ce nom de lieu pourrait rappeler notre Louocat, d'autant plus qu'Allaire est sur les bords de la Vilaine, dans des régions où les Gallo-Romains étaient demeurés organisés ; les évêques gallo-romains pouvaient donc être au courant des agissements de ce personnage et pouvaient avoir à se plaindre de lui.

6. Cf. DOM GOUGAUD : *La question des abbayes-évêchés bretonnes*, in *Revue Mabillon*, XI, 1922, pp. 90-104, p. 99 : « Il ne faut pas se représenter ces moines bretons comme de purs contemplatifs ; ils curent à organiser ecclésiastiquement cette nouvelle chrétienté ; ils

LE ROLE DES MOINES

L'on s'entend partout à donner une grosse importance au
monachisme dans les débuts du christianisme dans l'Armorique bretonne[1]. Certes, les prêtres qui nous venaient de
l'île étaient des moines. L'Eglise celtique ignorait le clergé
séculier[8], mais ces moines étaient souvent peu attachés à
leur monastère[9], ils voyageaient beaucoup, partaient dans
la solitude ; quand ils devenaient des missionnaires, ils
n'étaient plus des moines, puisqu'ils ne vivaient plus en
communauté et qu'ils n'étaient plus soumis à l'autorité de
leur abbé ; ils ont agi isolément; c'est là un des caractères
nettement accusés que démontre péremptoirement l'histoire
de nos saints bretons. Ils sont tous des isolés, ils n'appartiennent à aucun groupement[10]. La création des paroisses,
qui est leur œuvre, n'est donc pas d'origine monastique[11] ;
les moines, missionnaires isolés, ont créé des paroisses, ils

---

eurent à assurer le ministère pastoral parmi les émigrants. Le culte, la
prédication, l'administration des sacrements constituèrent leur principale
occupation. Tout était à créer, à organiser dans la région qui s'étend
du Coucsnon à l'embouchure de l'Elorn, à laquelle les émigrants
donnèrent le nom de Domnonée, vocable importé d'outre-mer. Des neuf
cités énumérées dans la *Notice des Gaules* (début du v⁰ siècle), celle
des *Redones* (Rennes) et celle des *Veneti* (Vannes) étaient pourvus
d'évêchés avant l'arrivée des Bretons ; mais, si les autres cités armoricaines eurent aussi des évêques avant le vi⁰ siècle, on n'en voit plus
trace à cette époque. C'était donc un terrain vierge de toute organisation ecclésiastique, ou à peu près, que trouvèrent en Domnonée, les
moines missionnaires de l'émigration bretonne. »

7. IMBART DE LA TOUR, *Les paroisses rurales du IV⁰ ou IX⁰ siècle*,
p. 23, « à l'époque carolingienne, dans l'Armorique bretonne, la paroisse
se substitue au monastère primitif ». Cf. DUINE, *Le schisme breton*,
p. 132, n.

8. Le clergé séculier était quasi inexistant ; cf. DOM GOUGAUD, *Les
chrétientés celtiques*, pp. 66-67 et 124.

9. DOM GOUGAUD, *op. cit.*, p. 63.

10. Voyez mes *Six saints*, pp. 87 et seq., et *supra*, pp. 127-128.

11. Il ne s'agit ici que des paroisses primitives ; je ne parle pas des
paroisses en *Lan-*, ou en *Lok-*, établies beaucoup plus tard, pour les
agglomérations qui se constituèrent autour de monastères.

n'ont pas créé des couvents, succursales d'une abbaye mère, qui plus tard sont devenus des paroisses. Ils ont du premier coup créé la communauté chrétienne qui s'appelle la paroisse, et la paroisse a été dès le début absolument séculière.

Si la paroisse s'était ajoutée ou substituée au couvent primitif, on aurait eu le fait suivant : une *Lan-* reproduirait, à l'intérieur de la paroisse, le nom de l'éponyme de la paroisse, ou bien le bourg aurait porté le nom de *Lan-* et la paroisse celui de *Plou-* ; on n'a aucun exemple de ce fait ; il aurait pu en subsister, puisque l'on a des *Tré-* voisins d'une *Lan-* dont ils reproduisent l'éponyme. Dans ces exemples, le nom en *Tré-* désigne le hameau qui s'est constitué autour de l'établissement religieux *Lan-*[12]. Si la paroisse primitive s'était constituée de la même façon autour d'un monastère, le monastère aurait subsisté ; le bourg chef-lieu au lieu de s'appeler *Gwic-*, comme dans le Léon, s'appellerait *Lan-*, et dans les paroisses où le culte du saint éponyme n'est pas à l'église paroissiale, mais dans une chapelle isolée, cette chapelle serait désignée sous le nom *Lan-*.

Toutefois nous avons plusieurs *Plou-Lan : Pouïlan* dans le Cap-Sizun (F.), *Guiclan* (F.), près Saint-Thégonnec (nom officiel d'une paroisse qui s'appelle *Ploulan*), *Plélan* (C.-du-N.), et *Plélan* (I.-et-V.) ; il existe par ailleurs *Plou-Lan-Tréguier* qui est l'ancien territoire paroissial de Tréguier. Pour ce dernier exemple, il n'y a pas de doute, c'est la paroisse de *Lan Tréguier*, mais rien n'indique que cette paroisse ait été constituée par les moines du monastère de Tudual ; la situation géographique de Tréguier, au bord de la mer, est contraire à la règle qui veut que les chefs-lieux

---

12. Voyez *supra*, chapitre II, p. 28. — Les exemples en sont assez nombreux, mais peu connus parce que les cartes désignent sous un seul nom tout le village ; à l'état de section on en trouve beaucoup : *Lan Tuder* en Tréduder (C.-du-N.), cf. *Trébalu* en Ploumoguer (F.), hameau autour de la *Lanpabu* donnée par la *l* ella Tudual* ; le monastère *Lan-* a disparu, le hameau *Tré-* n subsiste. — Pour les *Plou-*, l'éponyme n'a jamais de *Lan-* ni de *Tré-* à l'intérieur de la paroisse ; je n'ai relevé que deux exemples : *Tressé* en Plessé (L.-I.), exemple très délicat (v. J. Loth, in *Rev. celt.*, XXVIII, p. 393), et *Tréastel* (C.-du-N.), en Plougastel-Daoulas (F.) ; dans ce dernier cas c'est un nom commun qui est éponyme.

de paroisse soient toujours assez en arrière de la côte. Il semble que dans tous ces exemples, la paroisse, au lieu d'emprunter son nom au saint patron, l'ait emprunté à la présence d'une chose remarquable située sur le territoire ; nous avons des *Plou-Castel*, des *Plou-Magoar*, un *Plou-guer*, ce n'est ni le château, ni la muraille, ni la ville, qui ont constitué la paroisse, non plus que dans *Plo-bannalec*, la gênetaie n'est l'origine de la paroisse. Les *Plou-Lan* ne permettent pas de dire que ce soit le monastère qui ait fondé les paroisses primitives, c'est la paroisse qui a emprunté son nom à la présence d'un monastère important sur son territoire[13]. Plus tard, des établissements monastiques en *Lan-*, *Lok-*, sont devenus des paroisses, mais ces paroisses, dont l'étendue et la configuration sont bien différentes, se reconnaissent facilement, il n'en est pas question ici.

L'abbé Duine, à cause de sa conception de l'origine des enclaves doloises et de l'abbaye-évêché de Dol, a donné à nos paroisses bretonnes une origine monastique d'un genre tout spécial :

« Dans une péninsule peuplée d'émigrés qui n'ont aucun goût pour une organisation ecclésiastique étrangère, ou même hostile, le couvent épiscopal (l'évêché-abbaye de Dol) envoie des moines missionnaires parmi les groupes bretons, dont il peut assurer le service religieux. Ainsi n'y eut-il pas d'abord un évêché de Dol, c'est-à-dire une division territoriale se moulant dans la forme de quelque *civitas*, mais il y eut une maison épiscopale qui fut un centre d'activité religieuse et qui répandit l'autorité de son fondateur à travers la Bretagne. » (*La Métropole de Bretagne*, pp. 183-184.)

Autrement dit, l'organisation de la vie religieuse et des paroisses en Bretagne serait, en partie, due aux monastères qui auraient député, là où besoin était, des missionnaires ; ces missionnaires auraient créé des paroisses, parmi lesquelles les enclaves doloises seraient celles fondées par les moines envoyés de Dol. Ce système ne correspond pas à la réalité : d'abord les monastères qui sont devenus des enclaves doloises n'ont pas été fondés par des moines dolois. On a vu plus haut qu'aucune enclave ne porte le nom d'un

---

13. A noter que l'on n'a pas de *Plou-Mine* ni de *Plou-Manach* (Plou-manac'h en Perros-Guirec n'a jamais été une paroisse, et c'est un ancien *Poul-Manac'h*, je l'ai déjà dit plus haut, chap. IX, n. 2).

saint de Dol, et qu'aucune n'est une paroisse ancienne [14] ;
ce sont des couvents rattachés après coup à Dol. Ensuite,
les moines armoricains n'ont jamais été assez nombreux,
surtout à l'origine, pour que les abbayes aient pu envoyer
de tous côtés des missionnaires.

L'on peut donc conclure que les paroisses primitives, les
Plou-, ne doivent pas leur origine à une organisation
monastique [15]. Elles ont été, dès le principe, des paroisses
libres, indépendantes, une série de petites républiques autonomes, qui, fort longtemps, ont dû ignorer toute autorité
supérieure.

LA CRÉATION DES PAROISSES

Il a été dit, dans les pages qui précèdent, que les paroisses
ont été créées par les prêtres venus pour réévangéliser les
populations bretonnes arrivées en désordre dans l'Armorique ; les émigrés s'étaient installés au hasard des terres
cultivables et s'étaient disséminés à l'infini dans la campagne ; ils n'avaient pu constituer aucun centre dans un
pays où il est rare de rencontrer un horizon agricole assez
vaste et assez homogène pour suffire aux besoins d'une

---

14. Il faut répéter que toujours quand il s'agit des saints bretons,
nous sommes devant des individus isolés, indépendants. Il n'y a aucun
moyen de les grouper, de les faire entrer dans un système quelconque ; en ce qui concerne Dol, dont l'influence en Basse-Bretagne
paraît bien restreinte à l'époque primitive, il faut remarquer que le
culte de saint Samson dans nos campagnes bretonnes est presque
inconnu ; là où il existe, il est récent ; il n'a donné son nom à aucun
établissement ancien, je ne vois qu'un seul *Lok-*, *Locsamzun* en Melrand (M.) (Ros.).

15. Dom Gougaud, *Les chrétientés celtiques*, p. 124, indique qu'il s'est
formé autour des *lann* des agglomérations qui sont devenues des
bourgades, des villes même, mais il ne croit pas que les paroisses
primitives doivent leur origine à des monastères. J'ai déjà dit que
l'Armorique bretonne des premiers siècles a ignoré les grands monastères. *Lan* ne doit pas être traduit par abbaye ni par monastère,
c'est une *cella*, rien de plus, un simple ermitage, et ce mot comme
le mot *lok* qui, au début, signifiait aussi monastère, a fini par désigner
une simple chapelle.

masse importante de population[15]. Cette dispersion avait eu pour résultat d'empêcher toute organisation du pays ; on ne pouvait tracer de routes, puisqu'il n'y avait pas de centres à desservir et à réunir à d'autres ; il n'y avait qu'une poussière de petites exploitations ; il ne pouvait exister de marchés, puisqu'il n'y avait pas d'agglomérations ; enfin, les chefs détenaient une autorité bien précaire sur un peuple aussi dispersé, si tant est qu'il avait subsisté des chefs.

Les prêtres arrivaient en véritables pionniers, dans un pays vierge de toute organisation. Ils n'allaient pouvoir exercer leur apostolat qu'en voyageant sans arrêt d'une ferme à l'autre ; il leur était impossible de toucher les habitants autrement qu'en visitant chaque cabane, puisque ces chrétiens isolés, perdus à travers les landes et les marais ne possédaient aucun sanctuaire autour duquel ils auraient pu se réunir et dont ils auraient été la clientèle ; les sanctuaires tiennent au terrain, on ne les emporte pas en émigrant. Pour permettre aux Bretons de vivre en chrétiens, il fallait leur assurer un culte ; ce culte, on ne pouvait que l'offrir à un groupement suffisant de chrétiens, il était donc nécessaire de grouper ces chrétiens en communautés. Les prêtres, d'autre part, pour exercer une influence plus profonde, se sont sentis dans la nécessité de circonscrire leur tâche ; force leur était de choisir un territoire auquel chacun d'eux aurait répandu le bienfait de son ministère. Ils étaient peu nombreux, la population n'était pas très dense, ils pouvaient prendre un territoire assez vaste, mais ils étaient dans l'obligation de choisir un territoire qui constituât une unité géographique facile à parcourir, pour eux exercer leur apostolat, et pour les fidèles venir assister aux cérémonies du culte. Les missionnaires dans leurs pérégrinations ne tardèrent pas à reconnaître les belles unités géographiques qui étaient formées par les parties du plateau qu'enferment les vallées : ils y trouvèrent de véritables circonscriptions qui répondaient parfaitement aux nécessités de leur ministère et qui seraient en même temps le cadre dans lequel ils allaient recruter la clientèle de chaque église.

Les prêtres bretons ont créé ces circonscriptions territo-

16. CAMILLE VALLAUX, La Basse-Bretagne, p. 195.

riales, sans se douter qu'ils créaient ainsi la paroisse, telle qu'elle devait être organisée plus tard par toute la chrétienté. En Galles, il n'y avait pas de paroisses organisées. Autour de chaque église, autour de chaque monastère existait bien un groupement de fidèles, la *plebs* ; mais cette *plebs*, simple clientèle de l'église ou de la chapelle abbatiale n'était pas encore la paroisse territoriale : c'était le peuple du voisinage, qui venait assister aux offices de cet établissement religieux; on vivait, comme en Gaule, sous un régime qui s'était institué peu à peu, à mesure des conversions et de l'extension prise par les abbayes ; on ignorait le système paroissial, l'organisation d'un pays en circonscriptions religieuses bien limitées, chaque circonscription constituant une paroisse. C'est beaucoup plus tard que le pays a été organisé par paroisses, lorsque le clergé de chaque église affirma une puissance territoriale sur la circonscription où résidait sa clientèle.

Les prêtres arrivés en Armorique ignoraient donc l'institution de la paroisse. Ils n'étaient pas venus avec l'idée de fonder des paroisses. Les nécessités de l'apostolat, le fait que tout le culte était à organiser chez cette population déjà chrétienne, a conduit chacun d'eux à délimiter un territoire dont les habitants formeraient un troupeau, et seraient la clientèle d'une église : ils ont été amenés à constituer la paroisse territoriale, alors même qu'ils ignoraient cette institution.

Ces origines de la paroisse bretonne expliquent son caractère si nettement marqué de circonscription ecclésiastique, correspondant presque toujours à une petite unité géographique bien déterminée ; l'on n'est pas en présence d'une circonscription mal limitée, qui s'est constituée au hasard d'événements divers, autour d'un établissement religieux, d'un château, d'une *villa*, ou d'un *vicus*, et qui lui a emprunté son nom ; l'on est devant un territoire choisi spécialement pour être la base d'une communauté de fidèles qui aurait son église, et qu'un clergé pourrait facilement administrer.

Parmi les moines ou prêtres insulaires passés en Armorique, il y avait un nombre considérable d'évêques[17] ; ces évêques ne paraissent pas avoir joué un rôle spécial dans

<hr>

17. Il n'y a aucun doute à ce sujet, v. Dom Gougaud, *Les abbayes évêchés bret.*, art. cité. p. 93. et *Les chrétientés celt.*, p. 219.

la fondation des paroisses armoricaines ". Ils n'avaient pas
de juridiction diocésaine, rien ne leur assurait une autorité
particulière, ni sur une portion de territoire, ni sur d'autres
prêtres ; ils étaient d'ailleurs trop nombreux pour que leur
simple titre leur assurât une suprématie quelconque ; ils ont
dû travailler comme les autres missionnaires, sans chercher
à imposer aux autres une direction que rien n'aurait sanc-
tionnée. Chaque prêtre a agi à sa guise, de la façon qui lui
paraissait la plus utile pour le bien des âmes. Nécessité
faisait loi, comme en tout pays déshérité, partout où l'on
envoie des missionnaires ".

L'ÉPONYME

Il a été dit, à plusieurs reprises, au cours des chapitres
précédents, que les établissements anciens du culte de nos
saints devaient leur origine à un séjour du saint lui-même
en ce lieu ; les saints ont donné leur nom aux établissements
qu'ils ont fondés, ou qu'on a établis après leur mort pour

---

18. Le *Riagail Padraic* (règle de saint Patrice, document qui n'est
pas de ce saint, mais qui, cependant, est très ancien), indique que
chaque tribu doit avoir un *primescop*, pour ordonner son clergé, pour
consacrer ses églises, etc. ; il semblerait donc qu'en Irlande, seul avait
le droit de consacrer des églises l'évêque territorial chef de tribu
(Dom Gougaud, *Les chrét. celt.*, p. 216). Les lois galloises font allusion
au pouvoir du roi, qui peut, d'une chapelle de trêve servile, faire une
trêve libre (*Ancient Law of Wales*, London, 1841, in-8°, I, pp. 444
et 512) ; mais aucune de ces institutions n'avaient pu traverser la
mer avec les émigrants bretons, et en Armorique on a, comme on
dirait vulgairement, « couru au plus pressé ».

19. L'on peut comparer la façon dont nos aumôniers militaires
procédaient pendant la guerre ; ils étaient les prêtres de groupements
étrangers au pays où ils se trouvaient ; dans la zone dévastée, ils
réglaient le service religieux au mieux des intérêts de leur troupe, sans
se préoccuper des autorités locales qu'ils ignoraient. Ajoutez que nos
aumôniers détenaient un autel portatif, tout comme nos missionnaires
bretons, et célébraient la messe partout où ils le jugeaient nécessaire,
sans rechercher les églises régulièrement consacrées ; mais la
comparaison n'est qu'apparente, car le ministère des aumôniers était
réglé minutieusement par le Pape, et ce fut en vertu d'autorisations très
régulières qu'ils purent posséder des autels portatifs.

rappeler leur passage ». En ce qui concerne les paroisses, des considérations, empruntées aux recherches qui vionnent d'être exposées, confirment absolument cette théorie ; les saints éponymes des paroisses sont bien les missionnaires qui les ont fondées ; la paroisse se confond avec eux, ils l'incarnent parce qu'ils l'ont constituée.

L'on a vu que le saint éponyme n'avait pas toujours son culte à l'église paroissiale, que son nom se retrouvait dans d'autres noms de lieux situés à l'intérieur de la paroisse, et il a été tiré de cette constatation un fait excessivement précis, à savoir que le saint éponyme n'était pas un saint quelconque sous le vocable de qui on avait dédié une église devenue église paroissiale, mais qu'il était patron . de l'ensemble de la circonscription territoriale, de la communauté de chrétiens qui résidait dans cette circonscription. Comme son nom se retrouve dans la paroisse sous des variantes très anciennes, on en a conclu que ce caractère paroissial du saint éponyme est excessivement ancien, et que la paroisse apparaît dès le début comme un groupe social solidement établi, se réclamant du même saint éponyme ».

Le rôle du saint éponyme est exclusivement paroissial ; il peut avoir son culte en dehors de l'église, peu

---

20. Voyez *supra* au chapitre VII. — Je n'insiste pas sur le fait que les éponymes de paroisses ne peuvent pas être des laïcs ; le roi Salomon lui-même ne parvint pas à donner son nom à un monastère qu'il fonda en 863 : *quemque etiam locum monasterium Salomonis vocare voluimus*, dit-il dans la charte 261 du Cart. de Redon. En 866, le monastère s'appelle *Saint-Sauveur*, comme l'abbaye de Redon dont il relevait (ch. 49) ; en 876, il s'appelle *monasterium Sancti Maxentii* (ch. 237) à cause des reliques qu'il détenait ; c'est actuellement la commune de *Maxent* (I.-et-V.).

21. La différence est bien marquée entre les éponymes de *Plou-*, et les éponymes des *Lan-*, *Tré-*, *Lok-* ; ces derniers donnent leur nom à une chapelle, à une fontaine, parfois à un hameau, et c'est tout : il n'y a pas d'écart qui reproduise le nom du saint : le nom ne désigne pas une circonscription géographique, ni une communauté d'habitants : c'est rarement une frérie, et j'ai dit que les fréries ne sont pas d'origine ancienne. Si des circonstances heureuses ont donné à ce hameau un développement suffisant, il a pu devenir le chef-lieu d'une trève, plus tard même cette trève a pu devenir une paroisse, mais le caractère du saint n'a pas changé, il est resté le saint d'une chapelle.

importe, il n'a jamais à l'intérieur de la paroisse d'établissement en *Lan-* ou en *Tré-*, alors cependant qu'il peut en avoir aux environs. Il est le saint de la paroisse, il ne donne son nom, dans la paroisse, qu'à une seule institution religieuse, la paroisse elle-même ; son rôle est exclusif. Ce n'est donc pas un culte alors florissant, ni une fantaisie, qui a déterminé le choix de ce saint pour un rôle si spécial, si intimement et si exclusivement lié au groupe social de la paroisse.

L'examen des noms de nos paroisses permet de constater que les éponymes sont très nombreux ; la plus grande diversité règne parmi eux. Ils ne sont nullement groupés par région comme pourraient l'être les sanctuaires élevés en l'honneur d'un saint dont on propage le culte, et aucun personnage n'apparaît comme ayant été le grand saint honoré de l'époque. On constate le même fait pour les *Lan-* et les *Tré-*, leurs éponymes sont, eux aussi, très nombreux et très irrégulièrement répartis. Il n'en est pas de même lorsqu'on examine le développement des cultes qui donnent naissance aux noms en *Lok-*, on est surpris du nombre considérable de *Locmaria, Lochrist, Loquellas, Loguivy*, et l'on sent que l'on est devant des cultes qui prirent un développement considérable à l'époque où ces noms de lieu furent créés ; ces lieux-dits sont aussi fréquents que les statues récentes du Sacré-Cœur, de Notre-Dame de Lourdes ou de Jeanne-d'Arc, qu'on voit aujourd'hui, répandues en grand nombre dans nos églises ; ce sont des cultes à la mode ; ils s'étendent partout à la fois ; et l'on peut fréquemment rencontrer de véritables séries de chapelles qui ont été élevées le long des voies par lesquelles le culte s'est propagé[22]. La situation est toute différente pour les noms en *Plou-, Lan-, Tré-*, ils ont pour éponymes des saints très divers, ces éponymes sont très irrégulièrement répartis, et l'on chercherait en vain, pour ces époques, un culte à la mode. Cette constatation, qui avait déjà été faite[23], prouve

---

22. C'est le cas des *Locquellas* égrainés tout le long du Blavet et sur la côte morbihannaise. — En France, le culte de saint Martin, bien délaissé maintenant, a donné naissance à un nombre considérable de paroisses.

23. Voyez au chapitre VII.

qu'il ne s'agit pas de cultes qui ont été importés dans le pays, qui ont joui d'une grande renommée, et déterminé les lieux-dits, les chapelles et les églises qui sont sous leur vocable.

Enfin, une dernière constatation a été faite, à savoir qu'un très grand nombre de paroisses ont pour éponymes des saints complètement inconnus par ailleurs ; leurs noms sont attestés par le seul nom de la paroisse dont ils furent patrons, et par la toponymie de cette paroisse ; ils ne sont éponymes d'aucun autre nom en *Plou-*, *Lan-*, *Tré-*, au dehors de cette paroisse. Les saints qui donnent leur nom à des *Lan-*, ou à des *Tré-*, en ont au contraire souvent plusieurs. Cette constatation est importante ; elle nous fait toucher de plus près à l'œuvre de ces missionnaires. L'éponyme de la paroisse a fondé une paroisse. Arrivé dans le pays, il l'a parcouru, il a trouvé une petite circonscription qui constituait une véritable unité géographique, il s'y est arrêté, il a travaillé la population de ce petit territoire, il en a fait une paroisse. L'éponyme des *Lan-*, *Tré-*, *Lok-*[24] a joué un tout autre rôle ; il est arrivé dans le pays et s'est confiné dans la retraite, recevant ceux qui venaient le visiter, mais sans faire œuvre de pasteur, sans se constituer un troupeau ; il a changé de place lorsqu'il était importuné par les populations voisines[25]. Le pasteur, au contraire, aimait son troupeau, ce troupeau était le sien, il avait eu du mal à le constituer, il a voulu rester à sa tête, il lui a donné sa vie tout entière, il n'a pas été un itinérant, et son nom est inconnu au dehors de la paroisse qu'il a créée.

Il était fatal que la paroisse empruntât son nom au prêtre qui l'avait fondée ; les noms de paroisses n'existaient pas avant la constitution des paroisses ; on a vu, en effet, qu'en Bretagne c'est la paroisse qu'on crée, contrairement à ce qui se passe dans les évêchés gallo-romains où l'on dote un village d'une église et où la paroisse emprunte son nom à l'église ou au village. En Bretagne, au contraire, on a créé la circonscription paroissiale, et cette circonscription a un

---

24. Je parle des *Lok-* qui sont sous le vocable d'un saint dont le culte n'a pas été introduit *post mortem*.

25. Les vies latines font souvent allusion à ce fait qui détermine les ermites à chercher un nouveau lieu de retraite.

nom ; la circonscription, son nom et son éponyme ne font qu'un [25].

La paroisse gallo-romaine, dont l'origine remonte à un temple chrétien, bâti par un puissant de la terre, dans un *vicus* ou une *villa*, et consacré par un évêque, a pu être mise sous le vocable d'un apôtre ou d'un martyr, elle pouvait détenir dès l'origine des reliques qui ont déterminé le choix de son patron ; mais la paroisse créée de toutes pièces, dans des *deserta loca*, par des ermites, venus organiser dans ces parages la vie religieuse, a, en Gaule aussi, pris généralement le nom de son fondateur [26].

CHRONOLOGIE DES PAROISSES BRETONNES

Il y a deux périodes dans la création des paroisses bretonnes : la première est celle des paroisses primitives ; ces paroisses ont un nom en *Plou-*, quelques-unes sont désignées par le seul éponyme, le terme *plou* ne s'étant pas incorporé dans le nom ; d'autres portent un nom de lieu, *Bannalec*, *Briec*, etc. ; l'étendue et la configuration de ces paroisses permet de les reconnaître assez facilement. Cette période se clôt avec les *Plounéves* qui, très certainement, sont de beaucoup antérieures aux ravages des Normands [28].

---

26. Il n'est pas possible de soutenir qu'un culte rendu au saint qui devait devenir l'éponyme, ait précédé la constitution de la paroisse. Il y a des faits fréquents de ce genre en Gaule ; IMBART DE LA TOUR, *op. cit.*, pp. 12-14, cite des exemples dans lesquels le culte précède l'église : on découvre des reliques en un endroit, on y élève un *oratorium*, un culte s'organise, et plus tard cet *oratorium* devient une église, autour de laquelle se groupe une paroisse ; rien de semblable en Bretagne, on l'a vu.

27. IMBART DE LA TOUR, *op. cit.*, pp. 33-34, signale de nombreuses églises construites en Gaule par des reclus, en des lieux déserts, où il n'y avait ni *vicus*, ni *castrum*, ni *villa* : mais comme la toponymie n'offre pas grand intérêt pour l'histoire en Gaule, il ne s'est pas préoccupé des noms de ces paroisses. Il faut ajouter qu'en Gaule, ces paroisses dans des *deserta loca* ont été créées assez tard, dans des massifs montagneux et forestiers qui n'avaient pas encore été évangélisés ; la *cella* de l'ermite a été un centre d'évangélisation (voyez en ce qui concerne le Bas-Maine, RENÉ MUSSET, *Le Bas-Maine, étude géographique*, Paris, 1917, in-8°, pp. 224-225).

28. Voir au chapitre II, pp. 31, 32.

Une seconde période comprend les paroisses en *Lan-*, *Lok-*; ce sont des paroisses monastiques, des paroisses en *Tré-*, ou autres noms, qui sont des succursales érigées en paroisses. Cette période est close très tôt ; Lanmeur est donnée comme paroisse dans la pseudo-charte 305 du Cartulaire de Redon, charte qui est certainement antérieure au xii° siècle; Trédrez et Tréduder sont déjà paroisses à l'époque de saint Yves, dans la seconde moitié du xiii° siècle". Tout semble indiquer que cette période était terminée à la fin du xii° siècle ; passé cette date, on ne crée plus de paroisses ; la liste en est définitivement arrêtée en Bretagne. Les exceptions sont très rares, il s'agit de cas tout à fait particuliers, comme celui de villes neuves, Lorient par exemple, fondé en 1709 dans le territoire de Plœmeur ; en dehors de ces exceptions très rares, les paroisses demeurent telles qu'elles étaient, partageant certaines villes qui, au point de vue municipal, avaient autonomie". L'on se contente de constituer des trêves, lesquelles trêves restèrent, jusqu'au Concordat, sous la dépendance directe de leur paroisse".

-----

29. Sur Lanmeur, v. *supra* chap. IX, p. 186, et n. 23. — Trédrez et Tréduder sont citées comme paroisses dans les actes de saint Yves. Dans le Cart. de Landévennec, Langonnet (M.) paraît être paroisse, ch. xix (pièce où intervient le roi Grallon, par conséquent postérieure au milieu du xi° siècle), mais Landrevarzec (F.) est encore en Brieo, ch. xiii. Il y a deux paroisses en *Tré-*, *Trégunc*, ch. xix, et *Tréchoruus*, ch. xii (cette dernière non identifiée) ; ces deux paroisses ne sont probablement pas composées avec le terme *Tref*, car le rédacteur du cartulaire n'a pas découpé le nom en deux éléments.

30. Voyez l'article déjà cité de Ros., *Les anciennes circonscriptions paroissiales du Morbihan*, in *Société polymath. du Morbihan*, 1873, p. 92 et *seq.* ; en outre des exemples cités dans ce travail, cf. concernant des villes qui n'étaient pas des paroisses, Landerneau (F.), comportant dans l'évêché de Léon la paroisse de Saint-Houardon, et Saint-Julien, trêve de Ploudiry, et, dans l'évêché de Cornouaille, Saint-Thomas, prieuré-cure dépendant de Daoulas (*B.C.D.*, 1916, p. 822) ; Le Faou (F.), divisé en Saint-Joseph, trêve de Hanvec, et Christ, trêve de Rosnoen (*B.C.D.*, 1909, pp. 123-135) ; ces deux villes avaient chacune une administration municipale unique ; voyez *supra* la note 8 du chap. IX.

31. La trêve continue à participer aux dépenses de la paroisse, et pour marquer sa dépendance, on n'y célèbre pas de service religieux pendant le temps pascal, les tréviens doivent venir à la paroisse, v. *B.C.D.*, 1903, p. 808, 1922, pp. 265, 823. Leur desservant est un *curé*, tandis que la paroisse a un *recteur*.

Il a fallu attendre le début du xix° siècle pour modifier le système qui existait depuis le xii° siècle ; le régime concordataire a apporté en Bretagne une législation étrangère qui ignorait les trèves ; chaque commune est devenue une paroisse avec un curé ; quelques communes trop petites ont eu le rang de succursales. L'antique circonscription paroissiale bretonne était rompue.

La première période paraît avoir été assez courte. Toutes les paroisses primitives semblent être sensiblement de la même époque. De fait, en Armorique, où la population était clairsemée, où il n'y avait aucune agglomération, l'on comprend que la création des paroisses ait été entreprise à peu près partout vers la même époque. La population était chrétienne ; il n'y avait pas à la convertir ; l'organisation ecclésiastique ne pouvait commencer par les centres, se propager et se terminer par la campagne, puisqu'il n'y avait pas de centres. Dans l'intérieur du pays, les paroisses étaient plus grandes parce que la population était moins dense et qu'il restait peut-être des Gallo-Romains païens, mais toute cette organisation paraît avoir été entreprise d'une façon simultanée [32] et devait être terminée vers le milieu du ix° siècle, au plus tard. C'est à peine si les *Plou-névez* peuvent dépasser cette date.

Cette première période n'est pas séparée de la suivante par une solution de continuité. Bien au contraire, la première période se poursuit dans la seconde ; la première étant marquée plutôt par le phénomène toponymique de la présence de noms en *Plou-*. A quelle époque se clôt la seconde période ? On a vu qu'à l'époque de saint Yves, Trédrez et

---

32. En Gaule, au contraire, la création des paroisses rurales a été une œuvre lente, opérée à la longue, à mesure que l'on convertissait les campagnes et que la population rurale se groupait en villages. La paroisse rurale française est constituée là où il y a une agglomération ; ce n'est pas un territoire occupé par des habitants dispersés, c'est un village qu'on dote d'une église. De plus, en France, on ignorait la trève, ce qui a obligé à créer continuellement des paroisses. De par son origine et de par le fait qu'on a sans cesse morcelé la paroisse en France, il résulte qu'elle n'a jamais été une unité aussi forte qu'en Bretagne. De nos jours encore, la paroisse bretonne, grâce à certains usages, s'affirme très puissante, alors qu'en France, elle est tombée à presque rien.

Tréduder étaient déjà des paroisses, elles ont leur recteur ; la création de paroisses nouvelles était certainement arrêtée. La paroisse était définitivement organisée comme juridiction religieuse, et en même temps comme titre dans la hiérarchie ecclésiastique. Elle était devenue une chose immuable, intangible ; on n'aurait pas osé y toucher ; les recteurs défendent jalousement leurs droits, imposent aux trêves l'observation très stricte des usages qui affirment leur dépendance et, plus tard, le général des paroisses saura faire de même, en forçant les tréviens à participer à certaines dépenses de l'église mère auxquelles ils restaient tenus de contribuer.

Le pouvoir épiscopal n'a nullement aidé l'élaboration des règles qui ont consacré la *force* intangible de la paroisse. Les évêchés diocésains ont été constitués beaucoup plus tard ; l'Eglise celtique primitive n'en possédait pas * et il ne pouvait pas s'en constituer de si tôt dans l'Armorique bretonne ; toutes les paroisses avaient la même origine, aucune ne pouvait invoquer une antiquité plus grande qui eût pu justifier des ambitions ; par ailleurs la population était demeurée très clairsemée, aucune agglomération ne s'était formée, et il n'existait pas de paroisse assez importante pour prendre une suprématie quelconque, qui, jointe au caractère épiscopal dont aurait joui son prêtre, aurait pu devenir un évêché ; au surplus, le grand nombre d'évêques sans siège, qui vivaient à travers le pays, diminuait la valeur

---

83. L'île de Bretagne a pu, pendant la période de civilisation gallo-romaine, avoir des évêchés au chef-lieu de la *civitas*, mais on n'en voit aucune trace en Galles ni en Cornwall. En Irlande, les circonscriptions épiscopales restèrent vagues jusqu'au xii* siècle, et les sièges épiscopaux n'étaient pas fixes (Dom Gougaud, *Les chrétientés celtiques*, pp. 217 et 360, *La question des abbayes-évêchés*, art. cité, p. 93) ; et précisément ce furent les moines irlandais qui, sur le continent, luttèrent le plus pour l'indépendance de leurs monastères, vis-à-vis du pouvoir diocésain (*Chrétientés celtiques*, pp. 219-220). Tous les documents armoricains ignorent longtemps les diocèses de Domnonée ; les vies de saint Samson, saint Paul, saint Guennolé, sont dans ce cas ; la *vita Melorii* ne connaît que le Broérec (le Vannetais), la Cornouaille et la Domnonée ; la *I*ᵉ *vita Tuduali* elle-même ignore le Léon ; le Tréguier n'est pour elle qu'un tout petit pays correspondant à ce que sera plus tard l'archidiaconé de Tréguier ; Tudual traverse toute la Domnonée depuis la Bas-Léon jusqu'en Normandie, et partout il acquiert des paroisses.

de ce titre. Les évêchés diocésains n'apparaissent dans l'Armorique bretonne qu'avec ce qu'on a appelé la réforme de Nominoë au milieu du ix* siècle [34]. Nominoë n'a certainement pas créé les évêchés de Saint-Brieuc, Tréguier et Dol, il a consacré le pouvoir que les évêques de ces monastères commençaient à acquérir, confirmé l'évolution qui se produisait, mais il ne pouvait du même coup donner à ces évêques une autorité bien forte ; quoi qu'il en soit, les paroisses existaient depuis longtemps à cette époque [35].

----

34. DUINE, *Le schisme breton*, p. 428, p. 454, n. 3 ; *La métropole de Bret.*, pp. 181 et seq. ; DOM GOUGAUD, *Les abbayes-évêchés*, art. cité.

35. La création des paroisses en *Lan-* semble le résultat de la sécularisation d'un monastère, vers la même époque où l'on constituait encore des paroisses en *Tré-*, et très probablement avant le xii° siècle. Quant aux prieurés-cures, Saint-Michel-en-Grève (Lomikel), Locquenvel, Le Ponthou, bien qu'indépendants, ils n'eurent jamais rang de paroisse. — Certaines régions ont été morcelées vers les xi° et xii° siècles en un nombre infini de paroisses: la commune actuelle de Bégard a réuni trois paroisses, Botlézan, Trézélan et Guénezan, et les deux premières comportaient à leur tour chacune une trève, Saint-Norvez et Lannéven. Non loin de là et plus à l'est, la région de Prat, Berhet, Mantallot, est, elle aussi, divisée en très petites paroisses qui ont démembré de bonne heure les paroisses primitives. L'on rencontre des régions semblables dans le Bas-Léon, en Cornouaille, ce sont des zones de terres fertiles où le peuplement s'est fait rapidement. L'on remarquera que, là encore, ce n'est pas un village qui a été érigé en paroisse ; il n'y a pas de village, le bourg est une agglomération insignifiante ; c'est l'ensemble d'un territoire que l'on a desservi en lui donnant une église tréviale. Plus tard, cette trève s'est libérée et est devenue paroisse.

CONCLUSION

Ce travail repose, presque entièrement, sur des constatations matérielles empruntées à la toponymie, la topographie ou à la géographie historique. Ce sont là des bases solides et des documents sincères ; des conclusions sont sorties naturellement de l'exposé de ces constatations ; mais dans l'interprétation de ces données matérielles, il reste encore une part d'hypothèses ; ces hypothèses ont paru ne pas soulever de difficultés trop graves, elles ont semblé plausibles. Ces hypothèses ne sont d'ailleurs pas, toutes, nouvelles; plusieurs parmi elles ne font que reprendre en les développant les conclusions que M. Joseph Loth avait déjà formulées à l'occasion de travaux plus généraux.

Nos saints n'ont aucun rapport avec l'émigration bretonne. Ils ne sont pas venus avec les émigrants, il ne les dirigeaient pas dans leur voyage, ils n'étaient ni leurs prêtres, ni leurs chefs ; ils sont venus plus tard. Les Bretons sont arrivés en Armorique alors qu'ils étaient déjà chrétiens ; la vie chrétienne chez un peuple est attachée à des lieux du culte, elle existe autour d'églises. La population qui émigre ne transporte pas avec elle ces organismes locaux ; dans son nouvel habitat, elle se trouve sans aucun centre religieux ; elle n'a plus les églises où les fidèles se rassemblent pour prier en commun, où l'on instruit le peuple, où l'on dispense les sacrements : il n'y a plus de vie religieuse.

Les émigrés manquaient de prêtres ; ils ne pouvaient les recruter parmi eux ; les vocations sont rares dans une population nouvellement installée, qui est accaparée par les besoins de la vie matérielle. Il n'y avait pas, non plus, les moyens de former des prêtres. Les Bretons s'étaient dispersés à l'infini à travers la campagne, ils n'avaient pas créé de villages et encore moins de villes qui puissent être des centres intellectuels ; ils étaient arrivés trop récemment pour avoir déjà des centres religieux, évêchés, abbayes, lieux de pèlerinage.

C'est de la mère patrie, où existaient des monastères riches et peuplés, qu'on envoya le clergé qui leur était nécessaire.

Les prêtres vinrent nombreux, soit qu'on les demandât, soit qu'ils vinssent d'eux-mêmes, sachant combien leur présence serait nécessaire auprès de ces pauvres émigrés.

La situation a été identique chaque fois que les Européens sont allés occuper un pays neuf. Les émigrants français qui partirent pour le Canada n'avaient pas de prêtres avec eux ; leurs enfants ne se sentaient pas appelés à la vocation ecclésiastique, et ils n'auraient pas eu les moyens de s'instruire, ni de se faire ordonner ; on demanda des prêtres à la mère-patrie, où les vocations étaient fréquentes, où les séminaires, abbayes et ordres étaient riches et capables de former des missionnaires, et les missionnaires vinrent nombreux apporter aux malheureux émigrés les secours de leur ministère.

En outre des prêtres envoyés ou venus d'eux-mêmes pour constituer le clergé de l'Armorique, il est venu aussi un certain nombre de moines qui sont passés sur le continent pour y trouver l'oubli des liens de ce monde, et y chercher une retraite dans la nature sauvage, loin des villes, loin des hommes. De ces derniers, il est fort probable que la plupart, en voyant les besoins spirituels de la population, oublièrent leur goût pour la vie érémétique et consacrèrent leur temps à secourir les Bretons.

Ces prêtres, qui tous provenaient de monastères gallois, apparaissent sur le sol armoricain comme des individus agissant seuls. Il n'y a trace d'aucun groupement, ils n'ont pas reconstitué d'abbayes en Armorique, ils avaient autre chose à faire. Aucun chef n'a dirigé leur apostolat vers telle ou telle région ; au surplus, ayant quitté leur monastère, ils se trouvaient sans maîtres, et l'Armorique ne pouvait leur en fournir, puisque, il l'a été dit, aucune autorité religieuse n'avait pu encore se constituer dans cette population, amorphe, à peine installée.

Ces prêtres isolés avaient une mission bien spéciale à remplir. La population à qui ils apportaient le bienfait de leur ministère étant chrétienne, il n'y avait pas à la convertir : il fallait seulement organiser le culte qui n'existait pas. Dans les pays où il est nécessaire de convertir le peuple, le travail se fait lentement, le but du missionnaire n'est pas d'organiser, mais d'évangéliser ; à mesure que les néophytes viennent à la foi, un groupement de chrétiens s'établit autour de l'oratoire construit par le missionnaire : le grou-

pement se fait petit à petit. En Armorique, tous les Bretons
étaient chrétiens, il n'y avait qu'à grouper les habitants
d'une même circonscription pour leur fournir le culte ; les
prêtres se taillèrent chacun un petit domaine, choisissant
un canton facile à parcourir, qui se prêtât à leur ministère
et pût constituer une unité spirituelle avec un culte commun,
et ils se trouvèrent ainsi avoir constitué la paroisse, telle
qu'elle a subsisté jusqu'à nos jours.

Beaucoup de ces prêtres s'attachèrent à une de ces circonscriptions et ne la quittèrent plus. Constituer une paroisse est
une œuvre de longue haleine, qui nécessite parfois la vie
d'un homme ; en outre, des liens puissants retenaient ces
prêtres à la population qu'ils avaient ainsi groupée et dont
ils étaient devenus les pères spirituels; ils ne pouvaient abandonner leur œuvre sans s'assurer un successeur qui conti-
nuerait à s'occuper du troupeau. Il en résulte que les
éponymes de nos paroisses n'ont, pour la plupart, laissé
leur nom qu'à la paroisse qu'ils ont fondée. Ils sont inconnus
au dehors. Les autres ont voyagé à travers l'Armorique ; ils
ont constitué une ou deux paroisses et laissé leur nom à des
Lan- ou à de simples chapelles. Il ne faut pas se méprendre
sur le sens du mot *lan*, que l'on traduit trop facilement
par « monastère » ; c'est une *cella*, un ermitage[1] ; il n'y
résidait très certainement pas plusieurs moines ; le saint
vivait là, il y avait déposé son autel portatif, célébrait les
saints mystères et donnait à ceux qui venaient le trouver, les
sacrements, l'instruction religieuse, des conseils de toutes
sortes ; il était la lumière, la bonté, la charité chrétienne au
milieu d'une population déshéritée, ignorante, livrée toute
entière aux préoccupations de la vie matérielle. L'éponyme
d'une *lan* n'a pas créé un groupe social, ni un monastère,
il a été le représentant de la religion et de la science, il a
été un élément de civilisation. Son modeste abri est demeuré,

---

1. Il est même probable que le mot *lan* n'a pas, dans beaucoup de
cas, le sens de *cella*, ermitage, qu'il désigne simplement la chapelle
érigée à l'emplacement où le saint avait résidé : le mot *lok*,
qui originairement avait eu aussi le sens de monastère, a subi la
même évolution de sens, et a fini par désigner simplement une chapelle
qui, à aucune époque, n'a été un établissement monastique ; les
nombreux *Locmaria*, par exemple, n'ont pour la plupart jamais été
des prieurés.

après sa mort ou après son départ, un lieu du culte ; un serviteur laïc a pu continuer à entretenir ce petit édifice que le souvenir du saint rendait vénérable ; un hameau en *Tré-* s'est parfois établi autour d'un petit oratoire.

Le zèle apostolique de nos saints s'est exercé surtout sur la côte, laquelle avait reçu le flot des émigrants. Le haut pays était à peine peuplé, les Bretons n'y ayant presque pas pénétré. C'est aussi par la côte que les saints ont voyagé, empruntant la voie de mer, ou suivant le littoral, et osant peu s'enfoncer vers les régions centrales. C'est encore le même cheminement qu'empruntèrent les missionnaires bretons des xvi*-xvii* siècles qui, avec Michel Le Nobletz et le Père Maunoir, refirent l'évangélisation du pays[2]. Des missionnaires antiques, comme des missionnaires des xvi*-xvii* siècles, le peuple a gardé le souvenir, érigeant des chapelles qui ont conservé leur nom, là où ils avaient prêché, là où ils avaient prié.

Tel a été le rôle de ces prêtres venus de l'île de Bretagne au secours des malheureux émigrés ; la création des paroisses en particulier est une œuvre considérable. La paroisse est une institution religieuse mais c'est surtout une cellule de vie sociale. Les habitants disséminés dans la campagne, isolés à travers les marais, les landes et les forêts, tels qu'ils avaient débarqué et au hasard des terrains qu'ils avaient choisis, ont été groupés pour constituer les communautés religieuses que sont les paroisses. Sans l'œuvre de ces missionnaires, la paroisse n'aurait pas été constituée si tôt. Plus tard, le régime féodal aurait amassé les terres en seigneuries, on aurait doté ces seigneuries de chapelles qui seraient devenues des églises paroissiales ; on n'aurait pas ou les paroisses constituées simultanément sur les bases

---

2. Les vies de ces deux personnages sont les deux seules vies de saints dont j'ai fait état dans ce travail. La vie de ces deux bienheureux fut écrite aussitôt après leur mort, par ceux qui les avaient suivis dans leurs pérégrinations, et c'est pour cela que ces vies les représentent comme de grands voyageurs. Si la vie de Michel Le Nobletz avait été rédigée cent après sa mort, par un prêtre de Douarnenez, par exemple, d'après les seuls souvenirs conservés par le peuple, la vie ne relaterait que les prédications à Douarnenez et les miracles à Douarnenez, on ajouterait que le saint était venu de l'autre côté de la mer et qu'il alla mourir dans la montagne. Les vies latines sont toutes des œuvres locales, qui ne relatent que ce que l'on savait là où on les a rédigées, et ignorent les pérégrinations du saint.

définitives que dessinaient les limites naturelles et les nécessités du ministère ; on aurait eu des circonscriptions nées
selon le hasard des temps, l'importance des seigneuries, et
qui auraient varié à l'infini, au lieu d'avoir dès l'origine une
forme définitive et une puissance quasi inébranlable.

Les autres nations n'ont pas été organisées de la même
façon. Les paroisses n'y ont pas été créées aussi vite, elles
n'y ont pas été constituées simultanément et suivant une
conception aussi nette. Dans les pays gallo-romains, la
paroisse s'est constituée petit à petit, en fonction d'une foule
d'éléments préexistants qui ont déterminé son étendue, son
nom et la date de sa fondation. Il s'en est constitué à mesure
que le pays se christianisait, par une décentralisation
progressive du culte établi primitivement au chef-lieu de la
cité, l'évêque ayant délégué un prêtre là où une église pouvait
être établie. En Armorique, les paroisses ont été constituées
partout à la fois, par les missionnaires venus de l'île de
Bretagne pour apporter à ce peuple de chrétiens le culte
qui lui manquait ; il n'y avait pas à tenir compte d'aucun
élément antérieur, le sol était vierge, il n'y avait pas de
traditions, ni de puissants propriétaires ; les besoins
spirituels ont été le seul élément qui a dirigé cette œuvre ;
la constitution des paroisses est l'expression très exacte
d'une situation nette dans un pays nouvellement occupé, où
tout est à créer. Le besoin était pressant, immédiat, on a agi
vite, et les paroisses ont été créées à une époque où la Gaule
ne devait pas encore posséder beaucoup d'églises rurales,
le besoin s'en faisant moins sentir, puisque le culte existait
à la cité ; la campagne gallo-romaine restait encore chose
amorphe, relevant de la cité, sans vie localisée, sans décentralisation. La Bretagne y a donc gagné d'avoir très tôt ses
paroisses et de les avoir solidement constituées. C'est l'œuvre
personnelle de nos saints, œuvre qui révèle une haute intelli-
gence et indique de profondes qualités d'administrateurs.
La tâche fut rude ; il était difficile d'organiser un pays aussi
morcelé, sans voies de communication à l'intérieur, et plus
difficile encore de constituer des groupes sociaux parmi
une population complètement dispersée, établie dans les
clairières, au hasard des pâturages. Aucun centre de population n'existait qui pût offrir un premier noyau de
chrétiens, autour duquel d'autres éléments seraient venus
se rattacher. Les moines gallois ont été à la hauteur de la

tâche, ils ont vu qu'il fallait se plier aux exigences du pays, ils ont choisi les unités géographiques qui se prêteraient à l'administration spirituelle d'une population dispersée. Ils se sont montrés en l'espèce des organisateurs remarquables. Ils ont su, du premier coup, assurer à ce pays dans lequel leurs compatriotes de Cornwall étaient venus se fixer, une vie locale dans des divisions territoriales parfaitement conçues et si bien choisies qu'elles sont demeurées jusqu'à nos jours les cadres de l'administration religieuse et civile de la province.

Le rôle de ces saints personnages apparaît dans une réalité très claire. Ils furent pour les populations émigrées et déshéritées, des civilisateurs ; de leurs ermitages, ou *lan*, ils fournirent à ces malheureux la lumière de leur foi et de leur science, et les bienfaits de la religion et de la charité chrétiennes. Ils furent aussi des organisateurs en fondant les paroisses qui furent et sont demeurées les cellules fondamentales de la vie chrétienne et sociale. Sans eux, ces émigrés, abandonnés sur une terre étrangère, sans organisation aucune, sans direction, seraient peut-être descendus très bas. Les missionnaires y ont maintenu la civilisation et continué les relations avec la mère patrie, de laquelle seule pouvait leur venir la lumière. Leur œuvre est grande dans l'histoire et l'on peut conclure que le peuple a eu raison de garder leur souvenir et de les canoniser.

APPENDICE

A. — LA TOPONYMIE PAROISSIALE

L'on trouvera ici les nombreux exemples de noms de lieux situés à
l'intérieur d'une paroisse dont ils reproduisent l'éponyme ; v. *supra*
pp. 194, 195.

Je ne répéterai pas les nombreux exemples de paroisses primitives
du Léon, dont le bourg chef-lieu porte un nom en *Guic-* suivi de
l'éponyme de la paroisse : *Ploudalmézeau, Guilalmézeau*.

A. — *CHAPELLES OU LIEUX-DITS AVEC ÉPONYME SEUL*

Côtes-du-Nord :

Chapelle Saint-Jestin en Plestin (*C.E.-M.*) ; v. *supra*, p. 55.

Chapelle Saint-[I]dunet en Pluzunet (*C.E.M.*) et lieu-dit *Rubunet*
(*C.E.M.*, Ogée).

Saint-Enogat en Plumaugat (Cont. d'Ogée), la *C.E.M.* donne *Saint-
Anaugat*. La paroisse est *Ploemagada* à la fin du xiiᵉ siècle (*Anc. év.
de Bret.*, VI, p. 140) ; l'éponyme a été identifié avec saint Enogat,
évêque de Saint-Malo, dans le diocèse duquel était Plumaugat.
Sur ce saint, v. Duine, *Memento*, n° 46, p. 175, et *Invent.*, p. 128.

Péran en Plédran, c'est le camp vitrifié bien connu. Plédran = * Plé-
Pedran, les formes écrites du nom de la paroisse ont arrêté l'évolution du nom alors que l'évolution continuait pour le nom du
hameau. — Ce *Péran* n'est pas * Pen-Ran, car on aurait eu * Perran,
comme *Perros* = * Pen-Ros.

Caouénnec, trève de Cavan (prononcé *Caouan*) (cf. *Six saints*, p. 87).

Sainte-Barbe, chapelle en Plouaret (en breton *Sant Barvel*). L'ancien
nom de la paroisse est *Plebs Barbata, Ploebarvet* (Longnon, *Pouillés
de Tours*). Voir *supra* au chap. III, p. 48, l'art. sur cette paroisse.

Saint-Dénoual, seigneurie en Planguenoual (*Arch. dép. C.-du-N.*,
E. 2772), « c'est encore un de ces prodigieux à peu près dont il
y a tant d'exemples » (*Ns.*, p. 80), et cependant il ne peut y avoir
de doute, c'est le même personnage (cf. Saint-Enogat en Plumaugat, qui lui aussi est un « à peu près »), v. *supra* au chap. IV,
p. 86, l'art. sur *Langonaval* et les notes.

Saint-Mérel en Pléhérel (*C.B.-M.*) ; cf. *saint Mirel*, qui a une chapelle en Plénée-Jugon et une autre en Collinée (C.-du-N.) (*C.B.M.*), et qu'on écrit aussi *Saint-Mirel* (*Ns.*, p. 94 ; DUINE, *Ss. de Domnonée*, p. 34, n. 4).

Leumel et *Leumelon* en Saint-Lormel (*C.B.-M.*) ; le nom de cette paroisse a été déformé (cf. *Ns.*, p. 83, s. v. *Lourmel*).

Oratoire de *Saint-Guirec* et *Peulven Sant-C'hirec* : en Perros-Guirec, v. *supra* au chap. V, pp. 100 et *seq.*, l'art. sur saint Guirec.

Chapelle du Penity-Saint-Briac en Bourbriac (*C.B.-M.*), et le *Minihy-Briac*, en cette paroisse, ancienne seigneurie [1].

FINISTÈRE :

Chapelle Saint-Thégonnec en Plogonnec (*C.B.-M.*). L'éponyme du composé en *plou* est sous une forme courte, la forme hypocoristique, sans le préfixe *To-*.

Chapelle Saint-Demet (*C.B.-M.*), *Saint-Dévet* (*Ns.*, p. 31), en Plozévet.

Locarmel en Plouarzel (forme littéraire refaite, *Ns.*, p. 80).

Chapelle Saint-Coulm, Prat Coulm, en Plougoulm (*C.B.-M.*).

Saint-Rovel, seigneurie en Guipronvel (*B.C.D.*, 1912, pp. 262-267), cf. *Ns.*, p. 16, s. v. Brochmael. En Milizac, dont Guipronvel était la trève, il y a un lieu-dit *Kéronvel*. La paroisse primitive avait certainement son chef-lieu à Guipronvel et non à Milizac, v. *supra* chap. X, p. 194, n. 6.

Peniti Sant Sezni en Kerlouan (ALBERT LE GRAND, *Vie de saint Sezni*) ; Kerlouan, dont le nom n'indique pas une paroisse ancienne, est très certainement un démembrement de Guisséni (jadis *Ploe Sezni*) ; *Treissent* en Kerlouan (*C.B.-M.*), hameau d'où l'on traverse pour se rendre à Guisséni.

Feunteun Sané en Plouzané (*C.B.-M.*), et *Minihi sant Sané* (ALBERT LE GRAND, *vie de saint Sané*), en dehors du bourg.

Ti sant Théleau, dolmen en Landéleau (*B.C.D.*, 1916, pp. 260 et 298).

Saint-Hern en Saint-Hernin (*Ns.*, p. 134), ce sont des doublets dont l'un a le suffixe *-in*.

MORBIHAN :

Chapelle Saint-Ildut en Plocrdut (Ros., LUCO, *Pouillé de Vannes*, p. 519).

Morgat, chapelle en Plumergat (Ros.). Ce nom est important, il éclaire la forme primitive de l'éponyme, cf. *Ns.*, pp. 85 et 96.

---

1. Ajouter un menhir appelé à cause de sa forme « *sabot de Fragan* » en Ploufragan (*Congrès celt. de Saint-Brieuc en 1867*, in *Mém. Soc. émul. C.-du-N.*, p. 55), et peut-être *Chapelle Catic* en Louargat, *supra* pp. 70-71.

Saint-Guen, chapelle en Guénin (Ros.) ; la paroisse porte le nom le
plus long constitué avec le suffixe *-in* (cf. *Convel*, éponyme de
Plougonvelin, *Primel* de *Primelin*, etc.) ; dans la même paroisse,
colline du *Mané Guen*, avec chapelle (C.E.-M.).

Fontaine Saint-Guigner en Pluvigner (Ros., *Rép. arch. Morb.*, p. 47), en
dehors du bourg.

B. — *NOMS EN LEZ-*

Ces noms sont fréquents en Cornouaille, surtout dans le Cap-Sizun ;
on les retrouve cependant à travers toute la Bretagne. C'est POL DE
COURCY (*Dissertation sur l'origine et la formation des noms de familles
en Bretagne*, Rennes, 1850, in-8°, p. 17, — *Association bretonne*, t. III)
qui avait le premier signalé ces noms. Le mot *lez* signifie résidence
seigneuriale, lieu de justice, « cour » ; il est entré fréquemment dans
la toponymie ; il y en a souvent plusieurs dans une paroisse.

FINISTÈRE :

Leslan en Poullan (C.E.-M.).

Lesveuzec en Beuzec-Cap-Sizun (Ns., p. 3). ajoutez *Kerbeuzec*, *Castel
Beuzec*, et *Beuzec-Petit* (C.E.-M.) en cette paroisse.

Lescoff en Plogoff (Ns., p. 3). — DE COURCY donne à tort *Les-plogoff*.

Lesoullen en Goullen (DE COURCY). — OGÉE donne *Lézoullen*.

Lesmeillars en Meillars (C.E.-M.).

Lesmahalon en Mahalon (C.E.-M.).

Lezarlay en Ploaré (C.E.-M.). C'est saint Herlé qui est patron de Ploaré,
cf. *Ploe-Alre* en 1468, Ns., p. 10, et *Soc. arch. Fin.*, 1919, p. 211.

Lechiagat en Treffiagat (C.E.M.). — Manoir de *Lestrediagat* (CONT.
D'OGÉE). — Sur l'éponyme, v. Ns., p. 108, s. v. *Riagat*, et
Chresto, p. 234.

Lesgoesnac'h en Gouesnac'h (C.E.M.).

Lestregunc en Trégunc (*Lestregueno* in parochia de Tregueno, *Cart.
de Quimper*, ch. 70 en 1246).

Lespurit Coat et *Lespurit Elen*, en Pommerit (C.E.-M.) ; le nom de la
paroisse se prononce *Purit*, v. *Chresto*, p. 158, n. 4 ; *Rev. cell.*,
XXVIII, 1907, p. 375 ; cf. *Purit* en Mellac (F.), en Séglien (M.)
(C.E.-M.), et *Copérit* en Grand-Champ (M.) (Ros.), et, hors de la
zone bretonnante, *Poumerit*, en 1444, en Sixt (L.-I.), écrit
aujourd'hui *Pommery* (DE LAIGUE, *Noblesse bret. év. de Vannes*,
p. 795).

Lesplomeur en Plomeur (C.E.-M.).

Lesguéngat en Guengat (*Cart. Quimperlé*, p. 117).

Lestreméac en Treméoc (OGÉE).

Lesnalec en Plobannalec (C.E.-M.).

Lezergué en Ergué-Gaberic (DE COURCY).

Lez-Argol en Argol (C.E.-M.).

Les-Cast en Cast (DE COURCY).
Lez-Crozon en Lanvéoc ancien démembrement de Crozon (C.E.-M.).
Les-Ouiel en Plouguiel (DE COURCY).
Lezivy en Saint-Divy (C.E.-M., DE COURCY).
Lesguen en Plouguin (C.E.M.). Cf. *Cart. de Landévennec*, LXIX.
Lesplougoulm en Plougoulm (C.E.-M., DE COURCY).
Lesplouénan en Plouénan (C.E.-M., DE COURCY).

CÔTES-DU-NORD :

Leshillion en Hillion, écrit *Licellion* (C.E.-M., et LA BORDERIE, *H. de B.*, I, p. 303). Cette paroisse porte un nom de saint, cf. *Saint-Illion* en Saint-Laurent (C.-du-N.) (*Arch. dép. C.-du-N., Invent. somm.*, B 472).
Leshorn en Locarn (*Ns.*, p. 59).

MORBIHAN :

Lescaden ou *Lecaden*, seigneurie en Caden (Ros. ; DE LAIGUE, *op. cit.*, p. 121).
Lesnaré en Larré (C.E.-M. ; Ros. ; DE LAIGUE, p. 303).
Luzénin en Naizin, Ros. — La C.E.-M., LE MENÉ (*Hist. des par. de Vannes*, II, p. 33), et Luco (*Pouillé de Vannes*, p. 425), écrivent *Luzunin*. Les CONT. D'OGÉE écrivent *Luzumen*. Luzénin est une metathèse = * *Lez-nézin.*

C. — *NOMS DIVERS*

FINISTÈRE :

Kerzevet en Plozevet (C.E.-M.).
Poulguiler en Guiler (C.E.-M.).
Pull Crauthon (*Cart. Landév.*, x) devenu *Tréboulle* en Crozon (C.E.-M.).
Kerdergat en Pouldergat (C.E.-M.).
Kerniviel en Plonivel, ancienne paroisse englobée dans Plobannalec (C.E.-M.), cf. *Villa-rimel* en 1343 (*B.C.D.*, 1912, p. 90) ; le nom de *Plonivel* a été très mal transcrit, cf. *Ns.*, p. 109 ; LONGNON, *Pouillés de Tours*, pp. 300 et *seq.* ; Pouillés publiés à la suite du *Cart. de Redon*, p. 530 ; *Cart. de Quimper*, pp. 9, n. 10, 325, 326.
Kerdaniel et *Coatdaniel* en Ploudaniel (C.E.-M.), très loin l'un de l'autre.
Castel Spézet en Spézet (C.E.-M.).
Guengat, château, *Tourguengat*, non loin de ce château, en Guengat (C.E.-M.), *Lesguengat* en la même paroisse (*Cart. Quimperlé*, p. 147) ; le nom de cette paroisse est un nom de saint (*Ns.*, p. 51, *Chresto*, p. 195, n. 6).
Kerpleyben en Saint-Ségal, ancienne trêve de Pleyben (C.E.-M.).
Coat Nizon et *Cleuz Nizon* en Nizon (C.E.-M.) ; le nom de cette paroisse est un nom de saint, cf. *Saint-Nizon* en Malguénac (M.) (Ros.).
Porsmoguer en Ploumoguer (C.E.-M.).

Coat Scaer en Scaer (*C.E.-M.*).

Chapelle de Gouellet-Leuhan et *chapelle de Saint-Jean-Leuhan* en Leuhan (*C.E.-M.*).

Crec'h-Cast et *Goulit-Cast*, en Cast (*C.E.-M.*). — Sur *goulit*, cf. les nombreux *Goulitquer* de la région. — Cast semble être un nom de saint. cf. *Ns.*, p. 19, et y ajouter *Langast* (C.-du-N.).

Brécoray, colline en Coray (*C.E.-M.*).

Crec'h Ergué en Ergué Gabéric (*C.E.-M.*), *Lezergué* en la même paroisse, seigneurie qui appartenait au xvii⁰ siècle, à Guy Autret de Missirien ; — *Le Plessix-Ergué* en Ergué-Armel (*Soc. arch. Fint.*, 1921, p. viii).

Treustel en Plougastel-Daoulas (*C.E.-M.*) ; c'est un des rares cas où un *tré* reproduise le nom de la paroisse. — Il a existé un *Hervé de Guicastel*, abbé de Daoulas en 1281 (*B.C.D.*, 1907, p. 123), qui très certainement tient son nom du bourg de Plougastel-Daoulas.

Gorré-Beuzec, sur le territoire de l'ancienne paroisse de Beuzec-Cap-Caval, actuellement en Saint-Jean-Trollimon (*C.E.-M.*, *P.T.T.*) ; *Gorré* indique la partie la plus haute ; cf. les nombreux *Gorréquer*. En Plomeur, toujours sur l'ancien territoire de Beuzec, je relève un *Ty prad Beuzec* (Liste élect. 1920).

Gorré Plouhinec en Plouhinec (*C.E.-M.*).

Gorré Hanvec en Hanvec (*C.E.-M.*).

Placénant en Plouénan (*C.E.-M.*).

Croaz Tiben en Pleyben (*B.C.D.*, 1924, p. 267, n. 3) : ce nom ne peut signifier la *croix décapitée*, on aurait *dibennet* ; il pourrait signifier la croix de *Diben* ▬ L'Elourdi (cf. deux noms de lieu : *Diben* en Baden (M.) (Ros.), et *Diben* en Plougasnou (F.) (*C.E.-M.*) ; il semble bien que ce nom reproduise l'éponyme inconnu de cette paroisse.

Kervoazec en Saint-Goazec (*P.T.T.*).

Keronvel en Le Conquet (*C.E.-M.*), démembrement de la paroisse de Plougonvelin, dont l'éponyme est saint Convel.

CÔTES-DU-NORD :

Pingast en Langast (*C.E.-M.*).

Château Goëlo en Plélo (*P.T.T.* ; RIGAUD, *Géogr. hist. C.-du-N.*, p. 74). Le fait est là, l'interprétation est difficile. Les *Ns.* ne fournissent aucune explication au nom de Plélo (p. 104). L'on trouve les graphies *Plelo, Plelou* au Cart. de Beauport (*Rev. celt.*, VII, p. 62) et une graphie fantaisiste *Pleloch* en 1697 (G. DE CORSON, *Les Templiers...*, p. 28). Noter que la commune actuelle de *Bringolo* est limitrophe de Plélo, mais était une trêve de Goudelin : son nom semble différent (cf. les nombreux *Brangolo*). — Sur le nom, cf. *Eleemosina de Gouelou* dans la charte de 1162 pour les Templiers ; LA BORDERIE (*Recueil d'actes inédits*, pp. 102-104) traduit par *Goëllo* ; G. DE CORSON (*op. cit.*, p. xvi) traduit par *Villé-Goëllo*, en Dinan (C.-du-N.) ; cf. et. l'ancien prieuré de *Goëlo-Forest*, aujourd'hui la commune de la Forêt, près Landerneau (F.). — Ce nom ne me paraît avoir aucun rapport avec le nom de l'ancien pays de *Goëlo*, sur ce nom v. J. LOTH, *L'émigration bretonne*, p. 191.

Coatmaël en Maël Plestivien, et église de *Botmel* en Bulat-Pestivien,
paroisse limitrophe de la première (RIGAUD, *Géogr. hist. des
C.-du-N.*, pp. 285 et 389). Bulat-Pestivien, autrefois Pestivien, est
très certainement un démembrement de Maël ; les seigneurs de
Pestivien, comme ceux de Guerlesquin (*supra*, p. 180, n. 12) ont dû
faire ériger cette trève en paroisse, à une époque qui ne nous est
pas connue.

Min ar Groac'h, menhir disparu en Plourac'h (RIGAUD, *op. cit.*, p. 290).
Ce menhir peut être appelé la « pierre de la vieille femme », nom
fréquent pour les mégalithes, mais il semble que ce nom reproduise
l'éponyme de la paroisse dont le nom ancien est *Ploegroach,
Ploegruach* (*Cart. de Quimper*, pp. 11, 13, 19, 280).

Kergresk ou *Kergrescant* en Plougrescant (ALBERT LE GRAND, *Vie de
saint Gonéri ; Arch. dép. C.-du-N.*, E, 1954 ; OGÉE). Le nom du
hameau reproduit les deux formes du nom de l'éponyme, la forme
simple *Kresk* et la forme avec suffixe *Kreskan*. Sur ce suffixe,
v. *Ns.*, p. 100, s. v. Paban. — Cf. *Kergrescant* en Ploumoguer (F.)
(*C.E.-M.*). — En Plougrescant, le nom est devenu *Kergrec'h*.

Kerservel en Servel (*C.E.-M.*). Le nom de la paroisse est très certainement un éponyme seul, cf. *Ns.*, p. 113. — *Lan Servel* en Servel, à la
limite de Pleumeur-Bodou, est la lande de Servel, cf. *Lan-Plufur,
Lan-Cavan, Lan Yvias*, dans les paroisses de ce nom (C.-du-N.)
(*Six saints*, p. 25, n. 3), et *Lan Plullan* en Poullan (F.) (*Lamploélan*
au XVIᵉ siècle, *Soc. arch. Fin.*, 1905, pp. 86 et 253) ; *Lanplégat* en
Plouégat-Guerrand (F.) (*Cadastre*) ; *Lan Plouigneau* en Plouigneau (F.) ; *Lan ploumillau* en Ploumillau (C.-du-N.) écrit *Land
plomillau* en 1621 (Reg. de bapt., mar. et sép. de Plestin) ; *Lan
Faouet* en Le Faouet (C.-du-N.) (*C.E.-M.*) ; *Lan Tréverec* en Tréverec (C.-du-N.) (*C.E.-M.*) ; *Lande de Caurel* en Caurel (C.-du-N.)
(*Rép. arch. C.-du-N.*, p. 525) ; *Lan Plouisy* (C.-du-N.) (*C.E.-M.*) ;
ce sont là les terres vagues appartenant à la communauté de la
paroisse ; cf. *Ns.*, p. 51, s. v. Guengar : *Coat-, Goarem-, Parc
Languingar* dans l'ancienne paroisse de *Languengar*, actuellement
en Lesneven (F.).

Salle Moélou, Coat Moélou, Crec'h Moélou et chapelle d'*Illis Moélou*,
en *Kergrist-Moélou* (DU MOTTAY, *Géogr. dép. C.-du-N.*, p. 556, et
C.E.-M.) ; l'ancien nom de la paroisse était certainement *Moélou*.
Les Templiers établirent un membre important en cette paroisse
sous le nom de *membre de la Madeleine*, et bâtirent la chapelle du
Kergrist, sous le vocable de Saint-Sauveur, resté patron de l'église
actuelle ; le bourg changea de place, et le nom de Kergrist fut
joint au nom de la paroisse ; cf. *supra*, pp. 22-23 et n. 20.

Nérin, hameau en Plounévez-Moëdec (Cadastre), démembrement
ancien de la paroisse de Plounérin. L'on dit en breton *An Nérin*,
d'où la graphie par mauvaise coupure : *L'Hairin, par creis an airin*
(*Arch. dép. C.-du-N.*, E, 2371, 2377) ; cf. *suprá* p. 180, n. 13.

Kermur en Mur (DU MOTTAY, *Géogr. dép. C.-du-N.*, p. 798).

Traou Brélidy en Brélidy (Id., p. 536, et CONT. D'OGÉE).

Castel Gonver en Plougonver ; sur le saint éponyme, v. *Ns.*, pp. 28
et 130, et ajouter un lieu-dit *Conver* (*C.-B.-M.*), près d'une chapelle

Saint-Maudez en Penvénan (C.-du-N.). — Comme Plougonver est
voisin du Menez-Bré et d'une vieille motte dite *Comore* en
Tréglamus, ancienne trève de Pédernec, et que la légende pan-
armoricaine du roi *Conomor* est localisée dans cette région, on a
identifié ce personnage avec le roi maudit, et on l'a fait intervenir dans les traditions orales concernant saint Envel, à
Locquenvel, paroisse limitrophe de Plougonver. Voyez F. L., *Monographie paroissiale de Loc-Envel*, s. l. n. d., in-8°, p. 7.
Kergorlay en Corlay, seigneurie (CONT. D'OGÉE).
Coëtillau en Ploumilliau (C.B.-M.) ; cf. *supra*, p. 52, n. 15.

LOIRE-INFÉRIEURE :

Tressé en Plessé ; c'est le seul cas avec *Tréastel* en Plougastel (F.), où
dans une paroisse un nom de lieu en *tré-* reproduise le second
terme du nom de la paroisse. Plessé est la seule paroisse en *Plé-*
de la Loire-Inférieure ; v. J. LOTH, *Rev. cell.*, XXVIII, 1907, p. 393.

MORBIHAN :

Kerscop et *Moulin-l'Evéque* en Plescop (C.B.-M.), l'éponyme de Plescop
est un saint Evêque, cf. *Cosquer Saint-Evêque* en Guidel (M.)
(Ros.), et *Esquibien* (F.), même nom avec suffixe ; le nom de
Plescop n'a aucune relation avec la présence en cette paroisse
d'une maison de campagne appartenant aux évêques de Vannes,
laquelle s'appelait *Kerango = Ker an goff*, et dont l'acquisition
par les évêques de Vannes est de beaucoup postérieure à la
création de la paroisse; le nom de cette maison suffit à l'établir.
Château de Molac en Molac, et *Cours de Molac*, depuis devenu commune,
jadis en Molac (LUCO, *Pouillé de Vannes*, pp. 409 et 410). *La Cour*
traduit un *Lez*.
Moustoer Mendon, en 1448, dans la paroisse de Mendon, aujourd'hui
Le Moustoir en Locoal-Mendon (DE LAIGUE, *Noblesse bretonne, év. de
Vannes*, I, p. 366).
Lo Plessix de Tréal en Tréal (Ib., II, p. 827). — Ce Plessis appartenait
à la famille noble *de Tréal*, il se peut qu'il lui ait emprunté
son nom.
Le Plessis-Kaer en l'ancienne paroisse de *Kaer*, devenue Locmariaquer ;
comme le précédent, il se peut qu'il ait tiré son nom de la famille
de *Kaer* qui le possédait (CAYOT-DELANDRE, *Le Morbihan*, Vannes,
1847, in-8°, pp. 175-176).
Brohéac en Pluherlin ; ce lieu est appelé *Brohoearn* en 1415 (Ros.) ;
or la paroisse est *plebs Hoternin* en 866 (*Cart. de Redon*) ; on a là
encore une fois les doublets *Harn*, *Hernin* ; cf. *supra*, *Saint-Hern*
en *Saint-Hernin* (F.).
Cloucarnac en Carnac (C.B.-M. et Ros.).
Montguern et *Cranguern* en Guern (C.B.-M.).
Le Mont-Guéhenno en Guéhenno, avec chapelle (Ros., *Rép. archéologique du M.*, pp. 161-162).
Le Champ de Bignan, écart en Bignan (C.B.-M.).

La Cour de Marzan en Marzan (*C.E.-M.*). Cour traduit *Lez*. — *Bois-Marzan* en cette même paroisse.

La Cour de Sixt, *Le Plessis de Sixt*, en Sixt (LE MENÉ, *Hist. des par. de Vannes*, II, p. 492).

Kernéant en Néant (*C.E.-M.*, LE MENÉ, *op. cit.*, II, p. 37).

Kerlaran Guidel en Guidel (*C.E.-M.*).

Le Griffet en Pleugriffet (*C.E.-M.*) ne doit pas être rangé dans cette catégorie. La paroisse s'appelait jadis *Pleuc*, on y a adjoint le nom du château de *Griffet* pour la différencier d'autres *Pleuc*.

Bois d'Elven et *La Tour d'Elven* (*C.E.-M.*), autrement dit *Le Château d'Elven* (Ros.), et *Parc Elven* (CAYOT DÉLANDRE, *op. cit.*, p. 253-254) en Elven.

Crubelz et *Kerbelz* en Belz (Ros.). Le premier est composé avec *Crug* = butte, dont le dérivé, *Crugel*, est bien connu.

Kerinourette en Plunéret (Ros.). — Ce nom indique que la forme *Ploenerec*, donnée par Rosengweig, repose sur une fausse lecture. D'ailleurs, Longnon, *Pouillés de Tours*, p. 314 et *seq.*, donne *Ploneret* en 1330 et *Ploeneret* s. d. ; le *Cartul. du Morbihan*, p. 247, donne *Ploneret* en 1259. — Sur l'éponyme, cf. *Lannenoret* en Trégunc, Ns., p. 30 ; la forme *Lan an Helloret*, dans la réformation de 1536, est une cacographie, et contrairement à l'avis de M. de la Lande de Calan (*Mélanges historiques*, I, Vannes, 1908, in-8°, p. 85), ne doit pas retenir l'attention ; il s'agit d'une *lan* religieuse puisque c'est un lieu habité et ancien, et non pas d'une *lande*.

Kerignan en Bignan (*P.T.T.*) ; Rosengweig donne *Guérignan* et *Kérignon* pour ce même lieu.

∴

Les exemples, dans les paroisses en *Tré-* ou en *Lan-*, sont très rares : ils peuvent être dus à une toute autre origine : à côté de l'établissement religieux, la *lan*, il s'est souvent constitué un hameau en *Tré-*, v. *supra*, p. 28.

Sous les réserves de cette remarque, l'on peut citer :

Coat-Trédrez, seigneurie très importante en Trédrez (C.-du-N. (*C.E.-M.*).

Parc Lan Tuder et *Coat Sant Tuder* en Tréduder (C.-du-N.) (*Six saints*, p. 55).

Keruitel en Tréguidel (C.-du-N.) (DU MOTTAY, *Géogr. dép. C.-du-N.*, p. 185).

Lesvérec en Tréverec (C.-du-N.) (ID., p. 188).

Coatlez en Tréflez (F.) (*C.E.-M.*).

Thivisiau bras et *bian* en Landivisiau (F.) (*Ns.*, p. 120).

Puicaruan, en Trégarvan (F.) (*Cart. de Landévennec*, II) serait aujourd'hui *Poulcarvan*.

∴

Pour les chapelles dédiées au saint éponyme, l'on pourrait supposer que cette chapelle représente l'ancienne église paroissiale primitive abandonnée à une époque où le bourg chef-lieu aurait été déplacé.

Il existe en effet des bourgs chefs-lieux que nous savons avoir changé d'emplacement ; tels sont Merdrignac, Plouguenast, Pestivien devenu Bulat-Pestivien (C.-du-N.)[2], Lanvallay (I.-et-V.), Merlévenez, Noyal-Pontivy, Pontivy (M.)[3], Saint-Cyr-en-Retz, Saint-Julien-de-Concelles, Saint-Lucien et Sainte-Luce (L.-I.)[4].

D'autre part, le peuple raconte souvent que le bourg a changé d'emplacement ; la découverte d'ossements en un point quelconque lui fait croire que le cimetière paroissial et l'église paroissiale étaient là ; il ignore que jadis on inhumait partout. Des traditions de ce genre existent dans de nombreuses paroisses, en Plufur, en Lanvellec, en Saint-Potan[5], en Plémy[6] (C.-du-N.), en Plougonven et en Guerlesquin (F.)[7], etc. ; elles n'ont aucune valeur.

La présence de deux noms de lieu en *guic*, qui ne désignent pas le chef-lieu de la paroisse sont aussi de nature à indiquer que pour ces deux paroisses le bourg s'est déplacé : l'on sait que dans le Léon, *guic* désigne toujours le bourg chef-lieu de la paroisse ; or il existe *Guiprouvel*, ancienne trève de Milizac, et *Henvic*, ancienne trève de Taulé. Ce second exemple ne peut laisser de doute, c'est le *vieux bourg*, *hen guic*, ce qui prouve bien que l'on a déplacé l'église paroissiale[8].

Il existe un certain nombre de lieux-dits *Le Vieux-Bourg*. Ceux de Merdrignac et de Plouguenast (C.-du-N.), paroisses pour lesquelles on connaît l'époque où le chef-lieu a changé d'emplacement, sont curieux, mais ne sauraient faire décider pour les autres. Le dictionnaire des postes en cite des exemples en Kérity, Pléhérel, Trégon (C.-du-N.),

2. *Géogr. dép. C.-du-N.*, pp. 783 et 808. RIGAUD, *Géogr. hist. C.-du-N.*, pp. 285, 472 et 488. Pour Lanvallay, la *C.E.-M.* indique, à côté du bourg actuel, un hameau, *Ancien bourg de Lanvallay*, qui a conservé le cimetière.

3. LUCO, *Pouillé de Vannes*, pp. 393, 451 et 609. — En outre de ces faits historiques, l'abbé Luco rapporte une tradition concernant Questembert, qui aurait été primitivement au *Bourg-Rouge*, p. 622 ; une hypothèse concernant Saint-Servant qui aurait été primitivement au bourg de Saint-Gobrien, p. 831 ; une hypothèse qui n'est pas établie suffisamment pour Quibéron, p. 637, et pour Rieux, p. 702. — L'abbé Luco fait beaucoup état, pour décider que le chef-lieu d'une paroisse aurait changé, du fait que l'on trouve dans cette paroisse un village du nom de *bourg* ; ce n'est pas là un élément suffisant, car *bourg* ne semble pas avoir un sens aussi catégorique que le mot *guic* du Léon, l'abbé Luco le reconnaît d'ailleurs lui-même, v. pp. 534, 573, 622, 655, 831.

4. QUILGARS, *Dict. topogr. L.-I.*

5. GAUTIER DU MOTTAY, *Notice sur Saint-Potan*, in *Annuaire des C.-du-N.*, 1855, p. 9.

6. CONT. D'OGÉE.

7. *Soc. arch. Fin.*, 19 B, p. 35. *B.C.D.*, 1911, p. 114.

8. Sur ces deux noms, voir *supra* la n. 6 du chap. X.

Pont-l'Abbé (F.), Mlnlac-Morvan (I.-el-V.), Nozay (L.-I.), Taupont (M.) ;
chacun de ces exemples serait à examiner en particulier*. On a par
ailleurs des doublets de nom de la paroisse ou des doublets précédés
de *Coz-*, ou de sa traduction, *Vieux-*. En Quimero'h (F.), la carte d'Etat-
Major indique un hameau de *Vieux-Quimerc'h* avec chapelle, le dictionnaire des postes le désigne sous le nom très significatif de *Vieux-bourg-
de-Quimerc'h*. Dans la paroisse de Saint-Renan (F.), il existe vers la
limite de Plouarzel, un lieu-dit *Lokornan* (C.E.-M.), or en breton la
paroisse s'appelle *Lokornan*. En Ploudalmézeau (F.), en dehors du
bourg chef-lieu actuel, qui s'appelle *Gulialmezé*, il y a un hameau de
Gulialmezé-Coz (C.E.-M.) ; il y a un *Cos-Tréogan* (C.E.-M.) en Tréogan
(C.-du-N.) ; Le Haut-Corlay s'appelle en breton *ar Coz Corlay*, or cette
paroisse est limitrophe de celle de Corlay (C.-du-N.) [10].

L'on sait aussi que des paroisses, ou tout au moins leur nom, ont
disparu.

Quoiqu'il en soit de ces exemples de bourgs chefs-lieux de paroisses
qui ont été déplacés [11], l'hypothèse que la chapelle dédiée au saint
éponyme de la paroisse représenterait l'église paroissiale primitive ne
saurait être appliquée à tous les exemples qui ont été relevés [12]. On voit

---

9. Cependant il faut noter la commune actuelle du *Vieux-Bourg*
(C.-du-N.), dite *Le Vieux-Bourg-Quintin*, qui est loin de Quintin.
v. *supra* la n. 3, concernant les hypothèses de l'abbé Luco. — Ajouter
Le Vieux-bourg en Mespaul (F.) (Liste élect. 1920).

10. A noter que parfois il existe des *Coz-* très loin de la paroisse :
Cos Caraés en Postlvien (C.-du-N.) (DU MOTTAY, *Rép. arch. C.-du-N.*,
p. 540 ; C.E.-M.) ; moulin de *Coz-Guingamp* en Trézélan (*Arch. dép.
C.-du-N., Invent. somm.*, E. 1053). — Près de Quimper, il existe un
lieu-dit *Coz Kemper*, où l'on a fait bon nombre de découvertes archéologiques (*Soc. arch. Fin.*, 1923, p. 150), ce sont ces découvertes qui ont
déterminé ce nom, car l'emplacement de Quimper au *confluent*, comme
l'indique son nom, n'a jamais changé. — Comme exemple d'un chef-
lieu de paroisse déplacé, v. *supra*, pp. 22-23, *Illis Moëlou* en Kergrist-
Moëlou (C.-du-N.) (C.E.-M.).

11. J'ajoute que les bourgs pouvaient changer plus facilement
d'emplacement aux époques primitives, que de nos jours. Il n'y avait
pas de routes imposant un emplacement plus qu'un autre ; on construisait en bois et en terre, sans aucun aménagement. Après un incendie,
il n'y avait pas de ruines à utiliser, rien qui puisse inviter à recons-
truire sur le même emplacement. En outre, je l'ai déjà dit, le bourg
était fort peu de chose, l'église et quelques rares maisons, elles-mêmes
assez disséminées.

12. Le seul exemple d'une chapelle dédiée au saint éponyme et qui
ait été jadis l'église paroissiale, est celui de la chapelle Sainte-Noyale,
au village de Noyal Guen, en Noyal-Pontivy (M.) (LUCO, *Pouillé de
Vannes*, p. 463 ; LE MENÉ, *Hist. des par. de Vannes*, II, p. 62) ; cette
sainte ne paraît pas très authentique (*Ns.*, p. 99), et si elle était
authentique, ce serait l'unique cas d'une sainte éponyme d'une paroisse

en effet que cette chapelle est souvent en des points où l'on n'aurait
pas établi le chef-lieu d'une paroisse. La chapelle Saint-Jestin en Plestin
est sur la pente d'une colline le long d'une vallée, et la vie latine de
saint Efflam établit d'une façon formelle que jamais le bourg ne fut
à cet emplacement (v. *supra*, p. 55). Dans d'autres cas, la
chapelle est à, l'extrémité du territoire, à la limite même de ce
territoire. Enfin, on notera qu'il n'existe, pour aucune de ces chapelles,
de traditions populaires, selon lesquelles le bourg aurait jadis occupé
l'emplacement de cette chapelle ; ce silence de la tradition a son
importance : la mémoire du peuple aurait pu conserver des renseig-
gnements ignorés des documents écrits ; ce silence prouve aussi que
l'on n'a jamais rien trouvé autour de ces chapelles qui ait pu pousser
l'esprit populaire à placer en ces parages l'emplacement du bourg
primitif.

B. — NOTE SUR L'ORIGINE DES PAROISSES

Dans les recherches qui ont été exposées, concernant l'origine des
paroisses, il n'a été fait aucun état des éléments que l'ancien droit
pouvait fournir. Il s'agit là de choses très complexes et très spéciales.
J'ai cru devoir les laisser de côté. On trouvera cependant ici deux
remarques très importantes.

Les paroisses à présentation laïque sont très rares en Bretagne,
elles sont tout à fait l'exception : autrement dit, les paroisses bretonnes
n'ont pas de fondateur laïc. M. du Halgouët en a fait la remarque en
ajoutant que ces droits auraient peut-être disparu de bonne heure
(*Mém. Soc. d'hist. et d'archéol. de Bret.*, IV, 1923, pp. 31-35). M. Bourde
de la Rogerie avait étudié aussi la question ; il a eu l'extrême obligeance
de me communiquer une statistique et des relevés sur carte avec
comparaison pour les provinces voisines. En rendant compte de
l'ouvrage de M. du Halgouët, il insista sur ce détail : « Contrairement
à ce que l'on peut constater dans les provinces voisines, très peu de
paroisses bretonnes avaient pour présentateur un seigneur laïque
(aucun auteur n'a essayé d'expliquer, croyons-nous, cette remarquable
particularité de l'organisation religieuse et sociale de Bretagne). Par
contre, les droits honorifiques..... prirent un développement extraordi-
naire dans les églises bretonnes. »

---

ancienne. — Je n'ai pas fait état des lieux-dits *Goz-Ilis*, « la vieille
église » ; ils désignent des champs où l'on a découvert des ruines
gallo-romaines (abbé MARY, *Les Gohilis*, *Congrès archéologique de
France à Vannes*, 1881, pp. 170-171) ; il n'y a aucun doute à cet égard.

On ne peut admettre que les droits des présentateurs laïcs aient
disparu. Il s'agissait de droits trop importants pour que ceux qui les
détenaient ne les aient pas jalousement défendus. D'ailleurs, comment
expliquerait-on que les droits honorifiques aient pris un développement
considérable, alors que les droits réels des présentateurs auraient
disparu.

M. de la Rogerie a eu raison de voir dans ce fait spécial à la Bretagne.
une particularité de l'organisation sociale et religieuse de la province.
Il semble que cette particularité est due d'abord à l'origine de l'église
paroissiale qui n'a pas été fondée par un riche propriétaire foncier
voulant doter sa *villa* d'un culte régulier, ou sur le domaine de qui on
a élevé l'église ; de ce fait, un seigneur laïc ne pouvait avoir aucun
droit sur l'église, et il ne s'est pas créé en Bretagne, comme en
France, de courant qui eût pu pousser les seigneurs à usurper ces
droits quand ils ne les possédaient pas. Il faut ajouter que l'église,
en Bretagne, n'a pas été bâtie en un lieu de défense, et par conséquent
elle n'a pu entrer dans un *castellum* sous la garde d'un chevalier.

Les laïcs sont rarement propriétaires d'une église en Bretagne. La
pièce xxiv du Cart. de Landévennec, *ecclesia Sanctus*, concerne
Le Saint, dans la paroisse de Gourin (M.), chapelle alors privative,
devenue plus tard église tréviale ; ce n'était pas une église paroissiale.
Peu de familles nobles portent le nom d'une paroisse ou d'un *Guic*,
la paroisse est rarement une seigneurie.

En Bretagne, c'est l'universalité des habitants de la paroisse qui est
propriétaire de l'église. Ce sont tous les paroissiens réunis qui décident
des cessions de tombes ou chapelles privatives à l'intérieur de l'église
(BOURDE DE LA ROGERIE, in *Ann. de Bret.*, XXXV, 1922, p. 346) ; le
seigneur qui veut avoir verre ou tombe est obligé de le demander
aux paroissiens (DU HALGOUET, *op. cit.*, p. 87).

INDEX

NOMS DE LIEU

NOMS DE SAINTS

(Ajouter à cette liste, les saints dont les noms sont donnés dans les noms de lieu)

Agapit, s., 60 ; 61 n. 35.

Albaud, s., 39 n. 71.

Alvoez, s., 87.

Amand, s., 19 n. 7 ; 25 n. 31.

Anne, ste, 20 n. 8.

Avertin, s., 39 n. 72 ; 96.

Batvarn, s., 72 n. 69.

Barvel, s., 49.

Benoit, s., 206 n. 3.

Berhet, ste, 26 ; 33 n. 57 ; 49 n. 9 ; 140 n. 18 ; v. Brigitte.

Beuzec, s., 35 et n. 63.

Brandan, s., 26 n. 35 ; 80 n. 9 ; 96 ; 84 ; 128 ; 135 n. 4.

Brevala, s., 84.

Brigitte, ste, 25 n. 31 ; 33 n. 57 ; 128 ; 140 n. 18 ; v. Berhet.

Budoc, s., 64.

Cado, s., 42.

Canen, s., 93.

Cano, s., 57.

Caouan, s., 71 et n. 67 ; v. Cavan et Garan.

Caradec, s., 40 et n. 74.

Carré, s., 48 n. 4 ; 150 et n. 4.

Cast, s., 235.

Catacos, 42.

Cataw, 42 ; 43.

Catawos, 42.

Catnou, 57.

Catoe, s., 42 ; 43 ; 57.

Cavan, s., 26 n. 35 ; 103 n. 23 ; 117 ; 151 ; v. Cavan et Garan.

Cazin, 88-89.

Chéron, s., 71 n. 72 ; 97 n. 4.

Christ, 20.

Cléden, s., 35.

Clément, s., 25 n. 31.

Collen, s., 135 n. 2.

Congal, s., 87 n. 34.

Connay, s., 97 ; 98 ; 107-108.

Connec, s., 108 n. 34.

Conéri, s., 107-108 et n.

Convel, s., 37 n. 64 ; 87 n. 34 ; 122 ; 233, 235.

Convelin, 37 n. 64.

Conven, s., 62-63 ; 135 n. 4 ; 149.

Corentin, s., 122.

Crauthon, 35 n. 60.

Kresk, Kreskan, 236.

Crevan, s., 35 n. 60.

Croix (La Sainte), 23 n. 23 ; 67 ; 68.

Cunwal, s., 86 n. 34.

Daniel, 64.

David, s., 64.

Devan, 83 n. 20.

Didy, s., 133 ; v. Idy.

Diner, 111-112 et n. 45.

Dispar, s., 25 n. 31.

Dubric, s., 142 n. 20.

Edern, s., 37 ; 110 n. 41 ; 135 n. 2.

Efflam, s., 2 ; 56 et n. 23 ; 123 n. 77 ; 142 n. 21 ; 149.

Egal, s., 60-61 ; 79.

Egoutan (san-), 95.

Ener, s., 110 et seq.

Enora, ste, 2 ; 142 n. 21 ; 149 ; v. Henora et Honorée.

Envel, s., 237.

Eozen, s., 82 et n. 20.

Ervoen, s., 82 n. 20.

Erwan, s., 82 n. 20.

Escop, s., 237.

Etienne, s., 59 ; 143 n. 25.

Euen, s., 82.

Euffret, 103 n. 22.

Eutrope, s., 39 n. 72 ; 99 n. 13.

Euzen, s., 39 n. 72 ; 99 n. 13.

Euzen, s., 82 n. 20.

Even, s., 83.

Eveut, s., 83.

Evêque, s., 237.

Everzin, s., 96 ; v. Avertin.

Ewen, s., 82.
Ewin, 82.
Exupère, s., 25 n. 31.
Fracan, s., 198 ; 232 n. 1.
Fur, s., 50.
Furan, s., 50.
Florent, s., 50.
Flouran, s., 50.
Garan, s., 26 n. 35 ; 74 n. 72 ; 97 n. 5 ; 103 n. 23 ; 117 ; 150 ; 151 ; 152 ; 161 ; 163.
Genevée, s., 106 n. 29.
Geneviève, ste, 105.
Gennon, s., 106 n. 29.
Genoveus, s., 106 n. 29.
Gerfret, s., 103 n. 22.
Gestin, s., 2 ; 55 ; 119 ; v. Jestin.
Gildas, s., 25 n. 31 ; 97 ; 98 ; 110 ; 147.
Gomery, s., 11 ; 12 n. 81 ; 97 ; 98 ; 102 n. 18 ; 107-108 et n. ; 160 n. 36.
Goulven, s., 96.
Goustan, s., 40.
Guengat, 70 n. 65.
Guennolé, s., 26 n. 35 ; 42 n. 81 ; 111 ; 112 n. 21 ; 115 ; 155 ; 156 ; 185 ; 187.
Guévroc, s., 102 et seq.; 151 ; 163 n. 41.
Gubly, s., 80 n. 10.
Gulgner, s., 52 n. 15 ; 233.
Guluguenoual, 87 n. 34.
Guirec, s., 100 et seq.; 128 n. 6 ; 150 ; 151 ; 152 ; 161 ; 163 n. 41 ; 185 n. 22.
Gwennojen, 105.
Gwinnlaw, s., 59 et n. 32.
Haran, s., 48 n. 4 ; v. Cavan et Garan.
Harn., s., 122.
Henora, ste, 127 n. 4 ; 142 n. 21 ; v. Enora et Honorée.
Herbol, s., 38 ; 97-98.
Herlé, 283.
Honorat, s., 142 n. 21.
Honorée, ste, 142 n. 21 ; v. Enora. Henora.
Honorius, 110-111.
Iahan, 65.

Iaouan, 65.
Idunet, s., 29 n. 42 ; 81.
Idy, s., 79-80.
Ignace, s., 60 et n. 33 ; 106-107 et n. 32.
Igno, s., 56-60 et n. 33, 34.
Ildut, s., 36 ; 134 n. 1.
Inac, s., 60 et n. 34 ; 106.
Iohan, s., 65.
Iohannes, s., 64.
Iowan, 65.
Isidore, s., 39 n. 72.
Istin, s., 55.
Iunet, 119.
Iuniavus, s., 19 n. 32 ; 120.
Iuniaw, s., 59 ; 60 n. 34.
Iverzin, s., 96 ; v. Avertin. Everzin.
Ivy, s., 26 ; 27 n. 38 ; 76 n. 3 ; 47 ; 151 n. 8.
Jacques, s., 101.
Jacut, s., 42 et n. 81 ; 98.
Jean, s., 20 ; 21 et seq.; 62 ; 64 et seq.; 85 ; 104 ; 107 n. 32 ; 135 n. 1 ; 140.
Jenovefa, ste, 105 et n. 26, 27.
Jestin, s., 55 ; v. Gestin.
Jeanne, ste, 119 n. 62.
Jouan, s., 65.
Judicaël, s., 80 ; 81 n. 12.
Judoc, s., 47 ; 151 n. 8.
Junay, s., 118-119.
Junee, 119.
Kénan, s., 48 n. 4 ; 133.
Kirec, s., 104 n. 24 ; v. Guirec.
Kirin, s., 48 n. 4 ; 113 n. 50 ; 133 ; 150 ; 151 ; 161.
Laurent, s., 97 n. 5 ; 113 ; 116 ; 143 n. 25.
Lavan, s., 112 et seq.; 133 ; 150.
Lean, s., 114-115.
Leman, s., 114.
Leniavus, s., 115.
Levan, s., 114.
Levianus, s., 114-115 et n. 53.
Leviau, s., 115 n. 53.
Loenan, 113.
Loevanus, 113-114.
Loha, s. ; Lohan, 65 ; 116 et seq.; 149.
Loc'han, 65 ; v. Loha.

NOMS D'HOMMES

NOMS COMMUNS

SUFFIXES, DÉSINENCES, etc.

ERRATA

Page 26, l. 6 : Lambalu, *lire* Lambabu.

Page 26, n. 35, l. 7 : 53 a été répété deux fois.

Page 29, n. 43 : remarquer qu'on aurait pu avoir une autre paroisse du nom de Plouguer, celle qui s'est constituée autour de la ville romaine de Kaer, et qui est devenue Locmariaquer.

Page 31, n. 52, l. 5 : Cart. de Quimperlé, *lire* Cart. de Quimper. — Cf. Cart. de Quimperlé, p. 147 en 1203, Ploe Neueth.

Page 33, n. 57, l. 8 : Chresto., p. 160, *lire* Chresto., p. 169. — Avant-dernière ligne : ne pas faire état de Saint-Melvan qui est une erreur de ma part ; c'est Saint-Molvan ou Morvan. Lucu. *Pouillé de Vannes*, p. 227 : Le Mené. *Hist. des paroisses de Vannes*, I, p. 74 : Duine. *Invent.*, p. 283, n. 36 ; Vs., p. 95.

Page 34, n. 57, l. 3 : pp. 92 et 834, *lire* p. 92 en 834 ; — l. 12 : pp. 124, 184, 174, *lire* 124, 184, 764.

Page 34, n. 58, l. 8 : Sixte (L.-I.), *lire* Sixt (I.-et-V.) ; cette paroisse appartenait jadis à l'évêché de Vannes ; — p. 238, je fais une autre erreur en la plaçant dans le Morbihan.

Page 37, n. 65, l. 2 : dicitur, *rétablir* vocatur.

Page 37, n. 66, l. 2 : saint Renan, *lire* Saint-Renan, nom de la commune chef-lieu de canton.

Page 38, n. 67 : p. 178, *lire* p. 78.

Page 39, n. 70 : la seconde référence est à supprimer ; cette chapelle est signalée dans les Vs., p. 61, et dans l'édit. 1901 d'Albert Le Grand, p. 664 ; je crois que du Mottay a fait une erreur, en confondant Plounévez-Quintin et Plounévez-du-Faou.

Page 40, n. 75 : la seconde partie de cette note est à rapporter à la suite de la note 74.

Page 44, l. 2 : concernant, *lire* concernent.

Page 49, n. 5, l. 8 : *lire* cacographie.

Page 52, l. 2 : *lire* Cornouaille.

Page 53, n. 18, l. 3 : ch. 264, *lire* 244.

Page 60, n. 34, l. 5 : Saint-Sulniac, *lire* Saint-Suliac.

Page 61, n. 35, l. 4 : B.C.D., 1902, p. 37, *lire* B.C.D., 1903, p. 193.

Page 63, n. 43, l. 2 : pp. 118 et 121, *lire* pp. 11 et 121.

Page 65, l. 12 : Saint-Jean-des-Guérel, *lire* Saint-Jouan-des-Guérets.

Page 74, n. 71 : saint Daniel a aussi Pleudaniel (C.-du-N.).

Page 83, n. 20, l. 2 : Lahuec, *lire* Lohuec.

Page 85, n. 30 ; p. 86, n. 31 : ces deux notes ont été interverties.

Page 87, n. 31, l. 5 : Guinguenmal est en Buca ; — l. 15, *lire* saint Primel ; — dernière ligne : p. 120, *lire* p. 153, charte 196.

Page 90, n. 43 : B.C.D., p. 98, *rétablir* B.C.D., 1907, p. 89.

Page 93 : dans la citation de M. J. Loth, après Brecknockshire, *rétablir* « la forme est douteuse ».

Page 96, n. 3, 6ᵉ l. : *lire* Kerpabu.

Page 100, n. 14, l. 14 : p. 90, *lire* pp. 88-89.

Page 103, l. 12 : Trédrez, *lire* Tréflez.

Page 105, n. 27, l. 1 : p. 635, *lire* p. 835.

Page 111, n. 43 : B.C.D., 1911, p. 110, *lire* p. 113.

Page 114, n. 51, dernière ligne : *supprimer* et B.C.D.

Page 114, n. 52, l. 1 : pp. 118 et 158, *lire* pp. 118 et 221.

Page 118, n. 61, l. 6 : Lulmaguen, *lire* Lubanguen.

Page 119, avant-dernière ligne : *lire* Convenant Saint-Logol.

Page 120, 6e avant-dernière ligne : Déréni, *lire* Déréno.

Page 123, n. 78, l. 2 : *avant* écrit, *ajoutez* p. 33.

Page 127, n. 5, l. 13 : sur sainte Noyale, honorée à Noyal-Pontivy, v. *infra*, p. 240, n. 42, et Duine, *Invent.*, p. 185 et n. 54.

Page 128, n. 6, l. 3 : *rétablir* Guerlesquin.

Page 131, l. 7 : 818, *lire* 828.

Page 130, n. 48, l. 7 : Plouzével, *lire* Plozével.

Page 131, n. 20, l. 7 : p. 201, *ajouter* et p. 202.

Page 151, dernière ligne : *lire* dans le haut pays.

Page 155, n. 23, avant-dernière ligne : p. 435, *lire* 325.

Page 186, n. 23, l. 7 : la référence à l'ouvrage de M. Latouche est à supprimer.

Page 187 : la charte de Locquénolé a été fabriquée au moment où l'on a constitué le cartulaire ; v. Latouche, *op. cit.*, pp. 60-61, et le rapprochement très judicieux de la n. 1, p. 61 : noter que la charte n'indique pas les noms des donateurs, et remarquer la précision pour établir la dépendance directe de cet établissement vis-à-vis de l'abbé de Landévennec.

Page 194, n. 6, l. 3 : Guic Melis, *lire* Guic Mel ; — l. 19, au lieu de 184, *lire* 189.

Page 206, n. 2, l. 4 : ces cantons ou ces villages, *lire* et ces villages ; — n. 3, dernière ligne : *rétablir* Saint-Benoît.

Page 208, l. 11 : *lire* connaître.

Page 210, n. 42, l. 4 : Trébabu, *lire* Trébabu.

Page 216, n. 20, l. 5 : charte 261, *lire* charte 251.

Page 228, n. 2, l. 6 : *lire* cent ans après sa mort.

Page 231, s. v. *Saint-Enogat*, dern. l. : *Memento* n° 46, p. 175, et *Invent.*, p. 128, *lire* : *Memento* n° 46, p. 75, et *Invent.*, p. 228.

Page 231, s. v. *Saint-Dénoual*, l. 3 : Vs., p. 30, *lire* Vs., p. 130.

Page 231, s. v. *Pull Craufhon* : rétablir le nom entier : *Tref Pul craufhon*.

Page 235, s. v. *Tréastel*, l. 3 : B.C.D., 1907, p. 123, *lire* p. 121.

Page 236, l. 3 : pp. 285 et 389, *lire* 285 et 289.

Page 238, l. 3 : Sixt n'est pas dans le Morbihan, mais dans l'Ille-et-Vilaine.

A ces noms de lieu, il faut ajouter :

Gorré-Ploujean, en Ploujean (F.) (*Soc. arch. Fin.*, 1917, p. lxvii).

Crec'hmeur en Pleumeur-Bodou (C.-du-N.) (CONT. D'OGÉE) ; *Cleumeur* (C.R.M.).

Quénécrédin, en Crédin (M.) (Ros. et C.R.M.).

Page 238 s. v. Kervilel : p. 185, *lire* p. 186.

Page 238, s. v. Lesverec : p. 188, *lire* p. 189.

Page 239, n. 7 : *lire Soc. arch. Fin.*, 1913, p. 35.

Page 240, n. 10, l. 3 : p. 540, *lire* p. 68.

TABLE DES MATIERES

Imprimerie Départementale de l'Oise, 26, Rue de Malherbe, Beauvais

www.ingramcontent.com/pod-product-compliance
Lightning Source LLC
LaVergne TN
LVHW051110060726
842525LV00003B/854